증보

영유아를 위한
자연친화교육의 이론과 실제

홍은경 · 홍은주 지음

창지사

머리말

"선생님!"

바깥놀이 시간에 마당에서 아이들과 놀이를 하던 중에 한 아이가 갑자기 선생님을 황급히 부르며 한 손바닥을 들고 선생님을 향해 조심스레 뛰어오고 있었습니다. 선생님은 무슨 일인가 싶어 아이에게로 다가가니, 아이는 얼른 "선생님, 이거요……." 하며 자기 손바닥 위에 있던 죽은 아기 새를 선생님 손바닥 위에 올려 놓았습니다. 선생님은 말라버린 아기 새의 몸을 보며 애써 징그러운 마음을 참고 아이들에게 말합니다. "어머, 얘들아 아기 새가 죽었네 …… 불쌍하구나……. 우리 어떻게 할까? 마당에다 묻어줄까? ……."

선생님은 아이들과 함께 아기 새의 죽음을 슬퍼하며 마당에서 볕이 잘 드는 곳에 아기 새를 묻어주고 아기 새를 위하여 기도를 했습니다.

어느 교사에게도 있을 수도 또는 없을 수도 있는 경험입니다. 죽은 아기 새의 몸에 대한 징그러운 감정을 애써 참았던 것은 어른의 잘못된 반응으로 아이들의 창의성 발달이 저해될 수 있다는 사실 때문이었습니다. 또한 아기 새에 대한 불쌍함과 죽음에 대한 슬픈 감정을 나누어야 한다는 것은 아이들과 함께하는 어른이면 누구나 가질 수 있는 자연스러운 교육적 태도입니다.

자연 속에서 자랄 때 아이는 건강합니다. 아이는 자연 속에서 마음껏 몸과 마음을 활짝 펼 수 있기 때문입니다. 자연 속에서 아이는 실컷 보고, 듣고, 냄새 맡고, 만지고 맛볼 수 있습니다. 자연은 각양각색의 아름다운 모양과 색과 냄새와 소리 그리고 맛이 있습니다. 나무, 풀, 꽃, 흙, 새, 바람, …… 이러한 자연의 생명은 오감을 통해 아이들에게 생생히 전해지는 생명교육 그 자체인 것입니다.

자연 속에서 아이는 가르치지 않아도 배웁니다. 봄이 되면 싹이 나온다는 것, 봄비가 촉촉히 내리면 산과 들이 초록빛으로 물든다는 것, 꽃들이 활짝 펴서 울긋불긋 꽃동네가 된다는 것, 여름이 되면 매미를 비롯한 곤충들의 오케스트라가 밤낮으로 열린다는 것을 배우며, 바다로, 강으로 가서 아이들은 몸으로 자연의 큰 품을 느낍니다. 가을엔 온갖 곡식이 열리는 풍성하고 거대한 자연을 만납니다. 겨울이 되면 아이들은 모든 자연의 생명들이 잎을 떨구고 겨울날 채비를 하는 것을 몸으로 느낍니다.

자연 역시 생명(生命)이기에 아이들은 그 속에서 편안함을 느끼고 즐거움을 맛보게 됩니다. 이러한 이유로 아이들의 신체뿐 아니라 인지, 언어, 사회, 정서 등의 모든 발달이 가장 '자연스럽게' 이루어지는 곳이 바로 '자연'입니다. 자연 속에서 생명이 탄생하고 자라고 열매를 맺는 것을 오랜 시간 기다리며 지켜보는 경험을 한 아이들은 말로 배우지 않아도 알게 될 것입니다. 기나긴 기다림 속에서 또 다른 생명이 탄생하는 것을. 그리고 하나의 생명은 또 다른 생명의 희생과 오랜 시간의 인내가 맺어내는 예술 그 자체임을.

자연은 신의 섭리에 따라 자연스럽게 만들어진 관계들로 이루어져 있습니다. 그리고 그 관계가 깨어질 때 상상할 수 없는 많은 부작용들이 벌어집니다. 크게는 사람과 자연과의 관계도 자연스럽게 창조되어진 관계이며, 그 관계를 자연스럽게 알아가고 완성해 가는 것이 사람이 사람답게 살아가는 방법일 것입니다. 또한 그러한 방법을 배우는 것 역시 영유아기 때부터 자연스러운 방법으로 접할 때 영유아는 자신의 삶 속에서 자연과 가장 자연스러운 방법으로 소통하고 자연이 가지고 있는 본질적인 가치를 누리며 그러는 가운데 영유아기에 형성되어야 할 주요한 특성인 창의성과 인성을 자연스럽게 이루어 갈 수 있습니다. 다시 말해, '자연'이라는 환경에서 자연 속에 있는 다양한 생명체와 존중하고 협력하며 보다 나은 삶을 함께 영위하는 삶의 방식이자 교육방법인 '자연친화교육'은 가장 창의적이고 인성적인 사람으로 자라도록 하는 교육이라고 볼 수 있습니다.

이 책은 영유아들이 전인적인 인간으로 성장, 발달하여 더불어 함께 행복한 삶을 사는 것을 교육의 목적으로 보고, 이를 위하여 생의 초기이며 결정적 시기인 영유아 시기에 키워주어야 할 교육내용으로 창의성과 인성을, 이를 위한 방법으로 자연친화교육이 가장 적합하다고 결론짓고 프로그램을 개발, 실행하였습니다. 이론편과 실제편으로 나누어 집필되었고, 이론편에는 제1장에서 영유아와 자연친화교육으로, 자연친화교육이 왜 필요한지, 특히 현재 우리나라 교육흐름에 있어서 강조되고 있는 창의 · 인성교육과의 관계와 자연친화교육의 방향을 논하였으며, 제2장에서는 역사적으로 자연친화교육을 어떻게 해 왔으며, 수행되어져 오고 있는 국내 · 외 프로그램과 자연친화교육의 내용및 교수방법을 소개하고 있습니다. 제3장에서는 자연친화교육을 현장에서 수행하기 위하여 필요한 환경을, 제4장에서는 자연친화교육을 더 발전시키기 위한 평가와 가정과의 연계방법에 대한 내용을 담고 있습니다. 실제편에는 영유아를 위한 자연친화교육의 목적, 방향, 구성, 내용, 주제별 활동과 환경구성을 어떻게 하는지에 대하여 수록하였습니다. 실제편에 수록된 사례들은 저자가 운영하는 유아교육기관에서 적용한 내용들로서 기록과 정리를 도와준 교사들의 노고에 감사를 전합니다.

이 책이 나오도록 애쓰고 노력해 주신 창지사 여러분들께 심심한 감사의 말씀을 전하며, 이 책을 통해 많은 어린이들이 자신을 소중히 여기고, 다른 생명을 존중하며 그렇게 자연 속에서 숨 쉬며 꿈꾸기를 소망합니다.

2019. 1

홍은경, 홍은주

| 차례 |

제2부

영유아를 위한 자연친화교육의 실제 …… 101

제1부

영유아를 위한 자연친화교육의 이론

1. 영유아와 자연친화교육

1-1 자연, 그리고 유아

우리는 일상생활 속에서 자연(自然)이라는 말을 많이 쓰고 듣는다. 자연(自然)의 사전적 의미를 살펴보면, '사람의 힘을 더하지 않은 저절로 된 그대로의 현상' 혹은 '천연으로 이루어진 지리적, 지질적 환경과 조건', '사람의 힘으로 어찌할 수 없는 우주의 질서나 현상'이라고 정의내린다. 자연의 한자뜻을 풀어보면 스스로 '자(自)'에 그러할 '연(然)'으로 '스스로 그러한 존재'라는 의미이다. 한마디로 자연의 특징은 생명이며, 신비롭고, 종류가 무궁무진하다는 것이다.

인간은 이러한 자연속에서 자연과 관계를 맺으며 살아가는 존재이다. 인간은 자연 없이 자연을 떠나서는 살 수 없는 존재이다. 왜 그럴까? 우리가 곧 '자연'이기 때문에 인간은 자연을 떠나서 살 수 없는 것이다. 또한 생명은 자연 속에서 가장 자연스럽게 성장하고 발달한다.

과학과 산업이 발전하여 4차 혁명을 바라보는 시대에 사는 사람들이라고 해도, 주말이면 차를 타고 몇 시간씩 자연을 보고 즐기기 위해 떠나는 이유는 무엇일까?

눈이 피곤하면 사람들은 자기도 모르게 푸른 나무를 바라보는 이유는 무엇일까? 몸이 아픈 사람들이 숲으로 찾아가는 이유는 무엇일까? 바로 인간에게 가장 편안한 안식과 휴식을 주는 것이 자연이기 때문이다.

특히 생의 초기인 아이들은 성인보다 더 자연 속에서 자라야 한다. 자연에서 마음껏 뛰어놀 때 아이들은 가장 잘 자라게 된다. 아이들의 발달 특성상, 어린 시기에는 신체발달이 활발하게 이루어지는 시기이기 때문이다. 그래서 이 시기에는 답답한 실내보다는 밖으로 나가서 자연 속에서 마음껏 몸을 움직이는 것이 아이의 여러 발달면에서 바람직 하다고 볼 수 있다.

아이들의 또 다른 발달특징은 직접 눈으로 보고 손으로 만져 보고, 혀로 맛 보고, 귀로 들어 보고, 코로 냄새를 맡는, 이른바 오감(五感)을 통해 배운다는 것이다. 성인처럼 책과 TV 매체 또는 말로써 익히고 배우는 것이 아니라 반드시 직접 몸으로 체험함으로써 배운게 된다. 오감을 통해서 만나고 경험하고 배울 수 있는 존재가 바로 자연, 자연 속 생명인 것이다.

또한 아이들은 모방을 통해서 배운다. 부모나 교사들의 행동 하나하나를 보고 그대로 따라하는 아이의 모습에서 웃음이 나기도 하고, 한편으로는 성인의 역할이 얼마나 큰지 실감하게 된다. 성인이 자연의 생명체들을 접하고 인식하고 대하는 모습에서 영유아들은 다른 생명에 대한 마음과 태도를 형성하게 된다. 비록 성인이 말로 가르치지 않았다 하더라도 그대로 스펀지처럼 흡수하는 것 또한 아이들의 발달특징이라고 볼 수 있다. 부모나 교사가 자연을 소중히 하는 모습을 통해 자녀들은 자연과 더불어 나아가 자신과 타인을 소중히 여기는 마음과 태도를 갖게 된다.

아이들의 발달적 특성 중 하나는 비논리적인 사고를 한다는 것이다. 이는 주변의 사물이나 현상의 원래 모습이나 성질을 알지 못하고 눈에 보이는 대로만 믿는다든지, 원인과 결과를 이해하지 못하거나 자기중심적으로 생각하고 행동하는 것 등을 의미한다.

즉, 무엇이든 움직이는 것은 의자든, 구름이든 다 살아 있다고 믿는 것이나, 인형에게 말을 걸고 사람인 듯 지내는 모습, 엄마의 생일날 자신이 좋아하는 선물을 하고는 엄마가 좋아할 거라고 굳게 믿는 것 등이 바로 이 시기 아이들의 인지적 특징을 설명해 준다. 이러한 영아에게 논리적으로 지식을 주입하는 단순, 반복적인 교육은 적합하지 않다. 그보다는 우리 주변의 자연 속 생명을 접하고 교류하며 그 변화를 직접, 자주 관찰하는 것이 가장 자연스러운 인지발달이 이루어지도록 하는 방법이다.

자연과 아이는 닮아있다. 자연도, 아이도 소중한 생명이다. 그리고 순리대로 자라난다. 그래서 자연 속에서 자랄 때 아이는 건강하다. 자연 속에서 아이는 몸과 마음이 건강하게 자랄 수 있다. 자연 속에서 아이는 보고, 듣고, 냄새 맡고, 만지고 맛볼 수 있다. 자연의 생명은 오감을 통해 아이들에게 생생히 전해지는 교육 그 자체인 것이다. 사회전체와 교육계에서 자연으로 돌아가 아이를 키우려는 움직임이 있는 이유는 자연 역시 생명(生命)이기에 아이들은 그 속에서 자랄 때 편안함을 느끼고 즐거움을 느끼며 자라기 때문이다. 아이들의 신체뿐 아니라 인지, 언어, 사회, 정서 등의 모든 발달이 가장 '자연스럽게' 이루어지는 곳이 바로 '자연' 인 것이다.

아이와 자연에서 함께할 때 성인(부모 또는 교사)이 중요시해야 할 것은 자연에 대한 지식이 많고 적음이 아니라, 성인의 자연에 대한 태도이다. 인간은 '모방' 을 통해 배우고 자란다. 부모나 교사의 자연에 대한 생각과 태도는 아이의 자연관에 그대로 영향을 미치기 때문이다. 부모나 교사가 자연 속에서 아이와 함께 많은 시간을 보낼 때 아이들의 발달에 긍적적이라는 것이 많은 연구를 통해 밝혀졌다. 특히 아이가 어릴수록 부모나 교사의 역할은 더욱 중요하다고 한다.

부모나 교사는 아이의 발달특성을 고려하여 직접 만지고 냄새를 맡고 맛을 보고 소리를 들으며 자연을 체험하도록 해야 하고, 일상생활 속에서 자연을 늘 접하도록 해야 한다. 그래야만 아이들은 자연이 생명임을, 그리고 그 생명은 아주 작은 것이라도 소중하다는 것을 느끼게 된다. 자연 속에서 마음껏 뛰어놀고, 자연과 호흡하고, 자연 속 생명체와 하나 되는 경험, 그것은 일생일대의 가장 소중한 경험이 된다.

1-2 자연친화교육의 필요성

인간은 자연(自然) 속에서 자연과 더불어 살아가는 존재이다. 모든 생명체들은 자연이라는 커다란 울타리 안에서 함께 호흡하며 깊이 연관되어 살아가는 존재들이다. 어린 시절, 산으로 들로 논과 밭으로 뛰어놀았던 기억을 가지고 있다면, 밭에서 메뚜기를 쫓고, 냇가에서 미꾸라지를 잡으며, 언덕에 있는 개미굴을 관찰하였던 추억이 있을 것이다. 어두워질 때까지 신나게 뛰어 놀았던 그때의 기억이 지금도 마음 한켠을 풍요롭게 해주고 있다.

우리의 본성(本性)은 자연과 같다는 코메니우스, 프뢰벨, 루소의 말처럼, 자연 속에서 자연의 모습과 닮아가려 할 때 인간은 진정한 자유를 느낄 수 있다. 이러한 자연에 대한 소중함과 경외심이 인생 초기인 영유아기에 형성되어질 때, 자연과 인간은 자연스럽게 하나가 될 수 있을 것이다. 자연을 가까이하는 경험이 영유아의 성장과 전인적 발달에 긍정적인 역할을 한다는 것은 어느 누구도 의심치 않는 것이다.

프뢰벨의 유치원(Kindergarten)이 garten(정원, 밭)에서 유래된 것에서 알 수 있듯이 식물을 키우는 것은 영유아의 성장에 미치는 영향이 크다는 것을 의미한다. 유아학교(Infant School)를 처음 만든 오웬의 경우, 유아학교의 유아들과 함께 주변으로 산책 나가는 것을 중요 일과로 정하였으며, 여러 가지 자연물을 직접 보고 만지고 접하고 느끼면서 생활하도록 하였다. 영유아기에 있어서 이러한 자연과의 만남은 영유아의 발달에 적합할 뿐만 아니라 특히 정서적 측면에서 안정감과 긍정적 사고를 돕는다는 점에서 중요하다.

인간의 성장과정을 살펴보면 인간은 태어나면서부터 자연과의 만남이 이루어짐을 알 수 있다. 인간은 태어나면서부터 자연환경에 둘러싸여 자라고, 자연환경을 보고 듣고 느끼며 성장한다. 또한 인간은 자연과 더불어 살아가는 존재인 동시에 다른 모든 생명체와 깊은 연관성을 가지고 살아가는 존재이다. 자연 생태계의 모든 생명은 서로 밀접하게 연관되어 서로 뗄 수 없는 관계로 존재하며, 자연의 모든 생명들은 서로 그물처럼 연결되어 있어 상호적으로 영향을 미친다. 이러한 자연의 존재들 사이에는 우열이 없고 모두 소중하다(김미정, 1998).

인간의 생의 주기 중 영유아기는 성인에 비해 미숙하지만, 주변 환경과의 자발적이고 능동적인 상호작용을 통해 전인적인 성장과 발달이 이루어지는 시기이다. 영유아는 발달특성상 그들 세계에 대해 호기심이 많고, 탐험하기를 즐긴다. 무엇인가를 추구하는 마음을 가지고 있으며, 즉각적으로 변하는 주변세계에 대해 많은 질문거리를 가지고 있다. 이러한 영유아의 특성을 고려해 볼 때, 영유아기는 자연관을 형성해야 할 적기라고 볼 수 있다.

영유아에게 있어 '자연'은 영유아가 자라나야 할 환경인 동시에, 영유아의 정신세계와 가까운 특성을 지닌 생명체들의 집합체이다. 영유아는 자연환경 속에서 자연을 접하며 경험하게 될 때, 가장 자연스럽게 본성을 발현할 수 있게 된다. 또한 영유아들의 자연에 대한 경험은 자연관 형성에 매우 중요하다. 그 이유는 어린 시절에 획득한 자연에 대한 태도와 지식이 이후의 사고에 많은 영향을 주며(Braun et al, 1989), 영유아기의 직접적인 자연체험이 자연에 대한 인식과 태도를 형성하기 때문이다(Chawla et al, 1995; Palmer, 1993; Patton, 1980; Tanner, 1980). 영유아기에 갖게 되는 자연과의 경험은 삶의 질을 높이며, 영유아기뿐 아니라 성인으로까지 지속되어, 인간으로서의 삶 전체에 영향을 미치게 된다(Chawla et al, 1995; Cobb, 1977; Hart, 1979; Moore, 1997; Sebba, 1991). 자연은 삶의 질을 향상시킬 뿐만 아니라 영유아에게 놀라움과 즐거움, 창의적인 상상력을 제공한다(Cobb, 1977; Raglon, 1993; Sebba, 1991).

그러나 자연에 대힌 경외심, 놀라움, 자연을 알아가는 방법 등은 나이가 들어감에 따라 감소하는 경향이 있다, 따라서 영유아기에 자연세계와 직접적인 상호작용을 할 기회를 부정하는 것은, 곧 다음 연령시기에서 경험할 수 없는, 이 시기에 대한 경험의 중요한 부분을 부정하는 것이다. 그러므로 자연세계와의 직접적인 상호작용을 자주 경험해 보는 기회는 초기 연령에게 반드시 필요하다(Schicker, 1988; Wilson, 1994).

그러나 산업사회로의 급격한 변화로 인해 인간의 일상적인 삶에서 '자연'을 '자연스럽게' 만나기가 어렵게 되었다. 자연과의 교감을 경험하지 못한 아이들은 자연 속에서 노는 방법을 잊어버리게 되었다. 아이들은 콘크리트 벽으로 둘러싸인 고층 아파트에서 컴퓨터 게임기와 학습지에 몰두하며 고립되어 자라고 있다. 학원에 가지 않으면 친구를 만날 수 없는 것이 현실이며, 철저히 자연과 격리된 생활을 하고 있다. 교육자들은 이러한 현실에 대해 안타까워했으며, 자연으로 돌아가려는 움직임은 꾸준히 시도되고 실천되어 왔다. 이는 어린 시절 자연 속에서 마음껏 뛰어놀고 자연과 호흡하고, 자연 속 생명체와 하나 되는 경험이 일생 일대 가장 소중한 경험이며 삶을 살아가는 힘, 원동력이 되어 주기 때문이다. 또한 자연 속에서 자연의 맑은 공기와 하늘, 숲, 냇물, 곤충들, 꽃의 아름다움을 느낄 수 있다는 것, 자연의 법칙을 이해하고 순수함을 간직할 수 있는 것, 생명에 대한 소중함을 몸소 깨닫게 되는 것, 그것이 바로 자연이 우리에게 주는 커다란 선물인 것이다.

그럼에도 불구하고 현재 우리나라뿐 아니라 세계적으로 당면하고 있는 환경의 문제는 자연과 멀어진 결과, 그 대가로 치르고 있는 어려움인 것이다. 이를 해결하는 가장 기본적이고 본질적인 대안은 자연보전에 대한 신념과 실천력이며, 이러한 신념과 실천력의 바탕은 어린 시기부터 터 잡아질 때 그 기초가 세워질 수 있게 된다. 따라서 영유아기부터 자연에 대한 인식과 소양을 길러주기 위한 교육적 노력이 바로 자연친화교육을 해야 하는 이유인 것이다.

영유아를 위한 자연교육이란 자연에 대한 지식을 갖춘다는 의미보다는 자연에 대한 직접적인 체험을 통해 생명의 의미를 터득하는 것이라고 볼 수 있다. 자연에 대한 관심과 의식의 변화를 증진시키기 위해서는 자연친화교육이 실내보다는 실외 공간에서 이루어지는 것이 바람직하다. 자연을 직접 체험하기 위해서는 실외의 환경을 최대한 활용하여 '체험'을 통한 교육이 되도록 해야 한다. 주변을 둘러보면 일상생활에서 무심코 지나쳐 버리기 쉬운 공간에도 자연이 숨쉬고 있다는 것을 알게 되며, 자연과의 직접적인 접촉과 경험을 통해 생명에 대한 감수성과 애착을 가질 수 있다. 실외환경을 최대한 활용한다면, 야외로 나가야 하는 시간이나 공간적 부담을 줄일 수 있으며 실내학습과 활발한 연계도 가능하다. 또한 주변 환경을 영유아가 스스로 관찰하고 변화시킴으로써 함께 생활하는 공간에서 자연을 인식하게 된다.

대다수의 교사들은 자연친화교육을 어렵다고 생각하는 경향이 많은데, 유아교육기관의 실외에서 우선 손쉽게 볼 수 있거나 구할 수 있는 식물이나 동물을 키우는 것에서부터 시작할 수 있다. 유아교육기관 마당 한쪽에 꽃 모종을 심고 가꾼다거나, 나무 한 그루를 오랜 시간 관찰하거나 작은 화분, 들꽃, 작은 곤충을 길러 보는 것, 그것이 바로 자연친화적 활동의 중심내용인 것이다. 영유아를 위한 실천중심, 생명중심, 활동중심의 자연친화교육은 바로 영유아가 자신의 교육환경인 유아교육기관을 중심으로 한 주변세계와 일상의 생활환경에 대해 탐색하는 것에서부터 시작되기 때문이다.

다음은 유아가 가지고 있는 자연에 대한 부정적 개념을 표현한 예이다.

유아 1: 개미를 본 적은 있지만 키우기는 싫어요. 유치원 마당에 있는 나무요? 음…사과나무가 있는 것 같아요. 유치원 텃밭에는 배가 있는 것 같아요. 교실이나 집에서 식물이나 벌레를 키운 적 없어요.

유아 2: 벌이나 개미를 본 적 있어요. 개미들이 겨울에 먹을 양식을 막 옮기는 거예요. 엄마가 가르쳐 줬어요. 하지만 곤충이나 벌레는 키워 보고 싶지는 않아요.

유아 3: 벌레 키우기 싫어요. 동물도 키워 본 적 없어요. 집에서 키우는 식물은 있어요. 근데 이름은 잘 모르겠어요.

유아 4: 마당에서 제일 싫어하는 곳은요, 벌레가 있는 곳이에요. 벌레 키우는 거 싫어요. 지렁이를 본 적은 있지만, 너무 싫어요. 징그러워요. 동물도 키워 본 적 없어요. 집에 화분은 많은데 이름은 모르겠어요.

유아 5: 마당에 개미들이 있어요. 먹이를 찾아다니는 거래요. 개미는 징그러워요. 지렁이도 징그러워요. 텃밭에서 상추는 봤어요. 그런데 나는 상추를 못 먹어요.

이와 같은 유아들의 자연에 대한 그릇된 인식과 접근에 대한 반성으로, 최근 자연에 대한 재개념화와 더불어, 실물교육의 보고(寶庫)인 자연(自然)을 유아교육에서 활용해야 한다는 이론이 대두되고 있다. 이는 1975년 벨그라드에서 개최된 국제환경교육 워크숍에서 채택된 '벨그라드 헌장'이 그 시초이다. 이에 의하면 '인간과 자연과의 관계, 인간과 인간과의 관계를 포함한 모든 생태학적인 관계를 개선하는 것'을 환경에 대한 행동의 최종목표로 삼고 있다.

인간과 자연의 생태학적 관계란, 인간과 자연의 관계는 상호의존적인 특성을 지니며, 인간과 자연은 서로 나눔과 보살핌의 문화를 보유한 조화로운 공동체로서 함께 생존을 영위하는 관계로 나아가야 함을 의미한다.

인간과 자연의 생태학적 관계에 근거를 둔 자연관이란, 자연과 인간을 공생적 존재로 보는 관점으로, 자연을 독립적이고 주체적인 존재로 본다. 이는 생태계를 구성하는 모든 존재들의 생명은 존중되어야 한다는 생명존중사상과 그 맥락이 상통한다. 생태학적 관점에서의 자연관에 대한 여러 논의는, 유아교육에서의 생태학적 자연친화교육의 등장을 가져오게 되었다. 생태학적 자연친화교육은, 생태계파괴와 환경오염이라는 협의의 내용만이 아닌 인간과 자연의 공생적 관계를 강조한 교육으로, 인간은 자연생태계의 일부만을 차지하는 미비한 존재일 뿐이며, 모든 생태계의 각 존재들도 인간과 동등하게 나름대로의 가치와 존엄성을 보유하고 있다는 데서 출발한다(강현아, 1997; 김미정, 1998; 김성옥, 2000; 마경희, 1997; 박이문, 1998; 서영희, 1999; 신철재, 1999; 임재택, 1999; 오복희, 2000).

이상에서 살펴본 바와 같이, 자연과 인간은 상호 밀접한 관련을 맺고 성장, 발달하는 존재이며, 자연과 인간의 바람직한 관계 형성은 생의 초기인 영유아기에 이루어질 때 비로소 가능하다. 유아교육에서 전통적으로 자연을 유아교육의 장(場)으로 활용한 근거가 여기에 있으며, 유아교육에서의 자연교육은 자연을 하나의 생명체로 여기고 존중하는 자연관에서 출발해야 한다.

1-3 창의성, 인성교육

창의 · 인성교육이란 새로운 가치를 창출하고 동시에 더불어 살 줄 아는 인재를 양성하는 미래교육의 본질이자 궁극적인 목표이다(교육과학기술부, 2010). 창의 · 인성교육의 기본 개념은 자신을 소중히 여기며 동시에 타인을 배려, 존중하며 함께 발전할 수 있는 능력의 함양을 의미한다.

인간교육의 궁극적 목적인 동시에 미래사회가 요구하는 창의 · 인성교육의 목적은 다음과 같다(교육과학기술부, 2010).

첫째, 새로운 가치를 창출하고 동시에 더불어 살 줄 아는 인재를 양성하는 미래교육이자, 자신에 대한 이해부터 타인에 대한 관심과 배려 및 주변 문제에 대한 창의적인 해결 노력까지를 포괄하는 특성을 가지는 것이다.

둘째, 긍정적인 자아감을 형성하고, 모든 일에 관심과 흥미를 갖고, 주어진 일에 몰입하여 창의적인 아이디어를 표출하고, 타인을 배려하면서 서로가 다름을 인정할 수 있는 소양을 갖춘 사람을 길러내고자 하는 것이다.

생의 초기인 영유아기는 '창의성'과 '인성'의 기틀이 형성되는 시기이며, 그 교육효과도 가장 큰 시기이므로, 이때 형성된 습관과 태도가 이후의 삶에 영향을 미칠 수 있는 결정적인 시기라고 볼 수 있다. 창의 · 인성교육이 중요한 이유는, 무엇보다 미래의 지식정보화사회에 능동적으로 대처하기 위해서는 창의적인 능력 및 사람과 사람의 관계를 가치 있게 여기는 인성적 덕목을 갖춘 사람이 필요하기 때문이며, '새로운 가치를 창출하고 동시에 더불어 살 줄 아는 인재'를 양성하는 미래교육의 본질이자 궁극적인 목표가 사회적 · 국민적 공감대로서 확산되고 있기 때문이다. 나아가 미래를 개척하고 함께 발전할 수 있는 능력을 기르기 위해서는 창의성 교육과 더불어 타인을 배려하고 더불어 존중하며 협력적으로 살아가기 위한 인성교육이 중요하기 때문이다.

창의성과 인성교육 중 먼저 '창의성'에 대해 살펴보면, '창의성'이란 새로운 생각이나 사물을 만들어 내는 능력으로, 창의성은 소수의 사람만이 지니는 선천적인 능력이 아니라, 인간이 가지고 있는 보편적인 특성이다(김춘일, 2000). 1950년 길포드(Guilford)는 창의성의 요소를 다섯 가지, 즉 유창성, 융통성, 독창성, 정교성, 민감성으로 분류하였다. 창의성에는 이를 촉진하는 인간의 내적 특성인 '창의적 성향'이 포함되는데, 이는 자발성, 호기심, 집착성, 개방성 등 네 가지로 나누어진다. 창의성은 이 모든 요소를 포함하는 포괄적인 능력으로, 창의적인 사고는 남들이 흔히 생각하지 않는 방식으로 생각하는 것을 말하며 창의적인 태도는 그러한 사고를 보다 능동적으로 이끌어 낼 수 있는 성향을 의미한다.

창의성의 요소 중 '유창성'이란 특정한 문제 상황에서 가능한 한 많은 양의 아이디어를 산출해 내는 양적인 사고력이며, '융통성'이란 고정적인 사고방식이나 시각 자체를 변환시켜 다양한 방법으로 여러 가지 생각을 많이 할 수 있는 유연한 사고기능이다. '독창성'이란 기존의 것에서 탈피하여 참신하고 독특한 아이디어를 산출해 내는 사고기능이며, '정교성'이란 다듬어지지 않은 기존의 아이디어를 보다 치밀한 것으로 발전시키려는 사고기능이다. '민감성'이란 주변 환경을 주의 깊게 보고 듣고 관찰하는 능력으로, 민감성을 키우기 위해서는 오감을 발달시키고 문제해결의 첫 단계인 종합적인 정보수집 능력을 키워 주어야 한다.

이러한 창의적인 사고와 성향은 미래 사회에서 무엇보다 요구되는 능력으로, 창의성은 모든 영유아가 지니고 있는 특성이며, 특히 0~8세 사이가 창의성이 가장 발달하는 시기라고 볼 수 있다(문미옥, 1995). 인간은 창의성으로 인하여 현재보다 나은 삶으로 발전될 수 있으며, 사회학적으로 생존에 필수적이므로 창의성교육은 영유아기에 매우 중요한 교육이라고 볼 수 있다.

1-4 창의 · 인성교육의 의미와 중요성

교육의 근본적인 목적은 전인적(全人的)인 인간을 양육하는 것이다. 그리고 교육의 또다른 목적은 다가올 미래를 살아갈 수 있는 힘을 키워주는 것이다. 이런 측면에서 볼 때, 미래교육은 더 이상의 '암기 위주의 교육' 이나 '단답형의 문제풀이식 교육' 이 되어서는 안 된다.

우리 아이들이 살아갈 미래사회는 어떠한 모습일까? 교육은 백년지대계(百年之大計)라고 했다. 100년 뒤 미래를 생각하며 교육의 목표와 방향을 세워야 한다. 미래의 사회는 새로운 것을 생각하고 만들어 내는 창조적 사회일 것이며, 미래의 교육은 복잡하고 다변화되는 사회에 적응하고, 살아갈 수 있는 힘을 키워주는 '창의적인 교육' 이 중심이 되어야 할 것이다. 이와 더불어 함께 살아갈 수 있는 '인성' 을 길러주는 교육이어야 한다.

새로운 교육의 목적과 방향으로 떠오른 '창의 · 인성교육' 이란 창의성과 인성의 중요성을 강조한 미래형 교육이라 볼 수 있다. 새로운 것을 창출해내고, 새로운 환경에 적응할 수 있는 능력인 창의성을 중요시 하는 교육이다. 또한 급변하는 위기의 환경에서 더불어 함께 살 수 있는 방법은 '인성'이란 사람의 성품, 즉 각 개인이 가지는 사고와 태도 및 행동 특성이다. 이러한 '창의 · 인성' 교육이야 말로 어린 시기의 영 · 유아기부터 길러주어야 할 교육의 목표이자 방향이되어야 한다. '창의 · 인성 교육' 은 개개인의 잠재력과 바람직한 가치관을 찾고 키워주는 교육이기 때문이다.

우리의 교육이 '창의 · 인성교육' 을 중심으로 교육의 패러다임이 바뀌어야 하는 이유가 여기에 있으며, 미래의 국가의 경쟁력은 창의성과 인성을 두루 겸비한 훌륭한 전문인에 있음을 알 수 있다.

즉 창의 · 인성교육이란 새로운 가치를 창출하고 동시에 더불어 살 줄 아는 인재를 양성하는 미래교육의 본질이자 궁극적인 목표이다(교육과학기술부, 2010). 창의 · 인성교육의 기본 개념은 자신을 소중히 여기며 동시에 타인을 배려, 존중하며 함께 발전할 수 있는 능력의 함양을 의미한다.

창의 · 인성 교육은 일부 아이들만을 위한 교육이 아닌 모든 영 · 유아를 대상으로 일상적으로 이루어지는 포괄적인 교육이며, 교과활동, 창의적 체험활동, 가정교육 등 다양한 방법을 통해 영유아단계에서부터 종합적으로 추구되어야 하는 교육이다. 또한 '즐거움, 스스로, 중요한' 같은 긍정적 이미지의 미래형 교육이며, 창의성과 인성을 동시에 함양하는 교육이다. 이러한 창의 · 인성 교육이 생의 초기인 영유아기에 이루어져야 하는 이유는, 이 시기가 '창의성'과 '인성'의 기틀이 형성되는 시기이며, 그 교육효과도 가장 큰 결정적 시기이기 때문이다.

영유아기에 창의 · 인성교육이 중요한 이유는 첫째, 미래의 지식정보화사회에 능동적으로 대처하기 위해서는 창의적인 능력 및 사람과 사람의 관계를 가치 있게 여기는 인성적 덕목을 갖춘 사람이 필요하기 때문이며, 둘째, 창의 · 인성 교육은 '새로운 가치를 창출하고 동시에 더불어 살 줄 아는 인재' 를 양성하는 미래교육의 본질이자 궁극적인 목표라는 사회적 · 국민적 공감대가 확산되기에 그 중요성이 강조된다. 셋째, 창의성과 인성 형성에 있어 결정적인 시기인 영유아기부터 미래를 개척하고 함께 발전할 수 있는 능력을 기르기 위해서는 창의성 교육과 더불어 타인을 배려하고 더불어 존중하며 협력적으로 살아가기 위한 인성교육이 중요하기 때문이다.

창의 · 인성 교육이 제대로 이루어지기 위해서는 학교와 사회가 '창의성' 과 '인성' 을 중시하는 분위기가 되어야 한다. 새로운 가치를 창출하고 더불어 살 줄 아는 인재를 양성하는 미래교육의 본질이자 궁극적인 목표가 바로 창의 · 인성교육이라는 사회적 · 국민적 공감대가 확산되어야 한다. 또한 우리 교육이 추구하는 '창의성' 과 '인성' 교육이 이루어지기 위해서는 교육 현장에서 실질적인 창의성과 인성교육이 실천되어야 하며, 실질적인 프로그램들이 많이 개발 · 적용되어져야 한다.

〈표 1〉 창의성의 요소별 내용

구분	요소	내용
창의적 사고	유창성	특정한 문제 상황에서 가능한 한 많은 아이디어나 반응을 생각해 내는 능력
	융통성	고정적인 사고방식이나 관점을 변화시켜 다양한 해결책을 찾아 내는 능력
	독창성	기존의 것에서 벗어나서 새롭고 독특한 아이디어를 새로운 차원에서 창출하는 능력
	정교성	기존의 다듬어지지 않은 아이디어에 유용한 세부 사항을 추가하여 보다 가치로운 것으로 발전시키는 능력
	민감성	오감을 통해 들어오는 다양한 정보에 대해 관심을 보이고 이를 통하여 새로운 영역을 탐색해 가는 능력
창의적 성향	자발성	활동에 자진해서 적극 참여하려는 태도: 스스로 참여하기, 문제 해결에 적극적으로 참여하기
	호기심	신기한 것을 탐구하려고 하는 태도: 새로운 대상에 관심 기울이기, 문제가 있을 때 원인을 찾으려고 노력하기
	집착성	해결되지 않은 문제를 포기하지 않고 지속적으로 해결하려고 노력하는 태도: 실패해도 반복적으로 노력하기, 한 문제가 해결되면 다른 문제를 해결하려고 노력하기
	개방성	새로 밝혀진 근거에 따라 자신의 주장을 변경하거나 다른 의견도 수용하는 태도: 자기 주장에 대한 비판 수용하기, 한 가지 문제에 여러 가지 의견 듣기

창의성에 이어 '인성'이란 사람의 성품, 즉 각 개인이 가지는 사고와 태도 및 행동 특성을 의미한다. 켈리(G. Kelley)는 인성을 '한 개인이 자기의 생활경험으로부터 스스로 의미를 만들어 가는 자기 나름의 독특한 방법이며, 환경의 독자적 적응을 결정하게 하는 안정되고 개인적인 여러 특징과 행동이다' 라고 하였다(장선철, 김충기, 2009). 인성은, 개인 내부에 있는 특징적인 행동과 사고를 결정해 주는 정신적, 신체적 체제의 역동적인 조직이며, 타인에게 어떤 인상을 주는 것, 혹은 타인에게 어떤 영향을 주는 것으로 개인이 가지는 사회적인 가치이다.

인성에 대한 여러 학자들의 이론을 종합해 보면, '인성'이란 개인이 가지고 있는 성격적 특성이며 모든 환경의 인적, 물적 상호작용에서 일어나는 행동 특성이다. 또한 현 사회에서 요구하는 바람직한 인간상을 갖추기 위해 영유아기에 키워주어야 할 능력으로, 영유아기에는 인성교육을 통해 긍정적인 자아감을 형성하고, 남을 배려하면서 서로가 다름을 인정할 수 있는 소양을 함양함으로써 더불어 즐겁게 삶을 영위할 수 있는 품성의 기초를 형성하게 된다.

바람직한 인성이란, 의미 있는 여러 가지 활동에 관여하고 참여하는 것으로, 따뜻하고 깊게 자신을 타인과 관계 지을 수 있는 능력이며, 자신의 약점과 좌절을 참아내는 자기승인(self-acceptance)이나 자기 감정을 통제할 수 있는 능력을 말한다(장선철, 김충기, 2009). 이는 자신을 알고 이해하며, 자신을 객관적으로 볼 수 있는 능력이며, 동시에 자신의 존재와 타인에 대해 의미와 책임을 부여하는 태도를 의미한다. 즉, 자신이 살고 있는 세상을 객관적으로 보며 실재를 있는 그대로 받아들이며, 삶의 의미를 깨닫고, 해야 할 중요한 일에 대해 헌신이나 열정을 갖고 행하는 긍정적인 심리를 의미한다.

인성교육의 내용은 폭넓게 정직, 약속 지키기, 책임, 배려, 공정성, 자율성, 성실성, 사신삼, 리더십, 긍정적 자아인식, 자기조절력, 대인관계능력, 예절, 도덕성 등이 포함된다. 이중 인성교육의 대표적인 개념으로는 '배려, 존중, 협력, 책임감, 자율성'을 들 수 있다. '배려'란 도와주거나 보살펴 주려고 마음을 쓰는 것을 의미하며, '존중'이란 높이어 귀중하게 대하는 태도, '협력'이란 힘을 합하여 서로 돕는 것을 말한다. '책임감'이란 자신이 맡은 임무나 의무를 중요하게 생각하고 그 역할을 완수하는 마음의 자세를 의미하며, '자율성'이란 스스로의 의지로 자신의 행동을 규제할 수 있는 능력을 말한다.

이를 종합해 보면, 영유아기에 갖춰야 할 '인성'이란 자신을 사랑하는 능력, 다른 사람들과 진정한 인간관계를 확립하는 능력, 세상을 따뜻하게 이해하고 받아들이는 능력, 보람 있고 가치 있는 일을 하는 능력, 자신과 타인을 존중하고 배려하며 함께 협력하는 능력을 의미한다.

〈표 2〉 인성의 요소별 내용

요소	내용
배려	• 더불어 사는 태도와 우리 전통문화를 사랑하는 마음(이타심) • 사회에 적응하는 과정에서 자아를 실현하고 사회적으로 더불어 살기 위한 도덕적, 친사회적 가치 추구
존중	• 사람들과의 관계 속에서 서로에 대한 이해 및 존경 • 타인 존중, 타문화 존중
협력	• 공동체 의식 속에서 발달되는 사회적 기술이나 성숙 • 다른 사람들과의 관계를 통해 발달되는 의도적 노력과정 • 친사회적 성향
책임감	• 맡은 임무나 의무를 중히 여겨 책임을 완수하는 자세 • 자기의무감
자율성	• 스스로의 의지로 자신의 행동을 규제할 수 있는 능력 • 자기조절능력

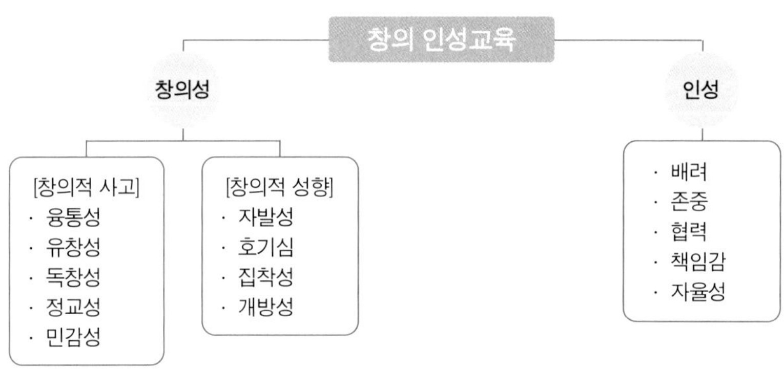

[그림 1] 창의 · 인성교육의 요소

1-5 자연친화교육과 창의 · 인성교육

미래교육의 나아갈 방향인 '창의 · 인성교육'은 그 목적과 방향성을 고려해 보았을 때, 자연친화교육과 일맥상통한다고 볼 수 있다. 창의 · 인성교육의 근본 목적이 새로운 가치를 창출하고 동시에 더불어 살 줄 아는 인재를 양성하는 것, 그리고 타인을 배려하고 더불어 살면서 미래를 개척하고 발전할 수 있는 능력이라고 볼 때, 자연 속 생명의 의미와 소중함을 알고 더불어 함께 살아가도록 교육하는 자연친화교육은 같은 목적과 방향성을 가진 교육이라고 볼 수 있다.

창의 · 인성교육은 '즐거움, 스스로, 중요한' 같은 개념을 추구하는 교육이며, 창의성과 인성을 동시에 함양하는 교육이기에, 자연 속에서 즐거움을 느끼고 자신을 중요한 존재로 인식하고 자신 외의 다른 자연의 생명체를 존중하는 자연친화교육은 영유아로 하여금 가장 자연스럽게 '창의성'과 '인성'을 키울 수 있게 한다.

영유아기는 창의성과 인성의 기틀이 형성되는 시기이며, 이때 형성된 습관과 태도가 평생을 좌우하는 결정적인 시기이기도 하다. 이 시기에 이루어지는 자연친화교육이 영유아의 발달과 흥미에 적합한 교육인 이유는, 자연이 생명교육(生命敎育)이기 때문이다. 영유아 자신이 자연 속의 소중한 존재임을 깨닫고, 자연에는 여러 가지 다양한 생명체들이 함께 조화롭게 살아간다는 것을 인식하는 것이 바로 자연친화교육이며, 이는 영유아의 오감을 통해, 직접 경험함을 통해, 생명과 더불어 살아가면서 느끼고 체험하는 교육이다.

이러한 과정을 통해 영유아는 다양한 생명이 있음을 알고, 각각의 삶의 방식이 있음을 존중하며, 단 하나뿐인 소중한 존재임을 깨달아 이를 민감하게 받아들이고 존중하며, 여러 생명체가 서로 배려하고 존중하고 협력해야 하는 삶이라는 것을 알게 된다. 이것이 바로 우리가 추구하는 전인교육의 목표인 창의 · 인성교육과 그 목적과 개념이 일맥상통하는 것이다.

창의 · 인성교육이 영유아기 발달에 가장 적합하다고 볼 때, 영유아의 창의성과 인성을 키우는 교육이 실천되기 위한 실질적인 프로그램은 바로 '자연친화교육'

프로그램이라고 할 수 있다.

자연물은 색, 느낌, 향기, 맛, 소리 등이 풍부하기 때문에 영유아들과의 체험활동을 실시하는 데 아주 유용하다(Wilson, 2010). 자연물을 조작할 때, 영유아들은 다양성, 복잡성, 아름다움과 같은 자연세계의 특징들을 배운다. 영유아들은 관찰, 비교, 실험, 분류, 예언과 같은 과학적 과정의 기술들도 습득한다. 자연물을 활용한 체험 활동들은 영유아들이 자연 세계를 친숙하고 편안한 것으로 느끼도록 한다. 흙은 더럽지 않고 지렁이는 물지 않으며 식물은 생명체라는 것을 배우게 됨으로써 생명에 대한 경이감을 향상시킬 수 있다. 영유아들이 자연세계에서 관찰하고 행하는 것들을 기록하도록 격려하는 것 역시 경이감을 향상시킨다.

창의 · 인성교육의 기본 과정인 기초인성과 오감을 통한 체험 및 놀이, 그리고 배려와 개방성 등은 영유아가 자연의 생명체를 접하면서 얻어지는 교육적 이점과 같다. 그밖에도 유추성과 다양성, 의사소통 능력, 배려, 돌봄, 나눔, 타인존중, 환경친화능력, 공감, 성취, 행복감, 즐거움, 열정, 몰입 등은 영유아가 자연과 만나고 친해지고 교감하고 탐구하는 과정에서 얻어질 수 있다. 이러한 의미에서 볼 때, 영유아기 자연친화교육은 영유아의 창의성과 인성을 동시에 가장 자연스럽게 발달시킬 수 있는 교육이라고 할 수 있다.

1-6 자연친화교육의 방향

자연의 생명체를 체험하는 것은 영유아들의 감정이입과 돌봄을 촉진시킬 수 있는 좋은 방법이다. 영유아들이 식물과 동물을 키울 때, 살아있는 것을 돌봄으로써 아이들은 성장, 발달하게 된다. 이는 영유아들의 인지적 이해뿐만 아니라 돌보는 것과 관련된 태도와 성향도 발달시킨다(Wilson, 2010). 자연은 치료적이고 침착한 성향이 있으며, 자연에서의 경험은 자기조절과 자부심을 향상시킨다. 자연과의 상호작용은 인지적, 사회적, 정서적 기술을 향상시키며, 자연은 상상을 자극하고 창의적 표현을 불러일으킨다.

1) 자연과 소통하는 영유아

영유아들은 자연친화 프로그램을 통해 유아교육기관 마당의 자연물과 만나게 되고, 그 만남은 살아 움직이는 곤충에서 시작된다. 그러나 영유아들의 곤충에 대한 관심은 '잡는 것'으로 나타나며, 이러한 '곤충 잡기'는 자연과의 만남이 지속되면서 점차 사라진다.

영유아들은 유아교육기관 마당에서의 자연놀이 프로그램의 시간이 증가할수록, 자연과의 만남을 즐거워하게 된다. 자연의 트인 공간은 영유아로 하여금 자유로움과 해방감, 편안함을 느끼게 하며, 자연 속 생명체들은 영유아에게 신비로움과 놀라움을 제공한다.

자연과의 만남이 주는 즐거움은 유아교육기관 마당에서 만나는 식물과 곤충과의 상호작용에서도 마찬가지이다. 이들을 위한 삶의 터전인 서식지를 직접 구성하고 가꿔 주는 과정을 통해, 이들을 하나의 '생명'으로 인식하기 시작한다. 자연의 모든 생명체에 대해 친밀감을 갖고, 그들의 서식지와 인간의 관계를 이해하게 될 때, 영유아는 주변 환경에서 자연의 아름다움을 발견할 수 있다는 핸드릭(Hendrick, 1990)의 말처럼, 영유아들은 자연의 생명체를 위한 서식지를 구성하며 기뻐하고 환호성을 올리며 즐거워하게 된다.

자연에서 느끼는 즐거움은 영유아로 하여금 자연스러운 몰입을 가능하게 하고, 이러한 몰입을 통한 상호교류는 곧 표현으로 이어진다. 영유아들은 자연에게서 받은 느낌을 다양한 방법으로 자연스럽게 표현하게 된다.

자연과의 만남의 횟수가 증가할수록 직접적이고 일상적인 만남 이전의 부정적이고 편협된 인식과 태도에서 벗어나, 자연과의 만남 자체를 즐거워하게 되고, 자연 속에서의 호흡과 놀이를 자연스럽게 받아들이고 자연과, 또래와 활발하게 상호작용하게 된다.

자연은 이처럼 직접적이고 일상적으로 경험하게 될 때, 영유아들에게 즐거움을 제공하며, 자연 속에서 자유롭게 뛰놀고 소리치며 즐거움을 느끼게 되는 점으로 볼 때, 자연은 영유아에게 가장 큰 놀이터인 동시에 학습장이라고 볼 수 있다.

유아교육기관의 환경을 자연환경으로 구성하는 활동을 진행하게 되면 교사가 기존에 계획했던 것 이상으로 확장되어 가는 것을 볼 수 있다. 이는 자연이라는 놀이터에서 영유아는 자유로움을 느끼며 무한한 가능성을 실현해 보고자 하는 것이다. 자연 속에서 놀 때, 영유아는 스스로의 질문, 흥미에 의하여 자연스럽게 다양한 활동을 주도해 나간다.

자연친화교육은 이처럼 형식적, 비형식적인 교육과정으로 자연스럽게 이루어진다. 교사가 의도한 활동 외에도, 아이들이 자연을 접하면서 이루어지는 많은 자연친화적인 활동들은, 아이들 주도로 이루어진다. 잎을 찧어서 염색해 보기도 하고, 마당의 자연의 색을 염색해서 벽에 전시하고, 유아교육기관 마당의 잎을 궁금해하며 마당에서 주운 꽃잎과 나뭇잎의 이름을 알아 보고 교실 벽에 전시하게 된다. 이러한 발현적 교육과정은 살아서 움직이는 자연친화교육을 가능하게 한다. 다음은 텃밭에 나갔다가 발견하게 된 여러 꽃잎들에 관심을 갖게 되면서 자연스럽게 '꽃잎' 에 대해 이루어진 활동의 '예' 이다.

상황: 아이들이 텃밭에 있는 식물들을 마저 뽑고 호미를 정리한 후, 다시 모인다. 몇몇 아이들은 모이기 직전 벌레를 보기도 한다. 아이들은 잎을 한 개씩 들고 다니면서 비교해 본다. 교사는 아이들과 함께 잎을 줍고 이름을 알아 본다.

교사: 잎을 모아서 이름을 알아 보기로 하자. 잎을 가져오고, 무슨 잎인지 이야기해 줘.
유아: 선생님, 나팔꽃잎이래요.
이건 무슨 잎이에요?
교사: 잎 찾는 사람 손 들어보세요. 도와줄게요.
유아: 봉숭아! 아니다, 나팔꽃.
나팔꽃잎!
맨드라미!
고추 잎! 피망!

교사: 얘들아 이거랑 똑같은 잎이 여기 있니?
유아: 크기가 같아요. 고추랑요.
딸 때 다를 수 있어.

상황: 교사의 지시로 텃밭에서 뽑아 낸 식물에서 잎을 따거나 주워서 무슨 잎인지 원장님께 여쭤 본 다음 교사에게 달려와 잎을 내민다. 교사는 잎이 무슨 잎인지 듣고 나서 종이에 잎을 붙이고 그 밑에 이름을 쓴다.

교사: 어디에 있니?
자, 그럼 무슨 잎일까?
자, 이거랑 똑같은 잎이 여기 숨어 있어요. 찾아 보세요.
이거랑 똑같은 게 있니?
유아: 선생님. 장미꽃잎이랑 이거는 똑같아요.
교사: 이 잎의 이름은 무엇일까?
유아: 맨드라미! 봉숭아! 피망!
교사: 맨드라미? 고추? 피망? 글쎄. 한번 나가서 찾아 보자.
유아: 이거는요, 맨드라미는요, 줄기가 이렇게 짧잖아요.
크기가 작잖아요.
그러니까 이건 맨드라미를 딸 때 짧게 끊으면 짧아져요.
교사: 응, 같은 잎인데 크기는 다를 수 있대. 딸 때 잘못 따거나 하면 다르게 보일 수 있지.
교사: 응, 그러네. 여기 누 개는 선생님은 찾았는네, 너희들이 못 찾은 것이 있어.
오늘 안에 찾아 보사.
유아: 얘는 끝이 원인데요, 얘는 끝이 뾰족하구요. 그러니까 달라요.
교사: 힌트를 줄게. 맨드라미랑 봉숭아 중에 하나야. 두 개가 어떻게 다르니?
유아: 깻잎이랑 모양이 같아요.
교사: 크기가 다르지만 이것도 봉숭아 잎이야. 잎의 모양이나 잎맥, 잎살이 다른 것과 다르지. 어떻게 다른가 보자.

2) 자연을 탐구하는 영유아

'자연' 이라는 세계는 다양한 생물체의 삶의 터전이며, 반복되는 변화가 일어나는 공간이다. 자연의 이러한 특성은 영유아로 하여금 자연스럽게 호기심을 갖게 하고, 알고자 하는 태도를 갖게 한다. 영유아의 자연에 대해 알고자 하는 내적 동기는 질문을 통해 나타나며(Ebenezer & Connor, 1998), 질문을 토대로 자연환경에 대한 관찰과 탐구가 이루어질 때, 그들이 흥미 있어 하는 개념을 강화시키고, 그들의 학습을 확장시킬 수 있게 된다(Bullock, 1994).

[그림 2] 마당에서 주운 꽃잎

마당에서 보내는 시간이 길어지면서 새로운 나뭇잎을 줍고, 영유아들은 나뭇잎의 이름과 쓰임새를 찾는 활동에서 시작하다가 나중에는 마당에서 발견되는 자연색을 찾아 보는 활동, 또한 마당서 만나게 되는 여러 곤충들에 대한 조사와 탐구활동 등이 이루어지게 된다.

자연을 통한 교육의 특징으로, '발현적 교육과정' 외에도 '협동의 증가' 를 들 수 있다. 자연친화교육을 통해 유아와 유아, 유아와 교사 간 협동이 증가하였다. 자연환경을 구성하면서 자연스럽게 협동하게 된다. 이는 자연환경을 구성하는 활동은 영유아들 간의 사전경험과 계획에 대한 토론뿐 아니라, 문제해결과 의사결정을 요구하기 때문이다.

자연에서 보내는 시간이 길수록, 실내에서보다 더 많은 협동이 나타나게 되며, 자연은 유아와 유아 간, 유아와 교사 간의 활발한 상호작용을 가능하게 하는 매개체가 되어 준다. 이런 의미에서 볼 때, 자연환경 구성 과정에서의 유아 간 상호작용과 협동은 단순히 말을 주고받는 것이 아니다. 유아 간 정보의 교환, 관찰한 내용의 교환, 문제해결을 위한 탐색과 조사 과정에의 참여, 의사결정을 위한 투표활동, 그 밖에도 물리적인 힘을 합하여 해결해야 하는 문제 등이 '협동'을 통해 이루어진다.

영유아들은 마당에서 만나게 된 곤충을 접하며 신기해하며, 놀라워하고, 텃밭에서 흙과 식물과 함께할 때의 즐거움을 이야기한다. 마당에서 자연을 만나게 될 때, 자연에 대해 알게 됨과 동시에, 자유롭게 뛰놀고, 소리치고 노래하는 즐거움을 맛보게 된다.

영유아들은 자연과의 만남이 증가할수록, 자연에 대한 질문의 양과 개념이 증가하였다. 이들의 초기 질문은 자연물의 이름이나 외형적인 특징에 대한 것이 대부분이었으나, 점차 만남의 시간이 증가할수록, 단순히 보는 것이 아닌 목적을 가지고 보고 관찰하는 시간이 증가하게 되었다. 이러한 목적지향적 관찰은 알고자 하는 태도를 갖게 하고, 이는 영유아의 과학적 사고와 태도를 형성하였다.

영유아들의 질문을 해결하기 위한 방법으로는 토론하기, 집에서 조사해 오기, 실험구성활동 등이 가능하다. 이 중 실험구성활동은 영유아들의 자연에 대한 자발적인 질문에서 출발하며, 이를 통한 활동은 가치 있는 과학실험을 제공하는 근원이 된다(Jelly, 1985).

영유아들은 자신들의 질문을 토대로 구성된 실험구성활동을 통해, 기존에 알고 있던 지식을 확인하기도 하고, 새로운 사실과 개념을 깨닫게 되었다. 자연에 대한 궁금한 질문을 토대로 구성된 실험구성활동은, 단순히 감각을 통한 직접 조작(hands-on)을 넘어, 정신적 조작(minds-on)이 함께 이루어지도록 하기 때문이다. 영유아들은 자연의 생명들을 직접 접하면서 질문을 하게 되는데, 이러한 질문은 비과학적 질문과 과학적 질문으로 나뉠 수 있다. 이렇게 비과학적 질문과 과학적 질문으로 나누는 이유는 과학적 질문은 영유아의 탐구능력을 키울 수 있는 질문이기 때문이며, 영유아의 과학적 질문을 토대로 직접적인 과학적 가설과 실험으로 연결할 수 있기 때문이다. 이에 교사는 유아의 질문을 다음과 같이 분류하고 이를 토대로 자연에 대한 탐구활동을 진행할 수 있다.

〈표 3〉 유아의 과학적 질문과 비과학적 질문

주제	과학적 질문	비과학적 질문
지렁이	• 지렁이는 왜 땅을 파요? • 지렁이는 뭘 먹어요? • 지렁이의 종류는 어떻게 돼요?	• 지렁이는 왜 땅속에 살아요? • 지렁이는 왜 밍글밍글해요? • 지렁이는 왜 말을 못해요? • 지렁이는 왜 기어다녀요? • 지렁이는 왜 수영을 못 해요?
돌	• 돌이 깨지면 뾰족하게 될까? • 돌은 왜 각기 모양이 다를까? • 돌은 얼마나 무거울까?	• 돌도 나무처럼 모양낼 수 있어요? • 어떤 돌에 새가 산다는데 왜요?
새	• 새는 얼마나 많은 종류가 있어요? • 새집은 새마다 다 달라요? • 새는 어떤 모이를 잘 먹어요?	• 새는 왜 집 안으로 안 들어와요? • 사람은 왜 플라스틱으로 새집을 지어요?
나비	• 나비는 태어날 때 어떻게 나와요? • 애벌레가 번데기가 되려면 며칠 걸려요? • 나비는 꿀을 좋아해요, 설탕물을 좋아해요? • 나비는 어떤 꽃을 좋아해요? • 애벌레 똥은 왜 검은색이에요?	• 나비 알이 날 수도 있어요? • 나비는 왜 날아요?
무	• 햇빛이 없으면 어떻게 될까요? • 물을 안 주면 어떻게 될까요? • 거름이 왜 필요해요? • 무가 얼마나 높이 자랄까요?	• 떡잎은 왜 두 개예요? • 무는 왜 땅속에서 자라요?
나무	• 나무가 어떻게 종이가 되어요? • 매실나무에 매실은 언제 열려요? • 나무뿌리는 어떻게 생겼어요? • 비가 안 오는데 나무가 어떻게 살아있어요? • 나무에서 개미가 사나요? • 나무에 뭘 발라야 벌레가 모일까요?	• 왜 나무는 움직일 수 없어요? • 나무는 우리 말을 들을 수 있어요? • 나무가 만약 세상에 없으면 어떻게 돼요? • 나무에 풍선을 문지르면 왜 터져요?

주제	과학적 질문	비과학적 질문
금붕어	• 금붕어는 코가 있나요? • 금붕어는 공기 없으면 죽어요? • 자연연못의 금붕어는 뽀글이 없이 어떻게 살아요? • 자연 속 금붕어 먹이는 뭐예요? • 금붕어가 잠잘 때 어떻게 자요?	• 왜 물고기 색이 각각 달라요? • 금붕어는 왜 죽은 척해요? • 금붕어는 왜 눈 뜨고 자요? • 금붕어 눈은 왜 항상 그대로예요? • 금붕어는 자기네끼리 인사할 수 있어요?

3) 자연을 사랑하는 영유아

자연을 '안다'는 것은 곧 자연을 이해함을 의미한다. 자연에 대한 관찰과 탐구를 통해 자연을 알게 되었고, 자연에 대한 이해는 곧 자연을 돌보는 행동과 함께 한다. 이는 영유아가 자연을 하나의 생명으로 인식하고 경외심을 갖게 되었음을 의미한다. 영유아기 자연친화교육의 목적은 바로 이 생명에 대한 경외심의 형성이다(Bullock, 1994; Dighe, 1993; Galvin, 1994; Greenman, 1988; Heffernan, 1994; Talbot & Frost, 1989).

영유아들이 자연을 '생명'으로 인식하게 된 계기는 생명의 '죽음'을 통해서이기도 하다. 자연을 하나의 거대한 생명체라고 볼 때, 자연은 삶과 죽음의 연속선상에 놓여 있는 존재라고 정의 내릴 수 있다. 생명체의 죽음은 필연적인 특성이며, 영유아들에게 있어서 오랜 시간 동안 직접 가꾸고 보살펴 온 '생명'의 죽음은, 삶의 의미를 생각해 봄으로써 생명을 인식하고 경외할 수 있는 계기를 마련해 준다. 자연을 '생명'으로 인식한 아이들은 자연과 내적으로 교감하게 되며, 자연과 인간은 공생하는 관계라는 자연관을 형성하게 될 것이다.

영유아들의 생명(生命)에 대한 경외심은 텃밭의 싹을 밟지 않기 위해 조심하는 모습에서, 새의 외형이나 특성을 배려하며 새 놀이터를 계획하는 모습에서, 연못의 물고기를 위해 동생반 아이들에게 보살펴줄 것을 부탁하는 모습에서, 날씨가 추워지자 자기 나무를 걱정하는 모습에서, 아이들이 나오지 않는 토요일과 일요일에 나비의 애벌레와 금붕어를 돌볼 사람이 없음을 깨닫고 걱정하는 모습에서 나타난다.

아이들은 자연의 생명체뿐 아니라, 유아교육기관 마당에 모임장소를 구성하면서 자연이라는 '공간'에 대해서도 애착을 형성하게 되었고, 자연이라는 공간에 대한 애착은 직접적이고 일상적으로 자연의 환경을 구성하면서 형성되었으며, 아이들이 오랜 시간에 걸쳐 구성한 자연의 공간도 영유아로 하여금 편안함과 정서적 안정감을 느끼게 하였고, 이러한 경험은 자연을 보다 더 친숙하고 가까운 존재로 여기도록 하였다.

영유아들이 자연을 알고 사랑하는 일은 윌슨(Wilson, 1994)의 말대로 오랜 시간이 걸리는 일이지만, 충분한 가치를 가지고 있는 일이며, 이 시기에 자연세계와의 직접적인 상호작용의 기회를 부정하는 것은, 곧 영유아기 경험의 가장 중요한 부분을 부정하는 것이다.

영유아기에 자연과의 만남이 직접적이고 일상적으로 이루어질 때, 아이들은 자연 속 생명체를 하나의 '생명'으로 인식하게 되며, 생명을 소중하게 생각하는 경외심을 형성하게 된다. 이는 곧 영유아의 전인적인 발달을 가능하게 하며, 나아가 성숙한 인간으로의 성장을 의미한다.

2. 자연친화교육에 대한 접근

2-1 영유아를 위한 자연친화교육

자연이 중요한 이유는 우리가 곧 '자연'이기 때문이다. 자연을 떠나서 인간은 살 수 없기 때문이며, 생명은 자연 속에서 가장 자연스럽게 성장, 발달하기 때문이다. 특히 생의 초기인 영유아기는 자연 속에서 뛰어놀 때 가장 잘 자라게 된다.

자연친화교육이 유아교육에서 효율적으로 이루어지도록 하기 위해서는 무엇보다 영유아의 발달적 특성을 고려해야만 가능하다(Boss, 2001; Boyer, 1991; Hodgkin, 1995; Moore, 1997; Nabhan & Trimble, 1994; Pranis & Hale, 1991; Trostle, 1990, Wilson, 1994). 인간의 생의 초기인 영유아기는, 발달상 성인과 달리 감각기관을 이용하여 직접적이며 동시에 일상적으로 체험함으로써 자연에 대한 이해가 가능하기 때문이다.

이 시기 발달적 특징을 살펴보면 첫째, 신체발달이 활발하게 이루어지는 시기이다. 이전에 비해 자신의 몸을 마음먹은 대로 자유롭게 움직일 수 있게 된다. 아이들의 하루 활동량은 선수촌에서 훈련하는 유도선수의 활동량과 맞먹는다고 할 만큼 쉬지 않고 움직이고 활동한다. 그래서 답답한 실내보다는 밖으로 나가서 자연 속에서 마음껏 몸을 움직이는 것이 아이의 여러 발달 면에서 바람직하다.

둘째, 이 시기의 또 다른 발달 특징은 직접 눈으로 보고 손으로 만져 보고, 혀로 맛보고, 귀로 들어 보고, 코로 냄새 맡는, 이른바 오감(五感)을 통해 배운다는 것이다. 어른들처럼 책으로, TV매체로, 말로써 익히고 배우는 것이 아니라 반드시 직접 몸으로 경험하고 체험함으로써 배울 수 있다. 오감을 통해서 만나고 경험하고 배울 수 있는 존재가 바로 자연, 자연 속 생명인 것이다.

셋째, 만 3, 4세의 영유아들은 모방을 통해서 배운다. 성인(부모 또는 교사)들의 행동 하나하나를 보고 그대로 따라하는 아이의 모습에서 부모나 교사들은 한편 웃음이 나기도 하고 또 한편으로는 성인의 역할이 얼마나 큰지 실감하게 된다. 어른들이 자주 쓰는 말이나 행동, 가치관이 비록 말로 가르치지 않았다 하더라도 그대로 스펀지처럼 흡수하는 것 또한 이 시기 아이들의 발달 특징이라고 볼 수 있다. 성인들이 자연을 소중히 하는 모습을 통해 자녀들은 자연을, 나아가 자신과 타인을 소중히 여기는 마음과 태도를 갖게 된다.

넷째, 영유아기 인지적 특성은 비논리적인 사고를 한다는 점이다. 이는 주변의 사물이나 현상의 원래 모습이나 성질을 알지 못하고 눈에 보이는 대로만 믿는다든지, 원인과 결과를 이해하지 못하거나 자기중심적으로 생각하고 행동하는 것 등을 말한다.

즉, 무엇이든 움직이는 것은 의자든, 구름이든 다 살아 있다고 믿는 것이나, 인형에게 말을 걸고 사람인 듯 지내는 모습, 엄마의 생일에 자신이 좋아하는 선물을 하고는 엄마가 좋아할 거라고 굳게 믿는 것 등이 바로 이 시기 영유아들의 인지적 특징을 설명해 준다. 이러한 영유아에게 논리적으로 지식을 주입하는 단순, 반복적인 교육은 적합하지 않다. 그보다는 우리 주변의 자연 속 생명을 접하고 교류하며 그 변화를 직접, 자주 관찰하는 것이 가장 자연스러운 인지발달이 이루어지도록 하는 방법이다.

영유아기에 이루어지는 자연친화교육은 다음과 같은 점을 고려하여 이루어지는 것이 좋다.

첫째, 영유아의 발달 특성을 고려해 주어야 한다. 어린 시기의 아이들은 말로 설명하는 것을 통해 배우기보다는 직접 손으로 만지는 등 몸으로 경험함으로써 배운다는 것을 기억해야 한다.

둘째, 한두 번의 이벤트 같은 자연놀이가 아닌, 일상생활 속에서 직접적이고 일상적으로 자연의 생명을 접할 수 있는 기회를 주어야 한다. 생활 속에서 접하고 경험할 때만이 아이들은 배우고 자란다.

셋째, 자연이 생명(生命)임을, 그리고 그 생명은 아주 작은 것이라도 소중하다는 것을 가르쳐 주어야 한다. 자연 속에서 마음껏 뛰어놀고, 자연과 호흡하고, 자연 속 생명체와 하나 되는 경험, 그것은 일생일대의 가장 소중한 경험이며 살아가는 원동력이 되어 준다.

넷째, 성인인 부모나 교사가 자연을 하나의 생명으로 여기고 소중히 하는 마음과 태도를 보이면, 아이들은 자연스럽게 자연을 소중히 생각하게 되고 나아가 자기 자신을, 타인을 사랑하게 된다.

다섯째, 아이들의 자연에 대한 호기심과 질문이 때론 터무니없고 황당하다고 할지라도 귀 기울여 주고, 함께 고민해 주어야 한다. 그것은 아이들의 과학적 사고의 시작이기 때문이다.

영유아들은 미래의 주역이다. 이들에게 있어서의 자연친화교육은 단순히 자연에 대한 교육이 아닌, 전 세계 인류가 함께 공생하고 성장해 나가야 할 녹색성장교육으로 폭넓게 이루어져야 한다. 녹색성장교육이란 인류에게 있어 생존을 위한 교육이며, 영유아들이 살아갈 미래 사회의 삶의 질을 높이는 글로벌 공동체 교육이기도 하다(조형숙, 2010).

영유아를 위한 녹색성장교육의 방향이 중요한 이유는 개인의 삶의 질 향상뿐 아니라 인간과 자연이 더불어 행복하기 위한 새롭고 창조적인 교육이기 때문이다. 영유아를 위한 녹색성장교육은 지구 환경에 대한 가치를 인식하는 데서 시작되어야 하며, 친환경적 생활이 자연스럽게 '몸에 배게' 하는 습관화 교육이어야 한다.

이를 위해서는 영유아기에 '녹색 감수성(Green Sensitivity)'을 키우는 것이 중요하다. 이는 영유아가 자연 속에서 자연과 충분히 교감하며 자연이 주는 생태에너지로 충전되어 생활의 에너지로 활용하는 것을 말한다. 또한 이것은 자연환경에 대한 심미안을 기르고 중요성을 인식하며 우리 주위의 여러 생명체의 존귀함을 알고 아끼는 자세를 기르는 환경감수성이라고도 할 수 있다.

영유아의 녹색 감수성은 자연친화교육의 나아갈 방향인 동시에 자연과 더불어 살아갈 때 필요한 삶의 태도인 것이다. 이를 위해서 영유아기에 자연친화교육, 자연체험 활동, 동식물 기르기 등과 같은 자연과의 직접적인 교감의 체험이 생활 속에서 이루어져야 한다.

2-2 자연친화교육의 역사

영유아기는 자연 속에서 뛰어놀며, 자연 속 생명체와의 상호작용을 통해 살아있는 모든 것에 대한 경외심을 갖는 시기이다(Wilson, 1995). 영유아는 이러한 자연과의 직접적인 만남을 통해 자연의 생명체와 포괄적인 관계를 형성하며, 생의 초기 삶을 풍요롭게 영위할 수 있다(Davies, 1996; Humphryes, 2000; Moore, 1997; Wilson, 1993, 1994).

영유아는 자연을 직접적으로 체험함으로써, 건강한 신체발달, 안정감과 심미감, 자아존중감, 타인과의 협동과 배려, 자연에 대한 경외심, 언어적인 표현력의 증가, 호기심과 탐구심의 증가를 가져올 수 있다(황의명 · 조형숙, 2001; Bybee & Sund, 1982; Davies, 1996; Francis, 1988; Greenman, 1998; Humphryes, 2000; Moore, 1997; Palmer, 1995; Wilson, 1995).

유아교육의 역사를 살펴보면, 유아교육과 자연은 불가분의 관계로 발전해 왔음을 알 수 있다. 코메니우스(Comenius), 페스탈로치(Pestalozzi), 프뢰벨(Froebel) 등에 의한 초기 유아교육은 감각적인 경험에 기초한 놀이 중심의 '자연학습'으로 이루어졌으며(이원영 역, 1998), 우리나라 전통사회에서의 놀이 역시 자연과의 풍부한 교류와 자연을 놀잇감으로 하는 놀이가 주(主)를 이루고 있었다(유안진, 1998). 이처럼 유아교육은 역사적으로 영유아의 본성에 맞는 교육환경으로서의 자연을 강조해 왔다.

유아교육에서는 이런 맥락에서 전통적으로 자연을 유아교육의 장(場)으로 활용하고 있으며, 자연친화적인 환경과 자연물을 교육에서 중요하게 다루어 왔다. 이는 17세기, 당시의 교리문답 중심의 교육방법에 반발하여, 감각교육을 주장한 코메니우스와, 자연으로부터 많은 것을 배우는 직관교육을 중시한 페스탈로치, 그리고 프뢰벨의 정원 가꾸기 등에 잘 나타나 있다.

코메니우스, 페스탈로치, 프뢰벨 등의 학자들이 실천한 초기 유아교육은 감각적인 경험에 기초하는 놀이중심의 자연학습으로 이루어졌다. 즉, 이해보다는 감상을 위한 자연관찰이 주(主)가 된 자연학습으로서, 동·식물 기르기, 정원에서의 흥미로운 자연물의 관찰, 자연이야기 들려 주기 등과 같은 활동이다.

19세기에 들어서며 미국의 피바디(Peabody)는, 시멘트보다는 잔디가 있는 실제 정원의 필요성과 교사와 영유아들이 함께 하는 정원 가꾸기 등의 자연교육을 강조하였다. 홀(Hall) 역시 영유아가 학교교육을 잘 받을 수 있도록 부모가 할 수 있는 최선의 준비는, 그들에게 자연을 알게 하는 것, 특히 시골 풍경을 보게 하고 시골의 소리를 듣게 하는 것이라고 했다. 그가 생각한 훌륭한 유아교육기관은 많은 시간을 바깥에서 놀며 자연에 대해 배울 수 있는 곳을 의미하였다(이원영 역, 1998, 재인용). 이러한 활동의 궁극적인 목적은 영유아로 하여금 주변 환경에 관심을 갖고, 자연의 경이로움을 느끼게 하는 것이며, 자연을 직접 경험하는 감각위주의 실물 중심 교육이었다.

그러나 20세기의 근대 교육이념에 기초한 인간 이성과 인지발달의 강조는, 자연을 인간을 위한 탐구대상으로 협소하게 조망하였고, 자연에 대한 지식 습득만을 중시하는 결과를 초래하였다. 1960년대 이후 대두된 인지발달에 대한 관심의 증가와 국가발전을 위한 원동력으로 과학을 중요하게 인식하면서부터, 자연은 영유아들에게 더 이상 친숙하고 흥미로운 대상이 아닌, 탐구의 대상이자 지식 형성을 위한 교과로 대치되었다. 자연에 대한 인간 중심의 사고인 기술 중심적 관점과 자연과 인간이 공생한다는 생태학적 관점을 비교해 보면 다음과 같다(양옥승, 2001).

〈표 4〉 자연에 대한 기술 중심적 관점과 생태학적 관점의 비교

구분	기술 중심주의적 관점	생태주의적 관점
인간관	• 이성을 지닌 인간의 우위성 • 자연을 지배, 통제하려는 존재	• 인간은 자연의 일부 • 생태계와 환경을 책임져야 하는 유일한 존재
자연관	• 수동적인 자연관 • 인간의 목적에 의해 가치 결정 • 인간을 위한 탐구대상의 원천 • 인간과 자연은 대립 구조	• 능동적인 자연관 • 생태계 각 존재에 가치와 존엄성 부여: 생명존중 사상 • 인간과 자연은 상호 의존적인 조화로운 관계 • 미래세대에게 물려주어야 하는 문화
교육관	• 자연활용 및 개발 기술 강조 • 인지적 측면 강조 • 환경파괴적인 삶의 방식 • 생명경시와 생명파괴의 비인간화 현상에 대한 불감증	• 자연환경의 활용에 대한 규준 강조 • 인지적, 정서적, 기능적 측면강조 • 생명존중, 자연존중, 자연환경 보전 개념 강조 • 자연친화적인 태도 및 가치관 형성
유아 교육관	• 자연에 대한 간접경험 • 탐구대상으로서의 자연	• 자연에 대한 직접 경험 • 자연과의 일상적인 만남

영유아는 기본적으로 자연적 환경을 선호하는 경향을 가지고 이 세상에 태어난다. 이들은 자연을 놀이의 상대로 생각하고 학습의 대상으로 여긴다. 오늘날에는 자연적 삶의 공간이 점점 줄어가고 있고, 그만큼 영유아가 자연과 친할 수 있는 기회는 점점 어려워지고 있는 실정이다. 영유아는 물, 불, 공기, 땅, 동물, 식물 등의 자연을 직접 만지고 느끼는 본래적 체험을 필요로 한다. 하지만 이들 주변 환경에서 이를 적절하게 구성해 주지 못할 경우 땅은 더러운 것이고, 불은 장난감이 아니고, 동물은 냄새가 나고, 벌레는 모두 해충이며, 나무는 올라가서는 안 되는 것으로 인식하기 쉽다. 오히려 이러한 자연보다 인위적인 환경이 더 깨끗하고 친숙하

며 따라서 더 좋은 것이라고 생각하기 쉽다(현온강 외, 2002).

현재 국내의 유아교육기관에서 이루어지는 자연교육을 살펴보아도 직접적인 실물교육과 체험교육과는 거리가 먼 것을 알 수 있다(강현아, 1997; 김미정, 1998; 김성옥, 2000; 김수경, 2000; 김인호 외, 1996; 박수종, 1996; 연세유치원, 2000; 조형숙, 2001; 최효영, 1998). 자연교육이 이루어지는 방법 역시 직접적인 체험이 아닌, 책과 비디오테이프, 견학 등의 간접적인 경험 중심으로 이루어지고 있었으며, 자연을 접할 수 있는 환경은 협소하거나 아예 없는 것으로 나타났다(강현아, 1997; 김미정, 1998; 김성기, 1996; 김수경, 2000; 마경희, 1997; 박수종, 1996; 손옥경, 2001; 심운숙, 1994; 최효영, 188).

유아교육에서의 자연에 대한 그릇된 인식과 접근에 대한 반성은, 초기 생태계 위기와 환경오염에서 비롯되었으며, 이는 1975년 발표된 '벨그라드 헌장' 을 그 시초로 하여 이루어지기 시작하였다. 이 헌장에 의하면, 인간과 자연의 관계는 상호 의존적인 특성을 지니며, 인간과 자연은 서로 나눔과 보살핌의 문화를 보유한 조화로운 공동체로서, 함께 생존을 영위하는 관계로 나아가야 한다는 인간과 자연의 생태학적 관계를 강조하였다.

국내에서는 1990년부터 유아교육기관에서의 자연과 자연환경에 대한 중요성에 대한 인식이 이루어졌으며, 2000년 이후 많은 연구와 프로그램들이 개발되어지고 있다(김대희, 1997; 김미정, 1998; 김성옥, 2000; 김이순, 2001; 마경희, 1997; 박이문, 1998; 서영희, 1999; 신철재, 1999; 오복희, 2000; 양옥승, 2001; 임택재외, 1999; 정혜란, 2001; 조형숙, 1999; 허윤정, 2001; 황미경, 2001; 황희선, 2000: 지옥정, 2007).

이러한 자연친화교육이 유아교육에 있어 중요한 이유는, 무엇보다 자연 그 자체가 우리 인간에게 중요한 대상이며, 인간은 자연을 떠나서는 살 수 없는 존재이기 때문이다. 또한 영유아기가 인간 형성의 기초적 시기이자, 결정적 시기로서, 이때 형성된 가치관과 생활태도가 그 이후의 삶의 태도에 커다란 영향을 미치기 때문이다.

2-3 자연친화교육 프로그램

1) 국내 프로그램

(1) 2000년 이전 프로그램

국내의 경우 자연친화교육은 1970년 공해교육에서 시작되어 1990년 중반이후 민간단체를 중심으로 한 체험중심교육을 통해 이루어져 왔다(김인호 외, 1998). 1978년에는 「자연보호 헌장」을 채택하였으며, 1990년대에 인지적 영역과 함께 정의적 영역이 강조되면서, 자연과의 접촉을 통한 체험교육이 확산되기 시작하였고, 1990년 초 '자연놀이(nature game)'를 응용한 체험중심활동 프로그램의 적용이 있어 왔다.

1990년 초반 '환경을 생각하는 교사모임'이 형성되어 체험 중심의 자연교육의 필요성이 확대되어 왔다. 최근에는 민간 환경단체와 협력하거나 교사를 중심으로 학교별, 기관별, 지역별로 다양한 자연친화교육이 실시되고 있다.

현재 이루어지고 있는 대표적인 자연친화 프로그램으로는, 길동 자연생태공원의 생태체험 프로그램, 대학 내의 자연사박물관의 프로그램, 즉 경희대학교나 이화여자대학교의 자연사박물관에서 이루어지는 자연체험 프로그램이 있고, 신구대학의 식물원을 비롯한 서울대공원, 남산식물원의 자연체험 프로그램들이 일반인들을 대상으로 이루어지고 있다.

서울대공원에서는 동물교실, 식물교실, 곤충교실을 운영하고 있고, 남산 야외식물원의 자연학습 프로그램, 길동 자연생태공원의 생태학교 프로그램 등이 운영되고 있다. 이밖에도 민간단체에서 운영하는 다물자연학교는 열린 학교로 자연생태교실을 열고 있고, '산골아이들 놀이학교'에서는 자연체험학습 프로그램을 개최하여 부모와 영유아가 함께 자연을 접할 수 있는 기회를 제공하고 있다. 이밖에도 공동육아에서는 나들이를 통한 자연친화교육이 이루어지고 있는데, 공동육아의 정신은 생활중심의 교육, 자연친화교육으로 대표할 수 있으며, '살아 있는 생명인 아이들에게 열려 있는 세계를 만들어 주는 것' 이다.

공동육아에서의 성인의 역할은 단지 영유아가 호기심어린 눈으로 자연을 탐색, 관찰하고 자연의 생명력을 몸으로 느낄 수 있도록 도와주는 것이다. 이런 맥락에서 공동육아는 자연을 직접 접할 수 있는 환경을 조성하여 자연과 교감할 수 있는 자연친화교육을 실시하고 있다.

우리나라의 경우, 여러 자연친화 프로그램이 개발, 적용, 실천되어 오고 있긴 하지만 유아교육기관에서의 자연친화교육은 미비한 실정이다. 즉, 특별한 외부 기관의 프로그램이 아닌 유아교육기관과 같은 일상적인 상태에서의 자연친화교육이 미비한 상태이다. 따라서 유아교육기관에서 효율적으로 활용될 수 있는 자연친화교육에 대한 프로그램이 절실히 요구된다.

〈자연 보호 헌장〉

인간은 자연에서 태어나 자연의 혜택 속에서 살고 자연으로 돌아간다. 하늘과 땅과 바다와 이 속의 온갖 것들이 우리 모두의 삶의 자원이다. 자연은 인간을 비롯한 모든 생명체의 원천으로서 오묘한 법칙에 따라 끊임없이 변화하면서 질서와 조화를 이루고 있다. 예로부터 우리 조상들은 이 땅을 금수강산으로 가꾸며 자연과의 조화 속에서 향기 높은 민족 문화를 창조하여 왔다. 그러나 산업문명의 발달과 인구의 팽창에 따른 공기의 오염, 물의 오탁, 녹지의 황폐와 인간의 무분별한 인구의 훼손 등으로 자연의 평형이 상실되어 생활환경이 악화됨으로써 인간과 모든 생물의 생존까지 위협을 받고 있다.
그러므로 국민 모두가 자연에 대한 인식을 새로이 하여 자연을 아끼고 사랑하며, 모든 공해 요인을 배제함으로써 자연의 질서와 조화를 회복, 유지하는 데 정성을 다하여야 한다. 이에 우리는 이 땅을 보다 더 아름답고 쓸모 있는 낙원으로 만들어 길이 후손에게 물려주고자 온 국민의 뜻을 모아 자연보호 헌장을 제정하며 한 사람 한 사람의 성실한 실천을 다짐한다.

1. 자연을 사랑하고 환경을 보전하는 일은 국가나 공공단체를 비롯한 모든 국민의 의무다.
2. 아름다운 자연경관과 문화적, 학술적 가치가 있는 자연 자원은 인류를 위하여 보호되어야 한다.
3. 자연보호는 가정, 학교, 사회의 각 분야에서 교육을 통하여 체질화될 수 있도록 하여야 한다.

4. 개발은 자연과 조화를 이루도록 신중히 추진되어야 하며, 자연의 보전이 우선되어야 한다.
5. 온갖 오물과 폐기물과 약물의 지나친 사용으로 인한 자연의 오염과 파괴는 방지되어야 한다.
6. 오염되고 파괴된 자연은 즉시 복원하여야 한다.
7. 국민 각자가 생활 주변부터 깨끗이 하고 전 국토를 푸르고 아름답게 가꾸어 나가야 한다.

(2) 2000년 이후 프로그램

① 임재택 외(1999)의 '생태유아교육 프로그램'

'생태유아교육'은 생태학적 접근의 유아교육으로, 자연과 조화를 이루고 생명을 소중히 여기며 공동체 속에서 행복하게 어울려 사는 것을 목표로 하는 자연친화적 유아교육 프로그램이다. 생태학적 교육내용은 크게 보면, 바깥놀이 프로그램, 산책 프로그램, 텃밭 가꾸기 프로그램으로 나뉠 수 있다. 바깥놀이 프로그램은 특별한 날만 하는 활동이 아닌 일상생활 속에서 밖에서 하는 경험을 의미한다. 산책 역시 특별한 행사가 아니라 하루 일과 중 언제라도 가능하게 이루어질 수 있는 생활 속 프로그램이다. 텃밭 가꾸기 프로그램은 아이들이 텃밭을 일구고 채소를 길러 봄으로써 자연과 함께하는 삶을 경험하는 데 그 목적이 있다.

② 류진희(2001)의 '풀꽃으로 접근해 본 자연친화적 통합교육 프로그램'

'풀꽃으로 접근해 본 자연친화 프로그램'은 자연을 닮은 '풀꽃'을 주제로 하여 유아들이 자연을 느낄 수 있는 프로그램이다. 풀꽃은 유아들에게 놀잇감으로서 다양하고 재미있는 놀이를 만들어 낼 수 있으며, 풀꽃을 자세히 관찰한 민화 그리기도 가능하다. 아울러 풀꽃에 얽힌 이야기 등을 듣고 지음으로써 자연을 문학의 소재로 쉽게 접하고 누릴 수 있다. 주변에서 쉽게 볼 수 있는 냉이, 돌나물, 쑥, 민들레 등의 나물을 유아와 함께 직접 뜯어서 요리해 보거나, 전래동요에 나오는 풀들에 대한 노래를 불러 보는 등의 활동을 통해 작지만 소중한 자연의 생명체를 깨닫게 된다.

③ 엄성은, 홍은주(2003)의 '전래동요를 활용한 자연친화교육 프로그램'

유아들이 즐겨 부르는 전래동요는 그 자체가 생활 속 자연을 노래하고 있으며, 리듬과 운율을 통하여 감성과 상상력을 키울 수 있기에 유아에게 자연에 대한 흥미와 감동을 불러일으킬 수 있으며 자연친화적인 사고를 하도록 도울 수 있다. 전래동요의 특성상 자연스럽게 유아들이 따라할 수 있는 운율로 이루어져 있어 자연 속에서 만나게 되는 다양한 생명체에 대한 경험을 친숙하게 알려 줌과 동시에 정서적 안정에 도움을 줄 수 있다.

④ 홍은주(2005)의 '자연환경구성활동 프로그램'

'자연환경구성활동 프로그램' 이란 유아와 교사가 '자연환경구성활동' 을 통해 유아교육기관의 환경을 자연친화적인 환경으로 바꾸는 과정에 유아와 교사가 직접 함께 참여함으로써, 자연을 직접적이고 지속적으로 체험하면서 자연을 경험하는 프로그램이다. '자연환경구성활동' 은 자연을 직접적으로 경험함과 동시에 주변 환경과의 상호작용을 통한 일상적인 자연체험과 경험이 가능한 방법이라고 볼 수 있다.

⑤ 지옥정 외(2006)의 '유아를 위한 자연친화교육 프로그램'

'자연친화교육 프로그램' 은 자연에 대한 기초 지식, 신체, 정서, 사회성, 창의성 및 표현 능력 발달, 자연친화적 태도 및 자연보전 의식을 증진시키는 프로그램이다. 활동의 주요 소재는 식물, 특히 우리 주변에서 쉽게 볼 수 있는 나무와 풀꽃들로, 활동 과정은 프로젝트의 기본 원리를 적용하여 유아들의 흥미와 궁금한 것을 중심으로 진행하도록 되어 있다.

⑥ 조형숙 외(2007) '자연과 친해지고 교감하며 탐구하기 프로그램'

'자연과 친해지고 교감하며 탐구하기 프로그램' 은 유아의 감각을 자유롭게 드러내고 표출하여 자연을 온전히 느끼고 인식하며 자연과 적극적으로 교류하는 가운데 자발적이고 자연스럽게 발생하는 자연에 대한 궁금증을 탐구하는 과정이 순환적으로 이루어질 수 있는 방법이다. 이를 위해서는 접근이 쉬운 특정한 자연물을 주제로 선정하여, 친해지기, 교감하기 활동이 우선되고 탐구하기로 연결되도록 하되 세 과정을 융통성 있게 순환적으로 진행한다. 이를 통해 자연과의 일상적이고 지속적인 만남과 교류를 갖도록 하는 데 목적이 있다.

⑦ 조형숙 외(2007)의 '자연놀이터 프로그램'

'자연놀이터' 란 유아교육기관 내에서 자연물을 활용하여 생태적 특성에 적합한 내용과 방식으로 아이들과 교사가 함께 구성해 가는 자연 중심의 공간을 말하며, 아이들은 자연놀이터에서 자연을 일상적으로 만나고 즐기며 배워 나갈 수 있다. 자연환경을 교실 외부에 구성하는 '자연놀이터 만들기' 활동은 일회적 행사 위주가 아닌 일상적 삶으로서의 경험을 제공하고, 무엇보다 직접적인 체험을 지향하는 통합적인 교육실천 방법이다. 이를 통해 자연과의 친밀한 교감을 하여 자연친화적 감성 계발이 가능하며, 친사회적 행동이 증진된다.

⑧ 인천대학교(2010) '숲 유치원'

'숲 유치원' 은 전인교육의 장이면서 환경, 자연, 생태교육의 장인 '숲' 에서 생명존중사상을 이론이 아닌 몸으로 직접 체험할 수 있는 유아교육기관의 형태라 할 수 있다. 숲 유치원은 유아의 움직임을 자연스럽게 촉진시켜 유치원 시기에 가장 중요한 신체적, 감각적 경험을 충분히 가질 수 있도록 이끌어 주는 것을 목표로 한다. '숲 유치원' 에서는 숲에서 쉽게 볼 수 있는 소재를 중심으로 교육이 이루어지며, 체험 중심의 교육으로 이루어진다. 이를 통해 자연 속에서 유아들은 자유롭게 자연을 탐색하고 경험하게 되며, 자연과 교감하여 자연의 법칙을 알아 가고 자연과 조화를 이루는 삶을 배워 가게 한다.

지금까지 살펴본 국내 프로그램을 〈표 5〉와 같이 정리할 수 있다.

〈표 5〉 2000년 이후 국내 프로그램의 교육목적 및 교육내용

프로그램명	프로그램의 목적	교육내용
생태유아교육 프로그램 (1999)	• 생명과 공동체, 감성을 향한 교육	바깥놀이, 산책, 텃밭 가꾸기
풀꽃으로 접근해 본 자연친화적 통합교육 프로그램 (2001)	• 풀꽃을 주제로 자연환경을 제공 • 유아의 자발적인 활동	놀잇감, 그리기감, 이야깃거리, 먹거리, 노래로의 풀꽃
전래동요를 활용한 자연친화교육 프로그램 (2003)	• 전래동요의 리듬과 운율을 통해 자연에 대한 흥미와 감동 제공 • 자연친화적인 사고에 도움	무생물, 식물, 동물로 나눠 해당 자연물과 전래동요 선정, 동요를 통한 자연놀이
자연환경구성활동 프로그램 (2005)	• 유아교육기관을 자연환경으로 유아와 교사가 구성하는 활동 • 유아가 자연을 소중한 생명으로 인식	나비기르기, 실내연못만들기, 텃밭 가꾸기, 내 나무 돌보기, 새 놀이터 만들기, 모임장소구성하기, 돌전시회
유아를 위한 자연친화 교육 프로그램 (2006)	• 프로젝트 활동을 통해 자연에 대한 기초 지식, 신체, 정서, 사회성, 창의성 및 표현 능력 발달, 자연친화적 태도 및 자연보전 의식을 증진	프로젝트 시작, 진행, 마무리 단계로 자연친화교육 진행, 평가
자연과 친해지고 교감하며 탐구하기 프로그램 (2007)	• 자연을 느끼고 인식하며 자연과 적극적으로 교류 • 자연에 대한 궁금증을 탐구하는 과정이 순환적으로 이루어짐	동물, 식물, 무생물을 통해 친해지고, 교감하고, 탐구하는 활동
자연놀이터 프로그램 (2007)	• 유아교육기관 내에 자연물 활용 • 생태적 특성에 적합한 내용과 방식으로 유아와 교사가 함께 구성	돌놀이터, 산책놀이터, 미니정원, 해바라기뜰, 지렁이농장, 비닐하우스
숲 유치원 (2010)	• 숲에서 생활하면서 자연에 대한 직접적인 경험과 체험 • 체험, 자발적인 놀이를 통한 교육	숲으로 이동, 대집단활동, 간식시간, 숲에서의 자유놀이, 동화, 귀가

2) 국외 프로그램

(1) 미국

유아를 위한 국외 자연친화교육 프로그램들을 살펴보면, 자연체험교육에 대한 국가 차원의 지원을 하는 데 있어 가장 앞선 나라는 미국이라고 볼 수 있다. 미국 환경보호국(EPA : United states Environmental Protection Agency)은 1992년 이래 환경교육을 위한 프로그램에 보조하고 있는데, 이 중 GTP(Global thinking project)는 전 세계적으로 환경에 대한 연구와 새로운 도구를 가지고 교사와 학생이 참여하는 교육프로젝트이다.

GLOBE는 1994년 4월 22일(지구의 날)을 기점으로 시작된 프로젝트로, 체험과 이론을 통한 환경정보를 전 세계적으로 나누는 주요 환경 프로그램이다. 이 프로그램의 경우, 초기 환경친화교육을 실시하려는 목적으로 운영되고 있다.

미국은 이밖에도 일부 국립공원과 식물원, 동물원을 중심으로 자연교육 프로그램을 실시하고 있으며, 미국 전역의 국립공원을 통해 '공원교실(Parks As Classrooms)'이라는 현장교육 프로그램을 초·중등교사에게 제공하고 있다. 레이니어 국립공원에서 실시하는 'Where the River Begins' 라는 환경교육 프로그램은 공원의 역사와 생태계를 이해할 수 있도록 구성하는 프로그램이다. 올림픽 국립공원에서는 성인 및 가족을 대상으로 하는 자연체험 프로그램인 'Field Seminar' 를 열고 있으며, 노스케스케이드 국립공원에서는 'A Living Classroom' 을 통해 인근지역 초, 중등 학생을 위한 환경교육 프로그램을 실시한다.

미국환경보호국(EPA: United states Environmental Protection Agency)이 1992년 이래 보조하는 환경교육 프로그램은 작은 동물이나 곤충들을 교실에서 키우며 유아들이 함께 생활하는 경험의 중요성을 제시하고 있다. 보스턴과 매사추세츠에서는 '전 도시의 학교 정원화' 프로젝트에 착수하였다. 남·북아메리카에서는 모두 Ecosystem Studies를 위한 학회가 열리고 있으며, 국가야생연합은 '학교 정원의 서식지 발달 프로그램' 을 실시하였다.

코헨과 튜닉(Cohen & Tunick, 1993)의 'Naturkind program'은 작은 동물, 곤충 등을 교실에서 키우며, 유아들이 함께 생활하는 프로그램이다. 이 프로그램은 유아들에게 풍요롭고 신비한 자연의 생태를 가까이하고 그에 대해 보다 구체적으로 알고 싶은 '내적 동기'를 키우는 것의 중요성을 통해 자연에 대한 과학적 학습의 경험을 제공하는 것을 주(主) 내용으로 하고 있다. 예를 들어 작은 동물이나 곤충의 서식지를 교실에 만들어 유아들이 지속적으로 그들과 생활하는 가운데 자연을 알고자 하는 동기를 강화시키고 소중히 다룰 수 있는 기술을 익힐 수 있는 경험을 제공한다.

미국에서 개발된 환경교육 프로그램인 'Project Learning Tree(American Frost Foundation)'와 'Project Wild' 등은 나무와 숲, 야생동물의 생태를 이해하기 위한 활동을 중심으로 구성되어 있다. 특히 Oaks College 와 Roger Peterson Institute가 유아교육기관 환경교육 프로그램으로 개발한 'Naturkind Program'은 도시의 유아들이 교실에서 늘 살아 있는 생물체를 접하면서 자연에 대한 애정을 갖고 이해하기 위한 다양한 동물 기르기 활동을 제안하였다(Cohen & Tunick, 1993).

미국은 이처럼 국가적으로 교육위원회 단위의 수백만 에이커의 자연보호 지역을 두고, 자연의 생태를 관찰, 조사할 수 있도록 하기에 가능하다고 볼 수 있다.

(2) 독일

독일의 자연교육은 환경과 자연에 대한 지식과 인식, 위기상황을 극복하게 하는 도덕적 자세와 행동양식의 변화에 그 역점을 두고 있다. 이는 자연에 대한 감수성의 개발과, 학생들이 가장 가까이에서 접할 수 있는 주변 환경에 대한 현장체험적 요소를 의미하고 있다. 대표적인 프로젝트인 '학교 인근의 환경교육장' 프로젝트(1993)는 산림청, 자연공원센터 등의 국제기관과 지방기관, 자연보호협회 같은 비정부조직과 학교와의 연계를 위한 새로운 환경교육의 방식을 소개하고 있다. 이와 같은 지역교육장은 학생에게 그 자체로 흥미 있는 교육장소로서의 가치를 지니며, 체험교육 현장으로 활용되고 있다.

이밖에 DGU(독일환경교육협회)는 학교, 환경센터, 연구소, 관청 등 다양한 영역의 환경교육담당자들이 모여 설립한 단체로, 문화부, 환경부와의 협조를 통해, 새로운 환경교육의 방식을 소개하고 있다.

독일 마인탈시의 유치원에서는 '오늘의 프로젝트' 라는 자연체험학습 프로그램을 통해서 자연친화감을 형성하고 있다. 독일 베를린 분데스의 '장난감 없는 유치원' 프로그램은 기존 형식적인 장난감을 모두 치우고, 그 대신 유아들로 하여금 숲에서 자연을 마음껏 체험하도록 하는 자연체험 프로그램을 운영하고 있다. '장난감 없는 유치원' 의 의미는 무조건적으로 장난감을 치우는 것이 아니라, 인공적이고 형식적인 장난감 대신 자연물을 통해 유아들이 오감을 활용한 활동을 할 수 있도록 한 것으로, 스스로 자연물 장난감을 만들고 구성하고 느낄 수 있도록 하고 있다.

'숲 속 유치원' 은 스웨덴에서 시작돼, 덴마크를 거쳐 독일로 전파된 자연유치원으로, 독일 베를린에 있는 '숲 속 유치원' 의 경우, 숲이 곧 교실이며 교육장으로 활용되고 있다. 이 숲 속 유치원의 교육장은 크게 숲 속, 호숫가, 흙이 많은 공터로 나뉘는데, 현재 독일에 350여 개의 숲 속 유치원이 있으며, 그 수가 증가하고 있는 추세이다. '숲 속 유치원' 의 교육적 효과가 인정받으면서, 독일의 많은 일반 유치원들도 숲을 찾아 자연 속에서 유아들이 생활할 수 있도록 하고 있다. '숲 속 유치원' 은 도시의 아이들, 즉 바깥에서 마음껏 놀 기회를 빼앗긴 채 컴퓨터와 텔레비전, 갖가지 학원교육에 시달리는 아이들을 위해 만들어졌으며, 삭막한 도시의 교육 환경에서 비롯된 산만함과 언어의 빈곤, 감정 표현능력의 부재를 겪고 있는 아이들을 위한 일종의 대안적 교육기관이라고 볼 수 있다. 이곳에서는 유아들의 심신을 발달시킬 수 있는 효과적인 숲 속 프로그램을 지속적으로 연구, 개발하고 있다.

이밖에도 독일에서는 교육부 주관으로 매년 환경보전 경연대회를 열어, 자신의 생활과 체험영역에서의 환경문제의 원인을 조사하고 실천영역부분에서 적극적인 성과를 겨루는 프로그램을 개최하여 환경과 자연에 대한 인식과 신념, 그리고 실천력을 높이는 데 일조하고 있다.

(3) 기타

우리나라와 가까운 일본의 경우, 자연교육에 있어서 민간단체의 영향이 크다고 볼 수 있다. 일본은 1990년 발족한 환경교육학회를 중심으로 새로운 단체들이 등장하여 환경교육을 위한 체계를 만들어 가고 있다. 일본 학교교육에서의 환경교육은 사회변화에 능동적으로 대처하는 데 필요한 능력과 태도를 개발하고, 직접적인 체험학습과 문제해결능력의 배양에 주안점을 두고 있다.

일본의 학교교육에서는 자연학교를 통해 질 높은 프로그램이나 교재를 이용하여 자연체험 활동을 하고 있으며, 야외에서 자연교육을 실시하는 수업시설을 적극 활용하고 있다. 일본의 자연학교에서 실시되는 프로그램은 주로 자연관찰, 공작활동, 행사 등으로 나뉘어 이루어지며, 가족 자연체험 프로그램 등을 중심으로 유아를 위한 자연체험 프로그램이 활발하게 이루어지고 있다. 스웨덴, 프랑스, 벨기에, 북아일랜드와 같은 국가에서는 정부차원에서 '학교정원'을 교육적 자원의 하나로 택하여 발전에 주력하고 있다.

영국의 경우 'Learning Through Landscapes Trust'라는 프로그램을 통해 자연친화교육이 이루어지고 있으며, 주된 진보를 이루고 있다. 캐나다의 'Evergreen Foundation'과 스웨덴의 'Skolans Uterum(제한 없는 학교 정원)' 역시 같은 맥락에서 진행되고 있다.

노르웨이에서는 1971년 이래 '자연과 환경'이라는 이름의 프로젝트가 초등학교에 도입되어 '초등학교에서의 환경교육'이 이루어지고 있으며, 1989년에는 '환경에 관한 지침'을 통해 환경과 개발의 문제를 학교의 학과에 통합하는 방안을 논하였다.

노르웨이에서는 이처럼 환경교육을 통해 생태계의 구조 및 자연과 사회의 연관성에 대한 지식을 구조화하며 전달하는 데 주력하고 있다. 또한 각 지역의 학교를 중심으로 '야외교실'을 열어 생태적 환경을 경험하도록 하며, 자연과 환경, 자연과 인간의 관계를 이해하도록 돕고 있다.

덴마크에서는 '녹색접근(Green Approach)'이라는 프로젝트를 통해 자연 속에서의 교육의 방향을 설정하였으며, 1995년에 시작된 이 프로젝트는 계속적으로 자연친화교육 정책의 기반이 되고 있다.

네덜란드는 환경교육의 주요한 내용을 자연교육의 차원에서 점차 사회와의 관련성을 강조하는 내용으로 전환하고 있으며, 주로 어린이들과 함께 하는 현장 활동과 생태조사연구 등의 방법으로 자연친화교육이 이루어지고 있다. 네덜란드의 독특한 자연친화교육의 방법 중 하나는 '이야기(story)'를 통해 자연에 대한 이해를 돕는 프로젝트로, 학교에서 활발하게 실시하고 있으며, 이 프로젝트는 네덜란드에서 중요한 자연교육방법 중의 하나라고 볼 수 있다.

2-4 자연친화교육의 내용 및 교수방법

1) 자연친화교육의 내용

영유아를 위한 자연친화교육의 내용을 살펴보면(Bredekamp, 1987; Bybee & Sund, 1982; Greenman, 1988; Moore, 1997), 풍부한 자연을 가까이 접하면서 자연에 대한 이해와 정서적 교감을 나눌 수 있는 기회를 제공할 수 있으며, 날씨에 대한 탐구를 비롯한 물리적 개념의 탐구 등이 이루어질 수 있다는 것을 알 수 있다. 또한 동물과 식물을 탐색하고 감상하는 일, 교육적으로 활용성이 높은 채소를 심고 가꾸기, 다양한 나무와 관목을 심고 가꾸기, 새나 곤충, 벌레에 대한 관찰, 기르기 등도 포함된다.

최미현(2000)은 영유아를 위한 자연친화교육의 내용을 환경 영역, 자연에 대한 인간 노력 영역, 놀이 영역, 사람의 도리 영역의 네 가지로 구분하였다. 환경 영역은 동·식물이 사는 모습, 천재지변, 자연파괴, 기후변화 등이 있고, 구체적인 프로그램으로는 산책 프로그램, 환경교육 프로그램, 절약·절제 프로그램 등을 들 수 있다. 자연에 대한 인간 노력에는 토지 및 광물 이용, 자연생산물의 생산 활동과 이용, 자연 조성 등이 있고, 구체적인 프로그램으로는 텃밭 가꾸기 프로그램, 요리활동 프로그램 등이 있다. 놀이 영역에는 동·식물과의 만남, 자연보호, 동물 사육 프로그램, 바깥놀이 프로그램 등이 있다. 사람의 도리 영역에는 인간복지, 인간의 가치, 생명의 고귀함, 자연에 대한 인간 윤리를 내용으로 들 수 있다.

자연친화교육의 내용을 크게 세 가지로 나누어 보면, 자연에 대해 관심 가지기, 자연에 대해 체험하기, 자연친화적 태도 가지기 등의 세 영역으로 구성된다(양옥승, 2001). 자연에 관심을 가지고 탐구하는 것은 자연의 세계를 이해하는 데 도움이 되며, 자연에 대해 체험하는 것은 자연과의 직접 경험을 통해 생태계의 위기를 인식하고, 이를 극복하기 위한 기술 습득 및 실천적 능력을 도모하는 것이다. 이를 토대로 자연친화적 태도 가지기는 영유아들에게 자연을 삶의 일부로 받아들이고 자연과 더불어 생활하는 태도를 형성하는 기반을 제공한다.

〈표 6〉 자연친화교육의 영역과 내용

구분	내용
1. 자연에 대해 관심 가지기 a. 자연환경에 대해 관심 가지기 b. 자연현상에 대해 관심 가지기 c. 자연과의 상호의존성 인식하기	꽃과 나무, 곤충, 물고기, 짐승, 산과 들, 바다, 우주, 물, 공기, 날씨의 변화, 계절의 변화, 낮과 밤, 오염된 자연현상과 인간 생활 간의 상호관련성 알기
2. 자연에 대해 체험하기 a. 자연환경을 체험하기 b. 자연현상을 체험하기 c. 자연보전 활동 참여하기	농눞 기르기, 식물 기르기, 텃밭 일구기 야외견학(소풍, 견학, 나들이, 캠프 등) 청결, 절제된 생활, 자동차 매연, 지구온난화, 대기오염
3. 자연친화적 태도 가지기 a. 자연에 대한 가치 발견하기 b. 자연에 대한 경험과 느낌 표현하기	물, 공기, 흙, 미생물, 생물 등의 중요한 역할 이해하기, 환경 보살피기, 자연물 수집하기, 자연물 감상하기, 자연물 특성 비교하기

'유치원 교육과정'과 '표준보육과정'에서 '자연친화교육'에 대한 교육내용이 강조되고 중요시 되고 있는데, 이는 가장 중요한 시기인 유아기에 필요한 교육목표를 '창의인성'이라고 했을 때, 자연친화교육은 유아의 발달과 흥미에 적합하면

서 교육현장에서 자연스럽게 이루어질 수 있는 교육이기 때문이다.

2007년 개정 유치원 교육과정과 표준보육과정에서의 자연친화교육 관련 교육 목표와 교육내용 교수학습 방법 등에 대해 알아봄으로써 자연친화교육을 보다 자세하고 체계적으로 계획, 실천할 수 있다.

〈표 7〉 제7차 유치원 교육과정에서 자연친화관련 내용

교육과정 기본방향	21세기 지식 정보화 시대를 주도할 '사람과 자연을 존중하고 사랑하는 한국인을 육성' 한다.
교육과정 구성방침	사람과 자연을 존중하고 사랑하는 세계관을 바탕으로 구성한다.
교육목적과 목표	호기심을 가지고 주변 세계를 탐구하며 자연을 존중하는 태도를 가진다.
교수 · 학습방법	주변의 다양한 자료와 자연물을 적극 활용하여 유아들이 직접적이고 구체적인 경험을 할 수 있도록 한다.

영역	건강	표현	탐구
성격		• '자연과 생활에서 아름다움 찾아보기' 는 유아가 자연과 주변환경에서 자연스럽게 접할 수 있는 소리나 음악, 움직임, 조형물에 관심을 기울이며, 예술활동의 기본이 되는 다양한 요소를 찾아보는 경험에 중점을 둔다. • '감상하기' 는 유아나 다른 사람이 표현한 예술작품 및 자연과 생활 속의 아름다움, 우리 전통예술에 유아가 관심을 가지고 즐기도록 하는 데 중점을 둔다.	자연을 존중하는 마음을 바탕으로 창의적으로 사고하고 탐구하며, 논리적이고 합리적으로 문제를 해결하는 능력과 태도를 기르기 위한 영역 • '탐구하는 태도 기르기' 는 주변의 사물과 자연환경에 대해 지속적으로 호기심을 가지고 적극적으로 탐구하며, 창의적으로 사고하는 태도를 기르는 데 중점을 둔다. • '과학적 기초 능력 기르기' 는 유아가 주변의 사물과 생명체 및 자연현상에 대하여 능동적으로 탐구하는 경험을 통하여 자연을 존중하는 마음과 과학적으로 사고하는 능력을 기르는 데 중점을 둔다. • 탐구생활 영역의 교육활동에서는 다양한 실물자료와 자연체험의 기회를 풍부하게 제공하여, 유아가 자발적으로 문제를 발견하고 탐구하는 과정에 적극적으로 참여하도록 한다.

<table>
<tr><th>영역</th><th>건강</th><th colspan="3">표현</th><th colspan="5">탐구</th></tr>
<tr><td>목표</td><td>자신의 몸과 주변세계를 긍정적으로 인식한다.</td><td colspan="3">• 자연과 생활 속에서 예술적 요소를 찾아 본다.
• 자연과 사물, 다양한 예술작품과 우리 전통예술 등을 감상함으로써 풍부한 감성과 심미적 태도를 기른다.</td><td colspan="5">자연을 존중하고, 창의적으로 탐구하며, 논리적으로 문제를 해결하기 위한 기초소양을 기른다.
가. 사물과 자연현상에 대해 호기심을 가지고 지속적으로 탐구하는 태도를 기른다.
나. 사물과 자연현상에 대한 기초 지식을 이해하고 탐구하는 능력을 기른다.</td></tr>
<tr><td>내용</td><td>안전하게 생활하기</td><td colspan="2">자연과 생활에서 아름다움 찾아보기</td><td>감상하기</td><td>탐구하는 태도 기르기</td><td colspan="4">과학적 기초능력 기르기</td></tr>
<tr><td>하위 내용</td><td>환경오염이나 재난에 대비하기</td><td>• 소리·움직임·조형물에 관심 가지기</td><td>• 예술적 요소 찾아보기</td><td>아름다움 느끼기</td><td>사물과 현상에 지속적인 관심 가지기</td><td colspan="2">생명체와 자연환경 소중하게 여기기</td><td colspan="2">자연현상에 대해 알아보기</td></tr>
<tr><td>수준별 내용</td><td>• 환경오염의 위험성을 알고 안전하게 생활하는 방법을 실천한다.
• 환경오염을 예방하는 방법을 알고 실천한다.</td><td>• 자연과 주변환경의 소리·음악·움직임·조형물에 관심을 가지나</td><td>• 자연과 주변환경에서 움직임의 모양·힘의 세기·빠르기·흐름 등을 찾아 본다.
• 자연과 주변환경에서 색·형태·질감 등을 찾아 본다.</td><td>• 자연과 다양한 음악·춤·조형물·극놀이 등을 듣거나 보고 즐긴다.</td><td>• 생명체와 자연환경 소중하게 여기기
• 자연현상에 대해 알아보기</td><td>• 주변의 동식물에 관심을 가진다(I) 관심있는 동식물의 특성을 알아본다(II)</td><td>• 주변의 모든 생명체를 존중하고 돌보는 마음을 가진다(I)</td><td>• 생활주변의 자연물(돌, 물, 흙 등) 탐색을 즐긴다</td><td>• 자연물의 상태와 변화에 관심을 가진다(I)
• 자연물의 상태와 변화를 관찰한다(II)</td></tr>
<tr><td>지도상 유의점</td><td>• 교사는 유아의 흥미와 관심이 자연을 향하도록 바깥놀이활동 범위를 섬지 확대하고 계획한다.</td><td colspan="3">• 유아를 둘러싼 자연이나 주변 환경에서 친근하게 접할 수 있는 대상에서 예술 요소를 자발적으로 찾아보도록 한다. 소리, 음악, 움직임 및 조형물에 관심을 가지고 찾아보는 경험은 유치원의 일과 중에 자연스럽게 이루어지도록 한다.</td><td colspan="5">유아가 생명체와 자연환경을 소중하게 여기고 이를 보호해야 함을 알 수 있는 상황을 조성해 준다. 유치원에서 동식물을 길러 자연과 인간과의 관계를 일상생활에서 접할 수 있도록 기회를 제공하는 것도 한 방법이 된다. 동식물을 기르는 과정에서 자연스럽게 죽음을 직면하게 될 경우, 유아가 동식물의 입장을 생각해보면서 작은 생명 하나라도 소중히 여겨야 함을 알아가도록 지도한다.</td></tr>
</table>

영역	건강	표현	탐구
지도상 유의점		• 유아가 사전경험이나 흥미에 따라 활동을 스스로 선택하여 자기 나름의 의미를 갖도록 지도한다. 이를 위해 생활 속에서 친근하게 자주 접하는 자연, 음악, 조형작품 등을 자연스럽게 보고, 듣고, 만지는 경험을 통해 아름다움을 느끼고, 표현하며, 이를 즐겨 감상할 수 있도록 배려한다. • 음악, 춤, 조형, 극놀이 활동 등은 가능한 통합적으로 이루어지도록 한다. 예를 들면 세찬 바람소리를 그림으로 표현한 후에 이를 움직임이나 춤으로 나타낼 수 있다. 다양한 예술적 요소를 찾아보고 표현하며 감상하는 것은 정해진 순서 없이 한 활동에서 통합적으로 경험되도록 지도한다.	

〈표 8〉 표준보육과정에서 자연친화관련 내용

목표	친근한 주변과 자연의 예술적 요소를 탐색하고 창의적 표현을 즐기는 경험을 통해 풍부한 감성 및 심미감을 기른다.

1. 자연탐구 영역

성격	자연탐구 영역은 영유아들이 다양한 감각과 호기심으로 주변 사물과 자연환경의 특징을 지각하고, 탐색하며, 이러한 과정에서 발생하는 의문점을 탐구하고 해결하는 데 필요한 기초능력과 태도를 기르기 위한 영역이다. '과학적 탐구'는 영유아들이 주변의 사물과 생명체 및 자연현상에 대하여 관심을 가지고 능동적이고 적극적으로 탐색하는 과정을 통하여 과학의 기초능력을 기르기 위한 것이다.

성격	'자연탐구' 영역에서는 궁극적으로 인간이 자연과 더불어 조화롭게 살아가도록 하기 위하여 영유아기 때부터 주변의 사물과 자연환경에 대해 관심을 가지고 논리적으로 사고하고 탐구하며 문제를 해결해가도록 한다. 특히, 2세 미만과 2세 영아에게는 개념보다는 여러 가지 감각을 활용하여 탐색하고 반복 활동하는 기회를 충분히 제공함으로써 탐구의 기초를 다지는 것이 중요하다.
목표	주변의 여러 가지 사물과 자연환경을 지각하고 호기심을 가지며 지속적으로 탐구하는 태도와 문제해결을 위한 기초능력을 기른다 1. 주변의 여러 가지 사물과 자연환경에 대해 지속적으로 호기심을 가진다 2. 주변의 여러 가지 사물과 자연환경을 탐구하고 이해하는 데 필요한 기초능력을 기른다.

연령별 목표			
내용범주	2세 미만	2세	3~5세
탐구적태도	• 주변의 사물과 환경에 관심 가지기 • 탐색 반복하기	• 주변의 사물과 환경에 호기심 가지기 • 반복적인 탐색 즐기기	• 주변의 사물과 환경에 지속적으로 호기심 가지기 • 탐구과정 즐기기
과학적탐구	• 주변의 사물 지각하기 • 주변 생명체에 관심 가지기 • 자연현상 지각하기	• 물체와 물질의 특성 탐색하기 • 주변 생명체의 외적 특성 알기 • 자연현상 인식하기	• 생명체와 환경과의 관계 알기 • 자연환경 이해하기

연령별 내용		
2세 미만	2세	3~5세
주변 사물과 환경에 대하여 관심을 가지고 시각, 청각, 촉각 등의 다양한 감각과 조작을 사용하여 지각하고 반복적으로 탐색한다. (1) 주변의 사물과 자연환경에 관심을 가진다. (2) 주변의 사물과 자연환경을 감각적으로 지각하고 탐색한다.	주변 사물과 환경에 호기심을 가지고 다양한 방법으로 탐색하며 일상생활 속에서 충분한 수 · 과학적경험을 한다. (1) 주변의 사물과 자연환경에 호기심을 갖는다. (2) 주변의 사물과 자연환경을 다양한 방법으로 탐색한다.	사물과 자연환경에 대해 지속적으로 탐구하려는 마음과 탐구과정을 즐기는 태도 및 기초탐구능력과 기초지식을 확장한다. (1) 주변의 사물과 자연현상에 대해 호기심을 가지고 지속적으로 탐구하는 태도를 기른다. (2) 주변의 사물과 자연현상에 대한 기초지식과 탐구능력을 기른다.

<table>
<tr><th colspan="4">연령별 내용</th></tr>
<tr><th>내용범주</th><th>2세 미만</th><th>2세</th><th>3~5세</th></tr>
<tr><td rowspan="2">탐구적 태도</td><td>주변의 사물과 환경에 관심 가지기→주변의 여러 가지 사물과 환경에 관심을 가진다(I).</td><td>주변의 사물과 환경에 호기심 가지기→주변의 여러 가지 사물과 현상에 대해 호기심을 가지고 궁금해 한다.</td><td rowspan="2">주변의 사물과 환경에 지속적으로 호기심 가지기→관심있는 사물과 현상에 대해 지속적으로 궁금해 한다.</td></tr>
<tr><td>탐색 반복하기→주변의 사물을 보고, 만지고 빨기를 반복한다(I), 관심있는 사물을 반복하여 탐색한다(II, III).</td><td>반복적인 탐색 즐기기→관심있는 사물을 반복하여 탐색하기를 즐긴다.</td></tr>
<tr><td rowspan="3">과학적 탐구</td><td>주변의 사물 지각하기→주변의 여러 가지 자극에 반응한다(I, II, III), 보고 만지고 듣고 맛보는 등의 감각적 행위를 통하여 사물을 지각한다(II, III).</td><td>물체와 물질의 특성 탐색하기→물체와 물질에 대한 다양한 탐색을 적극적으로 시도한다(I, II).</td><td rowspan="2">생명체와 환경과의 관계 알기→주변의 동·식물의 탄생과 성장에 관심을 가진다(I), 관심있는 동물과 식물의 탄생, 성장, 죽음에 대하여 알아본다(II, III), 주변의 동식물의 기본특성(소리, 움직임, 색깔, 생김새 등)에 관심을 가진다(II, III), 생명의 소중함을 알고 더불어 살려는 마음을 가진다(I, II, III).</td></tr>
<tr><td>주변 생명체에 관심 가지기→주변 환경의 움직이는 생명체를 지각한다(I,II, III), 자신과 주변 사람의 신체 부분을 탐색한다(I, II, III).</td><td>주변 생명체의 외적특성 알기→주변의 애완동물이나 작은 곤충 등의 특성을 지각한다(I), 익숙한 동물의 기본 특성(소리, 생김새, 움직임 등)을 변별한다(II), 주변 식물의 기본 특성(색깔, 생김새 등)에 관심을 가진다.</td></tr>
<tr><td>자연현상 지각하기→주변의 자연 현상(바람, 해, 비, 눈 등)이 주는 시각적, 촉각적 자극을 느낀다.</td><td>자연현상 인식하기→다양한 자연현상(바람, 눈, 비, 낮, 밤 등)을 인식한다.</td><td>자연환경 이해하기→돌, 물, 흙 등 자연물의 탐색을 즐긴다(I, II, III), 돌, 물, 흙 등 자연물의 특성을 비교한다(I, II, III), 자신과 주변환경과의 관계에 관심을 가진다(I, II), 자연환경의 소중함을 알고 더불어 살려는 마음을 가진다(I, II, III).</td></tr>
</table>

2. 예술경험

성격	'예술경험' 은 출생 후부터 영유아가 주변 환경 및 생활 속에서 다양한 예술적 요소들을 흥미롭게 경험하고 즐기도록 하는 영역이다. 사물이나, 소리, 자연, 예술 작품들을 관찰하며 탐색하고, 자신의 생각과 느낌을 극, 동작, 음악, 미술로 표현하며 이렇게 표현된 것들을 보고 즐김으로써 심미감과 풍부한 감성 및 창의성을 기르고 일생동안 예술에 관심을 가지는 기초가 된다. '심미적 탐색' 에서 영아는 자신과 가장 가까이에서 경험되는 감각자극과 신체에 관심을 가지고 점차 주변 환경에 있는 단순한 예술적 요소에 관심을 가지는 경험을 한다. '예술감상' 에서 영아는 교사가 들려주는 소리나 노래를 즐겨 듣고 주변 환경의 형태나 사물을 즐겨보며 생활 속의 예술적 요소에 관심을 갖고 즐긴다. 유아는 극놀이, 춤, 음악, 미술작품을 즐기며 예술에 대한 관심을 가진다.
목표	주변 사물 및 환경에 있는 예술적 요소나 예술 작품에 관심을 보이고 즐김으로써 심미감과 창의성 및 풍부한 감성을 기른다 1. 주변의 단순한 예술적 요소에서부터 점차 다양한 요소까지 관심을 보이고 탐색한다. 2. 생활 속에서 자연과 사물 및 예술 작품들을 보고 즐긴다.

연령별 목표			
내용범주	2세 미만	2세	3~5세
심미적 탐색	• 소리, 움직임, 시각적 자료에 호기심 가지기	• 주변 환경의 예술적 요소 탐색하기	
예술감상	• 주변의 아름다움 경험하기	• 주변 환경 속의 예술적 요소에 관심 갖고 즐기기	

연령별 내용		
2세 미만	2세	3~5세
주위에서 들려오는 다양한 소리나 움직임, 시각적 자료나 사물에 관심을 보이기 시작한다. (1) 자신의 신체와 주변의 감각자극에 호기심을 갖는다.	주변 사물과 환경 및 자연에서 소리, 움직임, 형태, 색, 질감 등 예술적 요소들을 탐색하기 시작하고 즐겨 보거나 듣는다. 이러한 주변사물, 환경, 자연에서의 예술적 요소를 발견하고 느끼며 즐기는 경험을 통해 심미감 및 풍부한 감성을 발달해가는 기초를 마련한다.	영아기때의 예술적 요소에 대한 자유로운 탐색과 반응, 자연과 사물을 보고 즐기는 반복적 경험을 토대로 창의적이고 독창적인 표현능력을 확장시켜 나가며 좀 더 세분화된 경험을 즐기고 활동에 집중함으로써 심미감 및 예술성을 기른다.

연령별 내용		
2세 미만	2세	3~5세
	(1) 주변 환경에서 예술적 요소를 흥미롭게 탐색한다. (2) 주변의 환경과 자연에서 예술적 요소를 관심있게 보고 즐긴다.	

내용범주	2세 미만	2세	3~5세
심미적 탐색	소리, 움직임, 시각적 자료에 호기심 가지기→주위의 다양한 소리와 움직임에 호기심을 갖는다(I, II, III).	주변 환경의 예술적 요소 탐색하기→주변 환경에서 미술적 요소(색, 질감, 형태)를 탐색한다.	미술적 요소 탐색하기→자연과 사물에서 미술적 요소(색, 크기, 질감, 형태, 공간)를 적극적으로 탐색한다(I, II, III).
예술감상	환경의 아름다움 경험하기→주변환경이나 사물의 아름다움을 경험한다(I, II, III).	주변 환경 속의 예술적 요소에 관심 갖고 즐기기→자연과 생활의 소리나 움직임, 친근한 음악과 춤을 관심있게 보고 듣는다(I, II, III), 자연과 사물에서 미술적 요소(색, 질감)에 관심을 가지고 즐겨본다(I, II, III).	미술작품 감상하기→자연과 사물의 아름다움을 느낀다(I), 다양한 자연, 사물, 미술작품을 접하고, 생각과 느낌을 서로 나눈다(II, III).

2) 자연친화교육의 교수-학습방법 및 상호작용

(1) 교수-학습방법

자연친화교육의 체계적이고 계획적인 수업운영을 위해서는 교육과정 속에서의 통합교육을 통해 이루어져야 그 교육적 효과를 기대할 수 있다. 유아교육과정 속에서 자연친화교육이 이루어지지 않고 개개의 활동으로만 이루어질 경우, 영유아들이 자연을 통해 흥미와 호기심을 갖게 되더라도, 이를 뒷받침해 주는 활동이 없어 자칫 피상적인 관찰로 끝날 수 있기 때문이다. 자연에 대한 감수성을 높이고 개발해야 하는 자연친화교육의 목표를 달성하기 위해서는 유아교육과정 속에서 '통합교육' 을 통해 이루어져야 한다.

영유아를 위한 자연친화교육의 교수-학습방법은 교사로 하여금 자연과 영유아를 만나도록 해주는 매개체가 되어 주며, 자연친화교육을 진행할 때 교사가 당면하게 되는 '어떻게 해야 할까?' 의 문제에 대한 해결방안을 제시해 준다는 점에서 중요하다.

자연친화교육을 위한 교수-학습 방법에 있어 고려해야 할 점은(황의명 · 조형숙, 2001; Alexander et al, 1991; Braun et at, 1989; Brynjegard, 2001; Cohen, 1994; Crane, 2000; Eames-Sheavly, 1998; Hendry et al, 1995; Horwood, 1993; Moore, 1997; Wilson, 1995, 1996), 첫째, 영유아의 발달적 특성을 고려해야 하는 것과, 둘째, 직접적이고 지속적으로 자연을 체험하고 경험하는 것이다. 즉, 영유아의 일상적인 생활 경험에 기초해야 하며, 생활 속에서 지속적으로, 직접적으로 자연의 아름다움을 접하고, 동물을 기르고 식물을 재배해 보는 것 등이 포함된다는 것이다. 영유아를 위한 자연친화교육의 교수 · 학습방법을 정리해 보면 다음과 같다(양옥승, 2001).

첫째, 자연과의 만남을 정례화 하고 이를 일과에 통합할 수 있다. 자연과의 만남이란 자연을 흠뻑 느낄 수 있는 곳으로 산책하는 것을 의미한다. 교사는 영유아에게 무엇인가를 가르쳐야 한다고 느껴 자발적인 놀이 시간을 '비생산적이고 쓸데없는 시간 낭비' 라고 여기는 경향이 있다. 그러나 영유아들은 한 순간도 쉬지 않고 능동적으로 학습한다. 영유아에게 있어 놀이는 학습의 과정이며, 놀이 과정 사이에 잠깐 쉬는 것 역시 자기-조절력을 학습하는 과정이다. 따라서 적어도 하루에 한번은 적극적인 자연과의 만남을 갖게 해주어야 한다.

둘째, 영유아들의 자연에 대한 활동은 체험 위주여야 한다. 영유아의 발달적 수준을 고려하여 산책, 나들이, 견학, 야외 조사, 자료수집 및 분석, 토의하기, 실험하기 등과 같은 다양한 교수방법을 활용해야 한다. 그리고 다양한 매체를 활용하여 통합적인 경험이 되도록 조직하여 운영해야 한다. 자연물을 직접 다루어 보고, 느끼고, 냄새 맡아 보는 등의 감각적 활동으로 이루어져야 한다(Chaille & Britain,

1991).

직접 경험할 수 없는 내용들은 사진이나 동영상 자료로 대체해 줄 수 있다. 일례로 자연을 주제로 한 동화책을 선정하여 문학적 접근을 통해 총체적으로 접근하는 것은 자연에 대한 다양한 표상의 기회를 제공할 것이다.

셋째, 교육 내용을 조직하기 위해 주제를 선정할 때에는 영유아 집단의 특성, 교육기관의 교육철학, 교육자료 준비, 운영관리, 교사의 능력과 선호도 등을 고려한다. 주제를 선정한 후에는 동일한 주제나 서로 연관된 일련의 주제를 묶어 시간 간격을 두고 관점을 달리하여 다룸으로써 영유아의 이해 수준을 점차 높여 나간다. 이러한 방식은 주변 자연 환경에 대한 관심을 증대시킬 뿐 아니라 자연을 바라보는 시각을 변화시켜 생활의 일부로서 자연환경 보전을 체질화하게 해 줄 것이다.

넷째, 자연친화의 장(場)으로서 실외환경을 개선한다. 놀이기구가 없는 유아교육기관은 부적절하고 결핍된 환경으로 생각되기 쉽다. 그러나 생태학적인 관점에서 본다면 자연을 느낄 수 없는 실외환경이 오히려 부적절하며 결핍된 환경이라고 할 수 있다.

다섯째, 교실과 가정에서 동식물을 길러 보는 것이다. 교실 내의 동식물은 나 이외의 또 다른 생명체를 체험하게 하는 매개이다. 교실에서 생물 기르기 활동은 철저한 계획과 운영 및 관리가 뒤따라야 한다.

여섯째, 지역사회와 연계한 프로그램 운영으로 자연교육의 장을 풍부화 해야 한다. 일반적으로 자연으로부터 격리된 도시에서 자연친화적인 놀이터를 구성할 만한 넓은 공간을 갖는다는 것이 쉬운 일이 아니다. 자연교육장은 생활 속에서 자연스럽게 자연을 느끼며 더불어 살아가는 정서를 체험하게 된다.

즉, 영유아를 위한 자연친화교육은 영유아들의 일상생활의 삶 속에서 자연과의 직접적이고 일상적인 상호작용을 통해 이루어질 때만이 교육적인 효과를 가져올 수 있음을 의미한다.

(2) 교사-유아 상호작용

영유아들은 자연에 대하여 여러 가지를 알고 싶어 하며 궁금해한다. 이를 위해 교사는 아이들의 자연에 대한 질문에 귀 기울여 줌으로써, 자연에 대한 자발적이고 능동적인 상호작용을 지원해 줄 수 있으며, 다양한 유형의 질문과 상호작용을 통해 자연에 대한 영유아의 관심과 호기심을 증진시킬 수 있으며, 사고능력과 문제해결 능력의 발달을 도울 수 있다.

교사는 아이들의 질문을 수용할 수 있어야 하고, 아이들이 자유롭게 질문할 수 있는 분위기를 조성해 주는 것이 중요하며, 자연환경 속에서 다양한 질문을 구성할 수 있는 시간과 공간의 기회를 풍부하게 제공해 주어야 한다. 이를 위한 교사의 질문유형으로는 과정기술의 활용을 격려하는 질문(관찰, 추론, 비교, 분류하기, 예측하기, 조사활동 계획하기), 아이들의 개념과 아이디어를 알아보기 위한 질문, 아이들에게 도전을 주는 질문 등으로 나뉠 수 있다(황의명 · 조형숙, 2001).

〈표 9〉는 교사가 유아들에게 할 수 있는 질문유형별 예이다.

〈표 9〉 교사의 질문유형과 질문 내용

질문유형	의미	질문 내용
관찰	• 이것에 대해서 무엇을 알 수 있니?	• 방아깨비가 무슨 색이니? • 이 꽃 말고 다른 꽃에도 씨가 있니? • 방아깨비 입은 어디 있니? • 지렁이가 땅을 어떻게 파니? • 이 잎은 무슨 잎이니? • 케일의 구멍이 얼마만큼 커졌니? • 방아깨비 똥이 무슨 색이니? • 무의 떡잎이 몇 개니?
추론	• 왜 이렇게 되었다고 생각하니?	• 나팔꽃의 꽃은 왜 아침에만 활짝 피는 것일까? • 토마토가 붉은색이네. 예전엔 어떤 색이었니? • 곤충상자의 뚜껑을 막으면 어떻게 될까?

질문유형	의미	질문 내용
추론	• 왜 이렇게 되었다고 생각하니?	• 곤충상자 안에 모두 넣어 두면 다 살 수 있을까? • 떡잎을 이렇게 솎아 주면 어떻게 될까? • 여기는 모임장소로 왜 안 된다고 생각하니? • 떡잎의 크기가 왜 조마다 차이가 날까?
비교	• 이것들 간에 다른 점은 무엇이니?	• 장수풍뎅이와 사슴벌레의 같은 점과 다른 점은 무엇일까?
분류	• 이것들을 어떻게 분류할 수 있을까?	• 오늘 관찰한 곤충들은 어떻게 나누어 볼 수 있을까? • 달팽이 똥이니, 방아깨비 똥이니? • 나뭇잎이 다 똑같이 생겼니? 어떻게 다르니? • 맨질 맨질한 돌만 모아 볼까?
예측	• 어떻게 될 것이라고 생각하니?	• 씨앗의 색과 모양은 어떨 것 같니? • 개미가 왜 나무 위로 올라가는 것 같니? • 방아깨비가 제일 좋아하는 풀은 뭘까? • 곤충상자의 방아깨비는 왜 죽었을까? • 개미가 왜 다른 개미를 끌고 갈까? • 애벌레는 왜 실을 토해 낼까? • 개미가 나무 위로 올라가서 수액을 어떻게 옮기게 될까?
조사활동의 계획	• 어떻게 이것을 알아 볼 수 있을까?	• 지렁이에 대해서 궁금한 것이 있니? • 나뭇잎이 어느 나뭇잎인지 어떻게 해야 알 수 있을까? • 우리 마당에서 모임장소로 적합한 곳이 어딜까? • 새들이 언제 우리 유치원마당에 올까? • 내 나무는 몇 살이 되었을까? • 자, 지금 어떤 일이 일어나고 있지? • 너희들이 알고 있는 동물 중에서 이 동물처럼 움직이는 것이 있니?
유아의 개념과 아이디어를 알아보기 위한 질문	• 유아들이 교사가 계획한 활동에 주가 되는 과학적 개념에 관해 알고 있는 것이나 탐구를 위한 아이디어를 알아보기 위한 질문	• 이 나비는 이름이 뭘까? • 무씨가 잘 자라게 하려면 어떻게 돌봐 주어야 할까? • 모임장소를 어떻게 꾸미면 좋을까? • 텃밭을 일구는 데 무엇이 필요할까? • 모임장소에서 필요한 것은 무엇이 있을까? • 곤충상자를 친구들이 모두 보게 하려면 어디에 두어야 할까? • 달팽이집에 왜 계속 물을 뿌려 주어야 할까? • 달팽이가 빛을 좋아하는지 아닌지 어떻게 알아 볼 수 있을까?

질문유형	의미	질문 내용
유아들에게 도전을 주는 질문	• 교사의 아주 간단한 질문이 유아들의 탐색과 탐구에 대해 보다 깊이있게 생각해 볼 수 있는 기회를 줄 수 있는 질문	• 우리 마당에서 노란색을 찾아 볼까? • 방아깨비랑 여치랑 어떻게 다를까? • 방아깨비에게 그 풀을 한번 넣어 볼까? • 텃밭의 식물을 어떻게 뽑아야 될까? • 새 놀이터를 어떻게 꾸며야 새들이 와서 놀다 갈까?

교사는 다양한 유형의 질문을 통해 영유아와 상호작용 함으로써, 아이들의 자연에 대한 관심과 관찰을 증가시킬 수 있으며, 자연에 대한 호기심과 궁금증은 영유아와 자연과의 활발한 상호작용을 가능하게 한다. 영유아의 자연물과 자연현상에 대한 호기심과 질문은 자연에 대한 창의적인 실험구성을 통해 자연에 대한 이해를 가능하게 한다.

다음에 제시된 교사–영유아 상호작용 사례를 읽어 보고 구체적인 상호작용 방법을 알아 보도록 하자.

〈표 10〉 교사-유아 상호작용의 예 1 - 나비에 대한 책을 찾아 보자

상황	교사	유아
교사는 다양한 유형의 질문을 통해 나비에 대한 호기심을 갖게 하고 나비에 대한 호기심과 궁금증은 유아와 자연과의 활발한 상호작용을 가능하게 한다.	선생님이 나비가 궁금해서 나비 책을 읽어 봤어. 너희들한테 읽어 줄게. 우리가 키우는 애벌레 이름이 뭔지 알아? 배추흰나비야. 어떻게 자라나 보자. 이 책은 '배추 애벌레의 성장' 이라는 책이야.	나비! (책 속의 그림을 보며) 어? 알이다. 알! 노란색. 케일 잎!

상황	교사	유아
	선생님이 알부터 보여 주려고 했는데, 알로 오면 알이 다치고 죽어서 애벌레로 왔어. 알에서 점점 자라는 게 보이니? 처음에 애벌레는 무슨 색이었니?	초록색이요.
	처음 나온 애벌레는 흰 알껍질을 먹고 자란대요.	
	애벌레가 알 껍질을 다 먹고 나면 다음에 뭘 먹을까?	잎을 먹어요. 케일잎이요.
	그래. 시든 잎을 먹을까?	아니요. 싱싱한 잎이요.
	그래. 애벌레도 깨끗하고 싱싱한 잎을 좋아한대. 잎에 먼지가 많거나 시들었거나 농약 뿌린 잎은 먹지 않는대. 깨끗한 잎에서만 산대.	깨끗한 잎만 주어야겠어요.

아이들에게 제기하는 교사의 질문 역시 중요하다. 교사의 적절한 질문과 반응은 영유아로 하여금 자연물과 자연현상에 집중하도록 하며, 자연에 대한 이해를 가능하게 하기 때문이다. 교사의 질문은 영유아의 발달수준에 적합해야 하며, 자연을 보다 적극적이고 직접적으로 경험할 수 있도록 하는 질문이어야 한다.

〈표 11〉 교사-유아 상호작용의 예 2 - 방아깨비를 관찰해 보자

상황	교사	유아
마당에서 방아깨비를 발견한 교사와 유아는 방아깨비에 관심이 집중되자 교사는 유아와 함께 방아깨비를 관찰해 보기로 한다.	방아깨비 입은 어디에 있니?	(한참을 들여다보다가) 여기요. 이거죠? 입이. 야, 여치 입도 찾았다. 여기 눈도 찾았다. 있다!
	응. 여치는 뭘 먹을까?	벌레요. 작은 벌레요. 벌레도 먹을 수 있을 것 같아요.
	여치랑 방아깨비는 달라. 다르게 생겼어.	그리고요. 지렁이가 여기 방아깨비 옆에 있었거든요. 그런데 지렁이를 무서워하지 않아요.
	방아깨비는 방아를 찧는 것 같거든.	내가 여치 잡았다! 여치! 여치!
	응. 메뚜기랑 모두 비슷하게 생겼지?	어떻게요?
	메뚜기는 머리가 커. 방아깨비는 머리가 작고..	그래서 방아깨비예요? 그걸 어떻게 알아요?
	여기 봐(곤충상자를 가리킨다) 여기 방아깨비가 왜 이렇게 몰려 있을까?	나비를 잡아먹으려고요
		개미를 불러요. 개미는 방아깨비를 잡아먹으니까요.
	개미가 방아깨비를 잡아먹니?	아니요. 달팽이가 방아깨비를 잡아먹어요
	그래? 우리 책에서 찾아 보자. 그런데 얘들아. 너희들 말대로 모두 잡아먹으면 이렇게 다같이 넣어도 될까?	아니요. 살 수 없을 것 같아요. 나 싸워가지구요. 죽을 것 같아요.

영유아의 질문에 대한 교사의 언어적 반응은, 영유아의 질문에서 문제해결에 필요한 부분에 집중할 수 있도록 하며(황의명 · 조형숙, 2001), 아이들의 성장을 돕는 최상의 방식은, 일방적으로 가르치거나 성인의 기준에 따라 무엇을 강요하는 것이 아니라, 그들이 무엇을 알고 싶어 하는지, 무엇에 흥미를 갖고 있는지를 알아 그에 맞는 것을 적절하게 들어 주는 것이다.

〈표 12〉 교사-유아 상호작용의 예 3 - 곤충상자 관찰하기

상황	교사	유아
아이들이 곤충상자 속의 곤충들을 풀어 주기 위해 마당으로 곤충상자를 가지고 나왔다. 아이들이 곤충상자를 조심스럽게 엎자, 안에 있던 곤충들이 나왔다. 아이들이 돋보기로 들여다보았다.	애벌레는 살아 있네. 여기 봐.	어, 진짜. 으으으. 커졌다. 커진 거 봐.
	어디 보자. 어머. 여기 방아깨비 등에 구멍이 있어.	선생님. 여기 방아깨비 날개 찢어져 있어요. 여기요(돋보기로 들여다본다).
	애벌레가 먹었나 봐. 불쌍한 방아깨비.	(일제히 돋보기로 들여다본다) 어, 정말 등에 구멍이 뚫려 있어. 왜 그럴까?
	방아깨비가 죽으니까 여기 구멍으로 들어가서 먹고 살았나 봐.	그 대신 애벌레가 통통하잖아요.
	애벌레가 살려고. 이것 봐. 어떻게 변했니?	왜요?

교사는 유아의 질문에 대해 그 대안의 제시 외에도, 교사의 질문을 통해 아이들로 하여금 관찰하게 하고 문제의식을 갖게 하며, 해결방법을 고안하도록 하였다. 케일 잎에서 케일을 먹는 애벌레의 색이 케일 잎과 똑같은 색이어서, 영유아들은 애벌레를 찾지 못하였다. 애벌레가 안 보인다고 하자, 교사는 애벌레를 찾을 수 있는 방법에 대해 질문함으로써 아이들로 하여금 문제를 해결할 수 있는 동시에 보다 더 자세한 관찰이 이루어지도록 하였다.

〈표 13〉 교사-유아 상호작용의 예 4 - 애벌레가 안 보여요

상황	교사	유아
상황 1 애벌레를 관찰하던 중 유아들이 애벌레가 안 보인다고 찾자 애벌레가 왜 안 보이는지, 안 보이는 애벌레를 찾는 방법에 대해 토론하였다.	케일 잎에서 아직 애벌레 못 본 사람 있니?	
	애벌레가 왜 안보일까?	그런데 나는요, 애벌레가 안 보여요. (몇몇 유아들이 못 봤다고 손을 든다)
	응. 색이 같고 너무 작아서 애벌레가 잘 안보이지. 선생님이 책에서 봤는데, 애벌레를 빨리 찾는 방법이 있대. 뭘 것 같니?	색이 같아서요. 너무 작아서요.
상황 2 (교사와 유아들이 애벌레가 있는 케일화분 주변에 모여 돋보기로 애벌레를 관찰한다.)	소리?	소리! 안 들려요. 아무 소리도요.
	애벌레가 뭘 먹고 살아?	
	그럼 애벌레가 먹은 자리는 어떻게 될까?	케일 잎! 구멍이 뚫려 있어요!
	그럼 구멍이 뚫린 곳 주위에 애벌레가 있을까, 없을까?	애벌레를 찾으려면 케일 잎 구멍 뚫린 데를 보면 돼요.

영유아들은 애벌레가 점점 자라자, 애벌레에 대한 관찰지를 기록하면서, 애벌레의 크기를 재려고 하였다. 교사는 영유아들에게 애벌레의 길이를 측정하는 방법을 제시하는 대신, 그 방법에 대해 스스로 생각해 보도록 질문하였다. 교사의 질문은 영유아의 관찰을 증가하도록 하였고, 그 해결 방법을 위해 토론함으로써 상호작용과 협동을 가능하게 하였다.

〈표 14〉 교사-유아 상호작용의 예 5 - '애벌레를 어떻게 잴 수 있을까?'

상황	교사	유아
애벌레가 케일잎을 먹으며 성장하자 점차 자라는 애벌레의 길이를 궁금해하는 유아와 교사가 애벌레의 길이에 대해 의논하는 상황이다.	애벌레를 관찰할 때 무엇으로 할까?	
	응. 그리고 애벌레가 얼만큼 컸는지 잴 때는 무엇을 사용할까?	돋보기로요.
	응. 손가락이 자가 되어서 재어 보자. 손가락으로 잴 때 돋보기로 보면서 잴까?	자! 손가락!
	관찰할 때는 돋보기로 자세히 보고, 잴 때는 그냥 재야겠지? 그리고 뭐라고 쓸까?	네
	그래, 손가락을 보세요. 마디가 여기 보이지요? 내 손가락 첫째 마디보다 '작다, 크다'로 적자.	손이 커 보여요. 손가락보다 크다!

교사는 영유아의 문제해결 능력의 발달을 도와야 하며, 이는 교사의 질문으로 가능하다. 비고츠키(Vygotsky)에 따르면 영유아의 발달은 교사의 언어적 자극을 통해 가능하다고 보고 있다. 문제해결에 있어 교사는 영유아의 사고를 자극하고 대안을 제시함으로써 발달을 도울 수 있게 된다.

〈표 15〉 교사-유아 상호작용의 예 6 - '나무 나이를 어떻게 셀까?'

상황	교사	유아
나무에 대해 알아보고 조사하던 중 나무의 나이가 궁금해진 유아들과 교사가 함께 나무의 나이에 대해 알아보는 상황이다.	나무의 나이를 어떻게 알 수 있을까?	나이테요. 나이테를 세면 된대요.
	나이테는 어디 있는 거니?	나무에요. 나무를 잘라 보면 알 수 있어요.
	나무를 자르지 않고 나무나이를 알 수 없을까?	키를 재어 봐요.
	키를 재면 알 수 있을까?	아니요. 손으로 재어 봐요.
	선생님이 책에서 봤는데, 나무 나이를 세어보려면 나무의 가지를 센대.	가지요?
	가지가 1년에 1개씩 생긴대.	

교사는 영유아로 하여금 자연과 만나고, 이를 관찰하도록 했다. 자연을 통한 직접적인 경험은 아이들로 하여금 호기심과 질문의 증가를 가져왔다. 영유아의 질문은 관찰의 시간에 비례하여 증가하였고, 자연을 탐구하게 되었다. 이처럼 교사의 질문은 자연에 대한 영유아의 호기심을 증진시킬 수 있으며, 궁금증을 해결할 수 있는 방법을 제시할 수 있다. 또한 유아와 유아 간의 활발한 상호작용을 가능하게 해 줄 수 있으며, 영유아가 기존에 가진 개념을 정리하고 새로운 지식을 구성해 나갈 수 있도록 도울 수 있다.

3. 자연친화교육의 환경

3-1 교사

1) 자연과 교사

영유아들을 자연으로 안내하고, 함께 경험하는 교사의 역할은 무척 중요하다. 자연을 접하고 활동하고 경험하는 모든 교육이 영유아의 흥미와 발달에서 계획되고 진행되지만, 그 이전에 무엇보다 중요한 것은 교사가 자연을 긍정적으로 생각하는 마음이다.

교사는 자연친화교육을 계획하고 실행하고 평가하는 과정에서 여러 가지 역할을 수행하게 된다. 이를 위해서 교사는 여러 가지 상황을 사전에 점검하고 확인해야 하며, 계획이 사전에 충분히 이루어질 때 영유아와 교사가 함께 자연을 경험하는 활동이 원활하게 이루어질 수 있기 때문이다.

자연친화교육을 위해서 교사는 첫째, 영유아의 발달을 정확하게 진단해야 한다. 자연친화교육을 계획하는 단계에서 교사가 가장 먼저 해야 할 일은 바로 영유아의 발달 수준, 사전 지식과 경험, 흥미와 욕구등을 파악하고 진단하는 일이다. 이러한 발달과 흥미에 대한 진단은 일상생활 속에서 유아의 행동을 면밀하게 관찰하고 기록, 분석하는 가운데 이루어질 수 있다.

둘째로 자연친화교육에서 교사의 역할에서 중요한 것은 활동을 계획, 운영하는 일이다. 영유아들이 관심을 갖고 흥미 있어 하는 주제와 내용을 정하고 발달에 적합한 활동을 계획 · 운영해야 한다. 이를 위해서는 물리적, 심리적 환경을 준비하여 제공하고, 필요한 재료나 도구들을 구비하여 영유아들이 자연을 쉽고 익숙하게 접하도록 지원해야 한다. 여기서 심리적 환경이란, 바로 교사 자신이다. 교사 자신의 자연에 대한, 자연친화교육에 대한 긍정적인 태도를 가지고 적극적으로 참여하는 모습과 태도를 보이는 것이 바로 심리적 환경인 것이다.

셋째로 자연친화교육에서 교사의 역할은 영유아와 함께 참여하고 질문하며 자연을 함께 경험하는 것이다. 영유아 스스로 경험해야 할 활동이 있을 수 있지만, 교사가 유아와 함께 자연을 경험하고 탐구하는 태도는 영유아들에게 좋은 본보기가 된다. 교사는 영유아와 함께 참여하면서 교사 자신의 관심이나 느낌, 사고, 아이디어를 다양하게 표현함으로써 영유아들의 활발한 참여를 도울 수 있다. 또한 교사의 질문은 유아로 하여금 관찰하도록 유도하며 자연에 대한 생각해 볼 기회를 제공한다는 의미에서 매우 중요하다.

자연친화교육에서 교사의 역할은 어느 교육에서나 마찬가지로 중요하다. 따라서 교사가 무엇보다 자연을 사랑해야 한다. 교사의 어린시절에 자연과 접하며 생활했던 경험과 기억이 중요한 이유이다. 어린시절의 경험이 없다면 예비교사교육이 그 다음으로 중요하다. 자연친화교육에 대한 교육적 내용을 배운 교사라면 현장에서 자연친화교육을 훨씬 자연스럽게 이끌어갈 수 있기 때문이다.

무엇보다 교사가 자연에 대한 이해와 긍정적 태도가 있을 때, 비록 환경적 기반이 없더라도 유아와 함께 주변 자연을 찾아내고 의미를 부여하고 함께 탐구하고 경험을 공유할 수 있게 된다.

자연은 생명이다. 이러한 자연을 경험하는 일은 단지 책으로나 영상으로만 보고 배울 수 있는 것을 넘어선다. 자연을 직접 보고 경험하는 것이 가장 중요하다. 자연물, 자연의 생명체에 호기심을 갖고, 흥미를 갖고 살펴보고 관찰하는 것, 그리고 이를 통해 하나의 '생명' 임을 느끼고 깨닫는 것이 중요하다. 또한 자연은 오랜 시간을 필요로 한다. 자연이 '생명' 이기 때문이다. 기르고 보호하고 먹이를 주는 모든 과정에는 시간과 에너지, 관심이 요구된다. 자연은 함께하기 힘들고, 키우기 어렵지만 그만큼의 가치가 있다. 이러한 자연과의 경험을 통해 드디어 영유아와 교사는 자연에 대해 알아내고, 이름을 붙이고, 정보를 얻게 되고, 비교하고, 다양한 시도를 하게 되며 새로운 사실을 깨닫고 알게 된다. 나아가 자연에 대한 폭넓은 지식과 이해를 갖게 되고 이것이 자연과 공생하는 데 도움이 되는 것이다.

자연친화교육에 있어서 교사가 중요한 이유는, 영유아가 자연을 만나고 알아가는 모든 과정을 교사가 함께하기 때문이며, 이때의 교사의 태도와 질문이 영유아로 하여금 자연을 더욱 친숙하고 가깝게 느끼는 것을 돕기 때문이다.

2) 교사 역할의 중요성

영유아를 위한 자연친화교육에 있어 교사의 역할이 중요한 이유는, 교사 자신의 자연에 대한 가치관과 인식이 영유아의 자연관을 형성하는 데 결정적인 역할을 하기 때문이다. 교사는 영유아와 함께 자연을 만나고 경험하는 과정에서 자연으로 이끌어 주는 안내자이므로, 교사 자신의 자연에 대한 가치관과 경험은 매우 중요하다(Wilson, 1995).

교사 자신이 자연에 대해 부정적인 인식을 가지고 있거나 자연에 대한 경험이 없으면, 영유아에게 부정적인 영향을 미치게 될 수 있다. 여기 자연친화교육에 대한 여러 교사의 목소리가 있다.

교사 1 학교 다닐 때는 자연친화교육에 대해 몰랐어요.

대학 다닐 때는 자연친화교육에 대해 배우지 않았어요. 최근에 자연친화교육에 관련된 책을 보게 되어서 알게 되었어요. 유아교육기관에서 이루어지는 교육과정의 주제를 보면, 주로 「우리 몸」, 「시장」, 「교통기관」 등 자연친화적인 내용은 별로 없거든요. 이러한 활동을 할 때는 자연친화교육은 거의 이루어지지 않아요. 주제가 「식물」이나 「봄」인 경우에만 자연친화적인 활동이 가능하지요. 그래서 제가 의도적으로 '오늘은 마당에 있는 식물들을 관찰해야 되겠다' 라고 하지 않는 한, 관찰하게 되지 않는 것 같아요. 사실 계획을 하지 않고는 하기 힘들거든요.

교사 2 자연친화교육은 우연히 한 적 있어요.

저희 유치원에서는 프로젝트 수업을 진행하는데, 제가 처음 했던 프로젝트가 '그림자'였어요. 그림자를 보기 위해서 마당에 나가는 기회가 많아졌는데, 아이들이 그림자 놀이를 하다가 개미를 발견했었어요. 개미의 그림자도 보면서 관찰하게 되었는데, 아이들이 나중에는 개미가 어디로 기어가는지, 어디에 있는지 등의 관심이 많아졌어요. 그래서 개미 몇 마리를 잡아서 유리병 안에 넣고 먹이도 주면서 키워 봤거든요. 개미가 도망을 못 가게 랩을 씌우고 구멍을 뚫어 주고요. 그런데 교실에 들어와서 키우니 개미들이 전부 다 죽게 되었어요. 작은 개미라서 그런 것 같아요. 개미관찰은 거기서 끝났고 개미가 죽는 걸 보니 다시는 하고 싶은 마음이 들지 않았어요.

교사 3 여건상 마당에서 관찰할 시간이 없어요.

유치원 원아들과 마당놀이 시간에 나가서 있다 보면 자연스럽게 식물 등을 관찰하게 돼요. 하지만 계획을 짜서 하진 않았어요. 여건상 마당놀이를 할 시간이 별로 없거든요. 마당놀이를 잘 못하다 보니까 관찰시간도 주질 못하게 돼요. 시간에 쫓기다 보면 마당놀이 하다가 곧바로 들어가게 되고요. 자연에 대한 아이들의 질문이나 호기심도 제대로 들어 주지 못한 적도 많았어요.

자연친화교육을 하려고 해도 시간이 부족하고 여건이 여의치 않아요. 주어진 수업 하면서 따로 할 시간이 많이 부족해요. 마당놀이 역시 일주일에 한 번이나 두 번밖에 주어지지 않는데 그 시간마저 짧으니까 뛰놀다 오기 바빠요. 가끔 아이들이 비온 다음날 지렁이를 보고 흥미를 보이고 관찰을 해요. 하지만 시간이 없어서 그냥 관찰만 하고 연관지어서 활동하지는 못했어요. 텃밭 같은 경우도, 씨앗 심기 하면서 이후에 아이들과 함께 가꾸거나 하는 등의 활동은 하지 못했어요. 그냥 하나의 행사로 씨앗 심기를 하곤 했어요.

교사 4 **바빠서 할 시간이 없어요.**

저희 유치원은 마당에 작은 텃밭이 있어요. 그곳에 아이들이 봄에 씨앗이나 모종을 심어요. 그래서 마당에 나갈 때마다 아이들에게 텃밭을 관찰하라고 한 적은 있어요. 그러면 아이들이 '고추가 조금 자랐어요' 라고 하거나 '방울토마토 열매가 열렸어요' 라고 하면서 보게 돼요. 하지만 마당의 다른 식물들은 전혀 살펴보지 못했어요. 유아교육기관에서 많은 특별활동이 이루어져요. 그러다 보니까 시간이 한정되어 있고, 마땅히 할 공간도 없고 해서 자연을 관찰한다거나 하는 시간은 거의 없어요.

교사 5 **자연을 관찰하기 위해 마당에 많이 나가면 소란스러울 것 같아요.**

마당놀이를 많이 하다보면 아이들이 들떠서 통제가 안 될 것 같아요. 그래서 교실에 들어왔을 때 무척 소란스러울 것 같아요. 자연친화교육은 주로 밖에서 많이 활동을 하게 되잖아요. 그러다 보면 정적인 활동을 하는 교실에 들어와서도 계속 들뜨게 되고 정신없지 않을까 싶어요. 교실에서의 활동은 주의집중을 요하는 활동이 대부분인데, 밖에서 오랜 시간 있다 보면, 소란스럽고 들떠 있을 것 같아 걱정이 돼요. 그리고 일단 제가 자연에 대해 경험도 없고 잘 몰라서 아이들과 할 수 있을지 걱정이 돼요. 식물을 꼭 죽이게 되거든요. 곤충도 마찬가지고요. 키우는 것이 어려울 것 같아요.

영유아를 위한 자연친화교육이란 유아가 주변 자연환경을 돌보고 존중하며 감상함으로써, 자연에 대해 애정을 갖도록 하기 위한 교육이라고 볼 때(Wilson, 1994), 교사의 역할은 자연세계의 모든 사실을 아는 전문가가 되는 것이 아니라, 자연에서 놀라움, 궁금함, 그리고 즐거움을 유아와 함께 재발견하는 것이 바람직하다. 이를 위해서는 무엇보다 교사 자신의 자연에 대한 인식 전환이 선행되어야 한다. 즉, 유아교육에서의 '자연' 의 의미와 중요성을 인식해야 하며, 이를 위해서 교사 자신이 자연을 직접 경험해 보고, 자연과의 상호작용을 통해 즐거움과 만족감을 경험하는 것이 중요하다.

영유아를 위한 자연친화교육에 있어서 교사의 역할이 중요한 이유는, 교사의 자연에 대한 인식과 자연에 대한 태도가 영유아의 자연관에 영향을 미치기 때문이다. 자연친화교육을 위해서 교사들의 교실 밖, 자연에 대한 인식이 폭넓고도 전향적인 시각으로 전환되어야 하는 이유가 여기에 있다(이부미, 2001). 대부분의 아이들이 실외에서 보내는 시간이 상대적으로 적고, 자연세계를 접할 기회가 거의 없는 상황에서, 하루 일과로서 자연환경에서 질적으로 높은 시간을 보내고, 다양한 자연과의 경험이 이루어지도록 하는 교사의 역할이 중요하기 때문이다.

그러나 교사들의 자연 및 자연친화교육에 대한 인식 조사 결과, 자연환경의 여러 교육적 이점을 인식함에도 불구하고 교사들은 유아교육에서의 자연환경의 중요성에 대해 제한적인 개념을 가지고 있는 것으로 나타났다(김성기, 1996; 김성옥, 2000; 박수종, 1996; 이해영, 2000; Callander & Power, 1992; Forst, 1985; Henniger, 1993, 1994; Hutt et al, 1989; Kirby, 1989; Wilson, 1994).

교사의 자연 인식의 재개념화를 위해서는, 교사 자신의 자연 경험의 시간이 필요하며, 이를 통한 자신에 대한 신뢰와 확신이 중요하다(Bullock, 1994). 교사들이 자연을 하나의 생명으로 받아들여서 자연을 활용할 수 있는 통찰력과 경험을 갖추는 일은 자연친화교육의 출발점이 되며 이러한 교사의 자연관에 의해 영유아들은 자연에서의 즐거움을 느낄 수 있게 된다. 이는 교사 자신의 자연에 대한 이해뿐 아니라, 영유이의 자연에 대한 이해를 돕고 그들의 시식의 발날을 도울 수 있기 때문이며, 나아가 유아의 발달적 특성을 고려한, 직접적이고 지속적인 체험을 통한 자언친화교육이 이루어질 수 있기 때문이나.

교사는 영유아에게 자연환경에서 스스로 특정한 공간을 발견하고 만들 수 있는 기회를 제공해야 한다. 아이들 스스로 자연환경을 구성하도록 할 때, 보다 적극적인 상호작용이 가능하며, 특정 공간을 발견하고 여기에서 만족감과 정서적 안정감을 경험하게 된다. 자연환경은 영유아에게 그들만의 선택권의 자유를 의미하며, 자연환경 내에서 특정장소를 선택하고 구성하는 것을 존중하는 것은 영유아의 전인적인 발달에 있어 중요한 역할을 한다. 다음은 유아교육기관에서 '자연친화교육' 을 경험해 본 교사의 자연관의 변화이다.

교사의 변화 '공간보다는 교사의 마음이 중요해요.'

유아교육기관에서의 자연친화교육이 활성화되려면, 물론 넓은 마당이 있으면 식물을 심기도 하고 여러 가지 활동이 가능하게 되니까 좋은 점이 있겠지요. 하지만 그보다 각자의 여건에 맞는 자연친화교육 프로그램을 준비해서 아이들과 직접 해보는 것이 가장 중요한 것 같아요. 직접 자연과 접해 볼 때, 아이들이 자연에 대해 좀더 관찰하고 눈뜨게 되는 기회가 되는 것 같아요. 만약 공간적, 시간적 여건이 안 되는 유아교육기관이라도 선생님의 자연에 대한 마음만 있다면 실내에서라도 식물을 키우거나 나비를 키우거나 할 수 있을 거라 생각이 들어요. 교사 자신이 곤충을 사랑하고 사랑스러운 눈길로 보면, 아이들은 저절로 따라오게 되는 것 같아요. 저도 사실 예전에는 곤충이 징그럽고 식물을 키우는 것이 어렵고 귀찮다고 생각했었어요. 그런데 직접 키워 보니까 생명체에 대한 경외감이랄까 그런 것이 생겼어요. 저뿐만 아니라 아이들도 자연에 대한 신비감, 소중함을 느끼는 것 같아 뿌듯해요. 자연의 소중함을 어릴 때 느끼는 것이 중요해요. 어릴 때 배운 자연에 대한 소중함은 오래 갈 것 같아요.

영유아를 위한 자연친화교육에서의 교사 역할에 대한 연구들을 살펴보면(Basile & White, 2000; Britsch, 2001; Bullock, 1994; Cohen & Tunick, 1993; Davies, 1998; Humphryes, 2000; Hyun, 2000; Kimonen & Nevalainen, 1994; Lavanchy, 1993; Palmer, 1995; Plotkin & Sheridan, 1995; Rivkin, 2000; Watson, 1995; Wilson, 1993, 1994, 1995, 2010), 영유아의 발달적 특성을 고려할 것, 자연과의 직접적인 경험을 제공할 것, 자연을 하나의 생명으로 보는 경외심을 길러 줄 것, 자연친화교육은 통합적으로 이루어지도록 해야 할 것, 교사는 영유아의 본보기가 되어야 할 것, 개방적인 질문을 통해 자연에 대한 호기심을 갖도록 할 것, 지속적으로 일상의 교육이 되도록 할 것 등이다.

자연친화교육을 위한 교사의 역할을 살펴보면(Humphryes, 2000), 무엇보다 영유아에게 자연환경에서의 시간을 제공해야 하며, 영유아의 관찰과 경험을 격려해 주고 흥미를 유발시켜 주어야 하며, 아이들에게 맞는 독특한 자연학습교수법을 활용해야 한다. 특히 영유아의 나이가 어릴수록 감각을 통해 자연을 경험하도록 이끌어 주어야 하며, 아이들에게 자연물의 이름을 정확하게 가르치는 것보다는, 자연에 대한 관심과 흥미에 더 주의를 기울여야 한다.

자연친화교육에 있어서 교사의 자질 및 태도가 중요한 이유 중 하나는 자연친화교육 방법 중 하나인 '동물 서식지 구성하기'에 있어서, 교사 스스로가 동물을 두려워하고 가까이하고 싶어 하지 않을 경우, 아무리 교육적 효과가 있다고 하여도, 유아들은 쉽게 해보려고 하지 않게 되므로, 교사 자신의 동물에 대한 경험이 중요하다(황의명 · 조형숙, 2001).

홀트(Holt, 1993) 역시 유아교사 대부분이 여성이기에, 아이들의 자연에 대한 흥미에 비해 동물 기르기 활동이 적극적으로 이루어지지 않고 있다고 보았다. 동물 기르기가 교육적 효과를 얻기 위해서는 교사의 적극적인 역할이 중요하며, 이를 위해서 교사는 동물에 대한 전문가적 지식을 갖출 필요는 없으나, 기르고자 하는 동물의 특성과 돌보는 방법에 대해 필요한 정보를 사전에 학습해야 하고, 교사 스스로 동물을 기르는 활동에 대해 지속적인 관심을 갖고 긍정적인 태도를 보이는 것이 필요하다. 그 이유는 교사가 동물에 대해 두려워하거나 부정적인 태도를 보이면 유아들도 이를 학습하게 되기 때문이며, 자연친화교육에 있어서 교사의 상호작용에 따라 자연에 대한 유아 간 상호작용의 정도가 달라지기 때문이다.

3) 교사교육의 방법

자연친화교육에 있어 교사는, 무엇보다 교사 자신의 자연에 대한 인식의 전환과 더불어, 유아교육에 있어서의 자연의 중요성을 인식해야 한다. 이는 교사 스스로 자연을 직접 경험하고 감상하는 기회를 갖게 됨으로써 자연을 하나의 생명으로 인식할 때만이 가능하며, 영유아기 자연친화교육은 유아로 하여금 자연이라는 생명을 존중하고 보살피며 아끼는 마음을 갖는 교육이라는 마음가짐과 태도를 갖게 될 때, 비로소 아이들을 위한 자연친화교육이 이루어질 수 있다. 이는 교사 자신의 자연에 대한 흥미와, 생명에 대한 경외심의 마음과 태도는 영유아의 자연관 형성에 결정적인 역할을 하기 때문이다.

이러한 맥락에서 예비교사의 역할과 태도를 보다 긍정적으로 증진시키기 위한 방법으로 '자서전 쓰기' 와 '교사저널' 을 활용할 수 있다. 자서전이란 현재 자신의 인식이나 태도에 영향을 준 사건이나 경험을 재현하여 에세이를 쓰듯 작성한 글을 말한다. 자연친화교육을 위한 예비교사 교육에서는 자연과 관련된 경험을 비롯하여 자신의 자연에 대한 인식이나 태도에 영향을 준 사건이나 경험을 서술한 '교사의 자연 자서전 쓰기' 는 예비교사로 하여금 자연에 대한 자신의 인식과 개념을 되돌아보는 계기를 마련해 준다. 또한 자연에 대해 부정적인 사고나 경험을 가지고 있을 경우, 그 원인과 해결책을 사전에 생각해 보는 기회를 마련해 주기 때문에 자연친화교육에 있어서 가장 중요한 교사의 인식과 태도에 대한 반성적 사고를 갖게 된다.

교사저널이란 일상생활이나 유아교육기관 교실에서 일어나는 자신의 경험이나 특별한 사건에 대해 개인적인 느낌과 생각을 수필 또는 일기 형식으로 기술한 글을 말한다. 교사저널은 교사의 반성적 사고(reflective thinking)를 도울 수 있으며, 교사의 전문성을 향상시키는 방법 중에 하나이다. 교사들은 저널쓰기를 통해 자신이 무엇을 알고 있는지, 무엇을 느끼는지, 무엇을 하고 있는지, 왜 하는지에 대한 이유를 알 수 있도록 도움을 받는다.

자연친화교육에 있어서 교사의 저널쓰기는 매우 중요한 역할을 한다. 그 이유는 교사 자신이 자연에 대해 흥미나 경험이 없을 경우, 영유아와 함께 하는 자연친화교육을 부담스러워할 수 있으며, 자연에 대한 지식이 없다고 느낄 경우, 교사의 자신감 부족이 활동 전체에 영향을 미칠 수 있기 때문이다. 이런 경우, 교사의 자연친화교육에 대한 긍정적 감정, 부정적 감정, 보고, 개인적 관심, 정보들에 대해 개인적 관심을 가지고 기록하는 형태의 글쓰기, 즉 교사저널은 교사로 하여금 자신을 위한 기록과 사고의 확장, 발전할 수 있는 기회를 제공하고 해결책을 모색하게 한다. 교사저널 외에도 자연에 대해 자문을 구할 수 있는 '멘토링(mentoring)' 을 활용하는 것 역시 교사의 자연친화교육에 대한 전문성을 높이는 데 도움이 될 수 있을 것이다.

교사 저널 '자연에 관심이 많아졌어요.'

자연친화교육을 하면서 저널을 쓰게 되었어요. 사실 일일계획안 외에는 저널을 써보지 않았어요. 그런데 저널을 쓰다 보니까 이전에는 그냥 지나쳤던 부분들이 다시 보이게 되었어요. 유치원 마당에서 돌멩이를 봐도 예사로 보이지 않고 다시 한 번 더 보게 되었어요. 돌멩이를 수업 때 어떻게 활용할까 하고 생각해 보게 되고, 교구도 기존에 있던 것을 제시하기보다는 자연을 활용할 수는 없을까 하고 고민하게 되었어요. 자연친화교육을 하면서 제가 그쪽으로 더 관심을 갖게 되었고, 아이들의 질문에 대답하기 위해서 제가 책을 찾아보게 되었어요. 이런 과정들을 저널에 적으며 많이 알게 된 것 같아요. 특히 나비를 키우면서 저널을 열심히 썼어요. 저도 신기했었거든요. 아이들도 나비 키우는 것을 제일 좋아했고요. 이전에 해본 적이 없어서 겁도 많이 났어요. 아이들도 정말 조그만 생명이 자라서 나비가 되는 것을 직접 보면서, 작은 미물에도 많이 애착을 갖게 되었어요. 이전에 벌레만 보면 기겁하고 놀랐었어요. 심지어 죽이려고도 하구요. 지금은 손에 올려놓고 놀기도 하구요. 아이들이 점차 많이 즐거워했어요. 어른들이 보기엔 잡아서 없애야 되는 건데도 아이들은 재미있어 하고, 키우려고 하구요. 알아보려고 하구요. 저널을 쓰다 보니까 아이들과 저의 변화가 눈에 보이게 되었고, 활동하면서 힘든 것들, 모르는 것들을 적어나가다 보니까 많은 도움이 되었어요.

자연친화교육에 있어서의 교사의 역할을 정리해 보면, 전문적인 지식을 전달하는 역할이 아닌, 아이들과 함께 일상생활 속에서 자연을 느끼고 경험함으로써 함께 성장하는 동반자의 역할이며, 이를 위해 교사는 영유아의 발달특성에 적합한 자연환경을 함께 구성하고 이를 직접적이고 일상적으로 경험할 수 있는 기회를 제공해 주어야 한다. 또한 영유아의 발달수준에 적합한 질문을 통해 유아로 하여금 자연을 관찰하고 경험하여, 이를 표현하고 탐구하도록 하여 자연에 대한 이해를 넓힐 수 있도록 도와야 한다. 이를 통해 아이들의 전인적인 발달과 성장뿐 아니라 교사 자신의 성장과 교사로서의 효능감 발달을 도모하게 된다.

3) 자연친화교육을 통한 교사의 변화

가. 자연을 새롭게 만나는 교사

자연친화교육에 있어 교사의 역할이 중요한 이유는, 교사의 자연에 대한 인식과 태도가 영유아의 자연관을 형성하는 데 있어 결정적인 역할을 하기 때문이다(Moore, 1997; Wilson, 1994). 영유아의 자연친화교육에 있어서 교사의 역할은 영유아와 함께 자연에 대한 놀라움과 즐거움을 발견하는 일이며(Carson, 1956), 가르치는 것이 아니라, 나누는 역할을 수행해야 한다. 자연을 함께 경험하는 일은 아이들뿐 아니라, 교사 자신에게도 교육적인 흥미를 유발하게 한다(Humphryes, 2000).

자연친화교육은 영유아와 교사가 함께 자연을 감상하고 나아가 돌보고 존중하며, 감상하는 교육이라고 정의 내릴 때(Wilson, 1994), 무엇보다 중요한 것은 교사들의 자연에 대한 인식의 전환이다. 유아교육에서 자연친화교육이 활성화되지 못한 이유 중 하나는, 교사가 자연의 중요성에 대해 제한적인 개념을 가지고 있기 때문이다(Jones, 1989; Henniger, 1993, 1994; Hutt et al, 1989).

어린 시절 시골에서 자라 자연에 대한 거부감이 없는 교사라고 해도 예비교사교육과 교사생활에서 경험해 보지 못한 자연친화교육은 교사에게 있어 불안감과 거부감을 가져올 수 있다. 이는 교사로 하여금 자연교육을 반(反)교육으로 보는 이분법적인 사고를 가지게 한다. 교사는 자연친화교육의 긍정적인 효과를 기대하면서도, 자연친화교육으로 인해 유아들이 소란스러워지거나 들떠서, 정적인 실내 활동이 방해받지 않을까 우려하게 되는데, 이러한 사고가 바로 이분법적인 사고의 결과이다.

그러나 영유아와 함께 자연놀이 프로그램을 진행하면서, 자연을 '직접적'이고 '일상적'으로 경험한 교사는 아이들과 마찬가지로 자연의 생명체에 대해 애착을 형성하게 된다. 자연의 생명체에 대한 애착은 교사의 자연에 대한 인식을 변화시켜 주며, 나아가 자연친화교육의 실천으로 인한 긍정적인 교육적 효과를 인식하게 된다.

교사가 수행하는 자연친화교육을 통한 영유아의 변화로는, 질문의 증가, 탐구하려는 태도, 자발적인 표현의 증가, 생명체에 대한 사랑을 들었으며, 교사 개인의 변화로는 생명체에 대한 애정의 형성과, 자연친화교육에 대한 교사 효능감을 들었다.

교사가 자연을 새롭게 만나기 위해서는 무엇보다 교사 자신의 자연에 대한 인식 전환을 위한 노력이 선행되어야 하며, 동시에 유아교육기관에서의 인적, 물리적 환경의 지원과 교육과정에서의 자연친화교육의 통합을 통해, 영유아와 교사의 자연친화교육이 활성화되도록 지원해야 한다. 다음은 일년간 자연친화교육을 한 유아교육기관 원장의 교사의 변화에 대한 표현이다.

'선생님이 많이 변했어요.'

유아교육기관에서 자연친화교육을 하면서 느낀 것은 선생님이 일단 많이 변한 것입니다. 선생님은 벌레를 무척 싫어했는데, 나비 애벌레를 키우면서 귀엽다고 말했어요. 처음엔 자연친화교육을 하면서 아이들이 '의미 없이 논다'라고 걱정했는데 지금은 아이들 발전하는 게 눈에 보인다고 하더군요. 선생님이 변하니까 아이들도 변하게 된 것 같아요. 아이들도 아침에 와서 바로 자기 나무로 뛰어가거나 텃밭으로 가요. 그리고 유심히 관찰하는 것을 볼 수 있어요. 선생님 역시 마찬가지입니다. 나비를 키우면서 그 알에서 애벌레가 나오는 걸 직접 보고 돌보면서 그 애벌레가 자라는 걸 보면서 귀엽다고 하더군요. 그런 말을 쓰면서 예뻐하는 거예요. 아이들의 경우에 자연에 대한 관찰이 증가하는 게 눈에 보였어요. 선생님이 자연을 아이들과 같이 즐겁게 관찰하는 걸 보면서 선생님 스스로의 관심과 흥미가 아이들에게 전달되어서 아이들이 관찰하는 것이 많이 증가된 걸 볼 수 있었어요. 교사가 일단 많이 변한 것이 저는 첫째로 자연친화교육의 이점이라고 꼽고 싶어요. 교사의 관심에 아이들도 따라온 것 같아요. 교사의 마음가짐이 아이들의 관찰에 많은 영향을 미치는구나 새삼 느꼈습니다.

교사의 자연친화교육의 실천은, 이처럼 자연과 영유아와의 만남을 통해 아이들로 하여금 자연에 대해 관심을 갖도록 하고, 자연을 관찰하도록 하여 자연을 알고 탐구함으로써 자연을 이해하도록 하였다.

영유아의 자연에 대한 이해는 자연에 대한 애정으로 발전되었고, 교사는 이를 표현하여 내면화하도록 격려하였다. 교사와 영유아의 이러한 상호작용은 아이들로 하여금 자연을 사랑하는 아이로 성장하도록 하였다.

나. 자연으로 안내하는 교사

자연친화교육을 통해 영유아가 생명을 인식하고 경외심을 갖도록 하기 위해서 교사는, 먼저 영유아의 발달적 특성을 고려해야 하며, 자연과의 직접적인 경험을 제공해 주어야 한다. 또한 통합적인 자연친화교육이 이루어지도록 계획해야 한다 (Bullock, 1994; Cohen & Tunick, 1993; Hyun, 2000; Palmer, 1995; Wilson, 1994).

교사는 자연놀이 프로그램을 진행하기 전, 자연에 대한 질문을 통해 영유아가 자연에 대해 관심을 갖도록 하며, 이를 통해 아이들은 자연물에 대한 관심과 호기심이 증가하므로 목적 지향적인 관찰이 이루어지게 된다.

아이들의 관찰은 자연에 대한 궁금증과 질문으로 이어지며 교사는 아이들의 질문을 해결하기 위해, 질문을 토대로 한 실험구성활동을 진행할 수 있다. 이를 위해 교사는 아이들과 함께 가설을 세우고 실험해 봄으로써, 영유아로 하여금 탐구하는 태도를 형성하도록 한다. 이는 영유아와 교사 모두 손으로만 조작하는 것이 아닌, 마음으로 조작하는 활동을 경험하는 기회가 되어 줄 수 있다.

영유아들의 자연에 대한 관찰은 '탐구' 뿐만 아니라 '표현' 으로도 나타났다. 자연에게서 받은 느낌과 감동은 아이들과 자연의 내적 교류로서, 이는 다양한 방법으로 표출될 수 있다. 교사는 아이들과 자연에 대한 표현을 격려하고, 표현할 기회를 제공해 주어야 한다. 교사는 아이들의 느낌을 동시로 표현하도록 도움으로써 그 결과물로 전시회를 열어 유아들의 자연에 대한 감동을 함께 공유하도록 해야 한다. 자연물에 대한 감정이입과 의인화의 기회는 영유아로 하여금 자연의 생명체를 아끼고 사랑하도록 이끌어 주며, 이러한 생명에 대한 경외심(敬畏心)을 위해 교사는 아이들에게 자연에 대한 애정과 존중을 본보기 보임으로써 생명에 대한 경외심 형성을 도울 수 있다.

자연놀이 프로그램을 통해 교사는 영유아로 하여금, 자연과 친숙하게 지낼 수 있는 생활경험과, 주변 환경을 자연친화적인 환경으로 구성하는 경험을 직접적이고 일상적으로 제공하여, 아이들로 하여금 자발적으로 자연을 관찰하고 이를 탐구하고 표현하게 함으로써 나아가 자연을 아끼고 돌보는 유아로 성장하도록 이끌어 주어야 한다. 이는 영유아의 전인적인 발달과 성장뿐 아니라 교사 자신의 성장과, 교사로서의 효능감 발달을 가져오는 계기가 되어 주기 때문이다. 다음은 교사가 '나비 애벌레 키우기'를 하면서 느낀 점을 쓴 저널로 교사의 '자연'에 대한 인식의 변화를 보여주는 예이다.

교사저널 '나비 애벌레 키우기'

① 애벌레에게서 생명의 신비를 느껴요

하루하루 커 가는 애벌레가 생명의 신비를 느끼게 해준답니다. 눈에 보이지도 않을 만큼 작았던 애벌레가 벌써 어른 손가락 두 마디쯤 커 버린 거 있죠? 이젠 케일 잎을 오물오물 갉아먹는 작은 입도 보이고, 잎사귀를 잡고 있는 작은 발도 보인답니다. 얼마나 귀여운지 몰라요.

처음엔 모두 징그럽다고 하더니 요즘 아이들이 유치원에 와서 제일 먼저 보는 친구가 애벌레가 되었답니다. 덕분에 케일 잎은 줄기만 앙상하게 남아 가고 있어요. 하루쯤 후면 애벌레가 다른 곳으로 가지 못하도록 집도 만들어야 할 것 같아요.

요즘 우리 아이들은 작은 생명체를 보면서 사랑을 배워 가고 있답니다. 아이들이 없는 동안에 애벌레가 번데기로 되려니 봐요. 3일 전부터 한 녀석이 먹기를 중단하고 이리저리 자리를 잡으러 돌아다니더니 드디어 번데기가 되었답니다. 월요일엔 아마 모두 번데기가 되어 있을 것 같아요(교사, 유치원 홈페이지에 올린 글)

② 드디어 나비가 태어났어요!

눈에도 보이지 않을 만큼 작았던 애벌레가 케일 잎을 먹으면서 하루하루 살이 포동포동해지면서 자기 몸을 키우기 시작했어요. 그렇게 열흘을 크고 드디어 번데기가 되기 시작했답니다. 아이들은 '징그러워'에서 '귀엽다'로 바뀌었어요. 그리고 번데기가 되면서 아이들은 마냥 신기해하더군요. 연두색을 띤 번데기가 망사에 붙은 것은 자기 보호색을 찾아 갈색으로 변해 가고 그렇게 꼬박 열하루 밤을 지나서 점점 나비의 모습을 보이기 시작했답니다. 어제 아이들과 관찰할 때는 번데기의 얇은 껍질 속으로 나비의 눈도 보이고 노르스레한 날개도 보였어요.

그러던 오늘 아침 아이들 모두 등원하고 우유를 먹는데 "어! 선생님 나비가 나왔어요!!!" "어디? 어디?" 하면서 모두들 나비 집으로 달려갔답니다. 그런데 정말 나비가 살포시 날개돋이를 하고 있지 뭐예요. 이 때가 나비에게는 가장 위험한 시기라고 하더군요. “얘들아 지금 나비가 무슨 일을 하고 있을까?” “날아가려고 준비해요.” “그래 지금 나비는 날기 위해서 준비를 하고 있어. 아주 힘든 일을 하고 있는데 너희들이 많이 도와주어야 하는데 도와줄 수 있겠니?” “어떻게요?” “지금 나비는 날개를 말리고 체액을 날개맥으로 보내서 날개에 힘을 키우는 일을 하고 있어. 이럴 때 충격을 주어서 떨어지거나 날개가 다치면 다시는 날 수 없게 날개가 굳어버린대.” “정말이요?” “그럼, 그래서 너희들이 나비가 잘 날 수 있을 때까지 잘 보호해 줘야 해. 할 수 있겠니?“ “예!!!”

아이들은 나비의 탄생에 기뻐 어쩔 줄을 몰라 했어요. 번데기의 껍질을 벗고 나온 나비에게 생일축하 노래도 불러 주었답니다. 그런데 아이들 걱정이 생겼답니다. 그 나비를 어떻게 해야 할지 걱정을 하더군요. 일주일 후에 나비를 날려 주자고 했더니 날씨가 추워서 어떻게 날려 보내냐고 계속 교실에 있게 하면 안되냐고 말했어요. 그래서 저도 걱정이랍니다. 어떻게 나비를 교실에서 계속 잘 키울 수 있을지…… 아무튼 오늘은 우리 아이들이 정말 너무나 사랑스러운 하루였어요. 내일 아침이면 더 많은 나비가 우리 아이들을 기다리고 있을 거예요. 내일은 새 둥지를 꾸며 주는 날이랍니다. 나비처럼 새들도 우리 친구들이 만든 둥지를 좋아해서 친구가 되었으면 좋겠어요(교사, 유치원 홈페이지에 올린 글).

③ 아이들과 함께 함성을 질렀어요.

아침까지는 어제와 같았던 번데기가 오늘 아침 10시 20분쯤 드디어 나비가 되어 날개돋이를 하고 있었다. 정말 신기하게도 그 작은 번데기 집에서 날개를 쭉 편 예쁜 나비가 나오다니…… 아이들이 일제히 함성을 지르며 너무 즐거워했다. 축하한다는 메시지도 잊지 않고……. 오늘이 우리 이쁜이(애벌레) 생일이라며 생일축하 노래도 불러 주었다. 내가 봐도 정말 신기한 나비의 탄생이다. 옆반 친구들에게도 보여주고 여러 선생님도 함께 ‘우와, 신기하다’ 하며 보러 오고.. 암튼 오늘은 즐거운 하루(교사저널 중에서).

④ 나비가 죽으니 너무 속상해요

나비 한 마리가 죽었어요. 한 아이가 나비집 안에 손을 넣었나 봐요. 동생 보여준다고. 나비 날개를 잡았는데 날개가 찢겨졌어요. 날지 못하더니 죽었어요. 아이들은 싸워서 죽었다고 생각하는 것 같아요. 그리고 마지막으로 번데기에서 나온 나비가 죽었어요. 토요일날 당직하는 선생님이 그러셨어요. 나비를 가서 봤더니 번데기에서 방금 나왔더래요. 근데 날개가 덜 말라서인지……. 마지막으로 나온 나비라서인지 비틀거리더니 죽었어요. 너무 속상했어요(교사와의 인터뷰 중에서).

교사는 이처럼 유아교육기관 내에서 이루어지는 자연친화교육에 있어서, 자연에 대한 전문가로서가 아닌 조력자로서, 영유아와 함께 자연을 관찰하고 학습하면서 교사 자신이 변화하게 된다. 자연을 만나고 경험하는 자연친화교육은 유아뿐 아니라 교사 자신에게 혹은 교사로서의 경험에 긍정적인 영향을 제공하게 된다. 이처럼 교사는 아이들과 함께 하는 자연친화교육을 통해, 정서적 측면에서 생명존중을 갖게 된다(황희선, 2000). 유아교육기관에서의 자연친화교육을 위해서는 무엇보다 교사들의 자연에 대한 인식이 폭넓고 전향적인 시각으로의 전환이 선행되어야 한다고 볼 때(이부미, 2001), 아이들과 함께 자연에게서 놀라움과 호기심, 즐거움을 발견하는 교사의 변화는 중요하다.

3-2 환경구성

1) 유아교육기관에서의 '자연'

유아교육기관에서 실외의 '자연' 이라는 공간은 영유아로 하여금 존재의 정체성을 갖게 하고, 자기에게 알맞은 삶의 형태를 찾아내는 교육의 장소가 되며(이부미, 1999), 자연이라는 장소에 대한 경험은 유아들이 그들을 둘러싼 세계를 이해할 수 있도록 돕는다.

유아교육기관의 실외 환경구성에 있어서 몇가지 고려해야 할 점들을 살펴보면(임재택 외, 2008), 먼저 유아교육기관의 실외환경은 자연과 사람이 함께 어울릴 수 있는 환경으로 구성해야 한다. 동시에 실외환경은 실내 및 지역사회와 통합된 환경으로 구성하고 활용해야 하며, 영유아들의 손에 의해 꾸며지고 이들에 의해 자유롭게 통제되고 활용되어야 한다.

그러나 대다수 유아교육기관의 경우, 자연환경에 있어 공간적인 한계를 가지고 있는 것으로 나타났으며(강현아, 1997; 김성기, 1996; 김성옥, 2000; 김수경, 2000; 박수종, 1996; 최효영, 1988; 황희선, 2000), 유아교육기관에서의 자연친화교육이 활성화되지 못하는 이유 중 하나로 역시 공간적인 한계를 들고 있다.

이러한 유아교육기관의 공간적 한계의 극복방법을 모색해 보면, 학교 내 또는 주변의 자연환경을 활용하여 '자연 관찰원'을 설치함으로써 식물을 직접 재배하거나, 동물을 사육하는 것, 지역특성을 살리는 자연의 활용, 즉 아이들이 야외로 나가 자유롭게 자연을 관찰, 기록 및 발견할 수 있게 하는 것, 교사가 의도적으로 계획한 소풍 및 야영 활동 등의 자연 생태 관찰 등이 있다.

이해영(2000)은 유아교육기관의 교육적인 자연환경 조성의 방법으로, 운동장, 담장, 건물 주변, 연못, 꽃밭, 채소원, 쓰레기장 등 유아교육기관의 실외 환경, 특히 자투리땅을 환경 교육적으로 조성할 것을 제안하였다. 즉, 유아들이 직접 자연과 접촉할 수 있는 기회를 최대한 살리도록 설계된 울타리 없는 동 · 식물 관찰장, 건물 사이 녹지공간 조성 등이 훌륭한 자연교육의 장소가 될 수 있다고 보았다.

보이어(Boyer, 1991)는 그 실천방안으로, 영유아들에게 우호적인 주변 환경, 즉 자연을 직접 접해볼 수 있는 환경의 재창조를 제안했으며, 이곳이 바로 아이들의 학습과 놀이의 가장 기초가 되는 곳이라고 주장하였다. 아이들의 주변 환경 중에서는 많은 시간을 보내는 유아교육기관이 가장 핵심이 되는 장소라고 보았으며, 유아교육기관은 영유아들에게 안전하면서, 동시에 잠재적인 교육적 자원으로 인식되어야 한다고 보았다. 유아교육기관에서 자연이라는 풍부하고 다양한 공간을 사용할 때 얻어지는 교육적 의의는 창조력과 상상력의 '잠재적 공간(potential space)'의 풍요를 들 수 있다(Hodgkin, 1985).

유아교육기관의 무의미하고 건조한 환경 속에서 자연을 접하고 자연환경을 구성해 보는 활동인 '자연놀이 프로그램'은 영유아로 하여금 자연과의 직접적인 접촉을 가능하게 하며, 유아교육기관에서 자연친화교육이 활성화 되지 못하는 이유인 공간의 협소를 해결해 주는 방법이라고 볼 수 있다.

자연친화교육을 실현하기 위한 근본적인 원리는, 영유아들의 자발적이고 창의적인 놀이를 존중하며, 그들이 자연 속에서 자연을 즐기며 살 수 있는 '자연환경'

을 마련해 주는 것으로, 이는 인간과 자연이 함께 공존하는 것을 이해하는 영유아로 자라도록 돕는 것이다(Cronin-Jones, 2000; Demick & Wapner, 1988; Lang & Deitx, 1990; Kennedy, 1991; Larson, 1990; Moller & Taylor, 1991; Moore, 1997, 2010; Olwig, 1991; Pinciott & Weinstein, 1988; Sobel, 1990).

많은 교사들이 자연친화교육이 이루어지지 않는 이유로 '공간'을 들고 있는 현실에서, 자연친화교육이 이루어지는 장소를 구성하는 방법인 '자연환경구성'은 교사의 관심과 노력으로 가능한 활동이다.

특정한 공간을 지속적으로 방문하면서, 그곳에서 의미 있는 어떤 활동을 해 나가는 과정을 통해 유아들은 Hug(1998)가 제시한 어떤 장소에 대한 '특별한 느낌(sense of place)'을 형성하게 되며, 자연에 대해 이러한 정서를 갖도록 할 수 있다.

유아교육기관에서의 자연환경구성을 위한 공간 활용에서 고려해야 할 점은 다음과 같다(Callander & Power, 1992; Kirby, 1989; Sobel, 1990; Wilson, 1994).

첫째, 영유아에게 자기 스스로 특정한 공간을 발견하고 만들 수 있는 기회를 줄 것, 둘째, 영유아의 특정 공간에 대한 비밀을 존중해 줄 것, 셋째, 영유아에게 실외에서의 특별한 공간에 대한 소유를 허락하고, 이를 존중해 주어 영유아의 발달을 위해 중요한 역할을 하도록 할 것, 넷째, 영유아의 안전과 편안함에 주목할 것, 다섯째, 손으로 조작하는 다양한 활동을 제공할 것, 여섯째, 실외와 실내 환경 사이의 경계선을 최소화할 것, 일곱째, 자연영역으로서의 실외공간의 부분을 선정할 것, 여덟째, 정원을 만들어 정원 가꾸기와 식물 기르기를 할 것, 아홉째, 다양한 도움을 제공할 것, 열 번째, 자연환경을 위한 흥미, 경외의 모델을 갖게 할 것 등이다.

유아교육기관의 환경적 여건을 고려하며 자연환경을 구성하는 구체적인 방법으로는 식물 기르기, 곤충 기르기, 자연물을 활용한 공간 구성하기와 같은 실내 활동과, 텃밭 가꾸기, 자연놀이를 위한 공간 구성하기와 같은 실외활동 등이 있다(Alexander et al, 1991; Boss, 2001; Braun et al, 1989; Brynjegard, 2001; Burns & Burns, 1993; Cohen & Tunick, 1993; Eames-Sheavly, 1998; Hamilton et al, 1990; Jurenka & Blass, 1996; Moore, 1993, 1997; Redleaf, 1996; Rivkin, 1998,

2000; Schnell & Blau & Hinrichs, 1997; Snyder et al, 1999; Whiren, 1995; Wilson, 1995, 1996).

유아교육기관에서 자연환경을 구성하는 방법은, 주변 자연환경의 한계로 인해 자연산책이 불가능한 많은 유아교육기관에 매우 유용한 방법이다. 이는 영유아가 오랜 시간을 보내는 유아교육기관의 환경을 자연친화적인 환경으로 구성함으로써, 아이들이 직접적으로 자연을 경험하며 일상적으로 자연을 접하도록 한다. 자연과의 지속적이고 일상적인 체험은 영유아로 하여금 정신적인 생생함을 갖게 해주고, 자연에서의 삶에 대한 인식과 감상의 발달과, 자연세계의 생태에 대한 개념 획득을 돕는 방법이다(Dighe, 1993; Galvin, 1994; Greenman, 1988; Heffernan, 1994; Naylor, 1985; Talbot & Frost, 1989).

영유아들이 오랜 시간을 보내는 유아교육기관의 환경은 영유아의 발달에 미치는 영향이 매우 크다고 볼 수 있다. 이러한 주변 환경이 자연친화적인 환경으로 바뀐다면, 유아들의 자연에 대한 호기심과 참여도를 증진시킬 수 있으며, 일상생활 속에서 자연을 직접적으로 접하게 되므로, 자연을 통한 영유아의 전인적인 발달이 가능해진다.

영유아를 위한 자연친화교육의 목적을 자연에 대한 감수성의 증진 및 생명에 대한 경외심의 형성이라고 볼 때, 자연환경을 아이들이 직접 구성하는 활동은 유아들의 '자연학습권(natural learning initiative)'을 형성하는 최적의 방법이라고 볼 수 있다.

아이들은 삶의 일부인 주변 공간을 창조할 수 있는 능력을 가지고 있으며, 주변 환경이 자연친화적인 환경일 때, 영유아들의 발달적 욕구는 충족되며, 평화적이고 협동적인 전인적 인간으로의 성장을 가능하게 한다.

2) '자연환경구성'의 예- Moore의 'Nature Learning'

학교 운동장의 오래된 아스팔트를 걷어내자 흙이 드러났다. '와, 학교 마당이 진짜 흙이네요!' 아이들은 탄성을 질렀다. '그런데 여기서 뭘 할 수 있어요?' 이후 그 흙에서는 식물이 자라나게 되었고, 아이들의 창조적인 놀이터가 구성되었다. 아이들은 그곳에서 동·식물을 길렀고, 자연환경을 조성했으며, 자연 속에서 무궁무진한 놀이를 고안해 냈다. 아이들은 졸업 후, 정원환경을 회상하며 다음과 같이 말했다. '옛날에 학교 운동장은 아무것도 할 수 없는 그저 크고 텅 빈 공간이었어요. 하지만 흙이 생기고 그곳에 우리가 정원을 만들어서 했던 놀이는 정말 즐거웠어요.' '정원의 모든 곳에서 무엇이든 할 수 있었어요. 정원에서 자유와 평화를 느꼈어요. 자연은 나를 성장시켰고, 자연을 내가 돌볼 수 있다는 느낌을 갖게 되었어요.' '나무주변을 산책하고, 덤불을 기어다니고, 개울물에 뛰어들면서 즐거웠어요. 나는 거기서 놀이를 통해 수많은 것을 배웠어요.'

무어(Moore, 1997)는 캘리포니아의 한 초등학교 운동장을 자연친화적인 정원으로 바꾸는 10년간의 노력을 통해, 아스팔트로 뒤덮인 운동장을 자연이 살아 숨쉬는 공간으로 구성하는 과정에서, 유아와 교사, 지역사회의 긍정적인 변화를 가져올 수 있었다. 이를 통해 무어는 아이들에게 있어 자연의 중요성과, 교육적인 환경으로의 '자연환경'의 중요성을 강조하였다.

자연환경은 유아들이 보다 더 적극적이고 추상적이고 반성적인 사고자가 될 수 있도록 돕는 공간이며, 유아들은 이곳에서 협동의 기회를 갖게 되고, 유아와 유아간(child-to-child)의 의사소통을 원활히 하게 되며, 경험과 발견을 함께 공유하는 것을 통해서 서로의 학습결과를 적용할 수 있도록 도울 수 있다. 이를 위해 무어는 자연학습권을 위한 유아의 요구와 권리를 위해 'Sense of place'라는 '장소에 대한 느낌'을 강조했다. 이는 살고 있는 환경과 사람 사이에 존재하는 소속의 느낌(feeling of belonging)으로, 장소에 대한 느낌을 강하게 주는 자연환경구성의 중요성을 강조한 것이다.

무어는 교사와 학부모, 지원자 등과 함께 '자연친화적 운동장'에 대한 계획을 구조화하였고 '자연친화적 운동장'에 대한 계획의 첫 단계로, 설문지와 인터뷰 등을 통해 초등학교 학생, 교사, 학부모, 학교주변 주민으로부터 학교 마당에 대한 아이디어를 수렴하고, 이를 선정, 조직하였다. 두 번째 단계로는 교사들과의 워크숍을 통해, 학교 마당에서의 활동이 교육과정에 통합되도록 계획하였으며, 교사들의 어린 시절의 경험을 토대로 여러 아이디어를 구성하였다. 세 번째 단계로 인근 대학생들을 자원봉사자로 활용하여, 이들로부터 정보를 모으고 분석하는 과정을 거쳤다. 이러한 계획단계는 7개월에 걸쳐 이루어졌으며, 학교 마당에 대한 계획 수립 후, 건조한 학교 운동장의 아스팔트 제거작업이 이루어지게 되었다.

학교 운동장의 아스팔트를 제거하자, 그곳에는 흙이 드러나게 되었고, 여러 씨앗과 식물을 심고 가꾸게 되었으며, 아이들과 교사가 함께 구성한 정원은 아이들에게 놀이와 학습의 자원이 되어 주었다. 자연환경의 구성은 실외에서의 놀이와 학습시간의 증가를 가져왔으며, 오두막, 요새, 캠프 등이 학교의 정원에서 이루어졌고, 교실학습의 동기를 증진시켰으며, 운동장은 풍부한 활동의 장소로 변화되었다.

흙과 식물로 뒤덮인 학교운동장의 벽에는 아이들의 벽화가 그려졌고, 식물이 재배되었고, 이를 통한 다양한 활동이 이루어졌다. 그밖에 식물 기르기, 나무 타기, 말뚝 세우기, 퇴비박스 만들기, 실내 비닐하우스, 정원 통나무집 만들기, 정원 가꾸기, 연못 만들기, 벌레관찰, 자연물을 활용한 놀이터, 은신처 만들기, 새 놀이터 만들기, 다양한 실외놀이, 탐구실험 등이 학교 정원에서 이루어졌다. 자연친화적 환경으로 바뀐 학교정원에서는 다양한 놀이가 이루어졌으며, 아이들은 물리적인 변화에 민감하게 반응하게 되었고, 학교의 정원에 소속감을 느끼게 되었다.

주변 환경이 자연친화적인 환경으로 바뀌자, 아이들은 긍정적이고 능동적인 분위기에서 학습하게 되었다. 자연친화적 환경에 대한 가장 강력한 영향은 아이들의 자아존중감의 증진과 '독립'과 '돌봄'에 대한 사고의 형성이었다. 아이들의 실외 자연환경에서의 놀이시간은 증가하였으며, 정원에 대한 소속감을 통해 유아 간, 유아와 교사 간 상호작용이 증가하였고, 아울러 상호간 갈등이 줄어들었다.

교사의 경우, 정원의 긍정적이고 능동적인 분위기는 개방적이고 아동중심적인 교사로 바뀌게 했고, 조력자역할을 가능하게 하였다. 나아가 학교환경의 개발로 인해 학교환경의 질이 향상되었으며, 학교와 지역사회 간의 연계가 활발하게 이루어졌다. 이는 자연을 직접 체험하는 기회뿐만 아니라 주변 환경을 바꿈으로써, 일상생활 속에서 지속적으로 자연을 접할 수 있는 기회를 제공했기 때문에 가능한 결과였다.

무어의 연구를 통해 살펴본 결과, 자연은 생의 초기시기의 전인적인 발달에 매우 중요하며, 아이들의 발달특성상 직접적이고 일상적인 방법으로 자연을 경험할 때만이 전인적 발달이 가능하다. 이를 위해서는 주변 환경이 자연친화적인 환경일 때 가능하다고 볼 수 있다. 그러므로 현실적으로 협소하고 한정된 유아교육기관의 공간을 자연친화적인 환경으로 바꾸려는 '자연놀이 프로그램' 은 영유아로 하여금, 자연을 통해 전인적인 발달을 이루도록 하고, 나아가 자연을 하나의 생명으로 인식하는 인간으로의 성장을 가능하게 하는 방법이라고 볼 수 있다.

3) '자연환경구성' 의 예 – 자연놀이터''

자연은 인간에게 있어서 심미적, 인지적, 그리고 정신적 안정과 만족을 얻기 위해 의지해야 하는 존재이며 매우 중요하다는 것은 누구나 동의할 것이다. 그리고 자연속에서 영유아들이 자라야 한다는 것 역시 마찬가지이다. 그럼에도 불구하고 자연친화교육을 유아교육 현장에서 실천하는 것은 그리 쉬운 일이 아니다(조형숙외, 2007). 기관의 근처에서 자연환경을 찾기가 어려우며, 바깥 놀이터를 자연친화적으로 가꾸고 바꿔나가는 것 역시 시간과 여건이 절대적으로 부족하기 때문이다. 또한 자연에 대한 지식이나 경험이 부족한 교사의 경우, 영유아들을 데리고 자연체험을 하기 위해 밖으로 나가는 것에 많은 불안감과 두려움이 있을 수 있다.

그러나 이 모든 어려움에도 불구하고 영유아의 교육에 있어서 '자연' 은 매력적이다. 자연 속에서는 억압이나 실수, 잘못이 없으며, 아이들의 오감을 마음껏 발산

할 수 있는 힘이 있기 때문이다. 아이들의 신체적, 인지적, 사회적 발달에 있어서 좋은 교육의 장(field)가 되기 때문이기도 하다. 또한 자연은 영유아들의 호기심을 자극하여 배우고 자라는 데 필요한 모든 환경을 제공해 주기도 한다.

자연에서의 교육적인 환경을 만들어 주고자 하는 노력은 앞서 살펴본 Moore의 '자연학습권(natural learning initiative)' 에서와 같이 활발하게 이루어지고 있다. 이는 자연에서의 교육이 아이들에게 자연에 대한 감수성과 나아가 생명에 대한 경외심을 형성시켜 주는 좋은 교육의 장이 되기 때문이다.

조형숙외(2007)의 '자연놀이터' 는 자연이 주는 교육적 효과와 중요성에서 그 맥락을 같이 한다. 아이들과 교사가 함께 참여하여 계획하고 운영하면서 오감을 통해 직접적으로 자연을 체험하고 경험하게 하는 자연놀이터는 아이들 자신을 자연 안에서 볼 수 있게 하며, 자신을 둘러싸고 있는 자연환경을 직접 경험하며 좀 더 가까이 그리고 친근감 있게 대면함으로써, 그것을 바탕으로 자연과의 연관성 안에서 생각하고 생활하는 계기를 제공하는 것이다. 아이들 스스로가 직접적으로 체험하면서 자신의 실생활에 능동적으로 접목할 수 있고, 자신의 것으로 만들어 나갈 수 있는 변화를 주어야 한다. 즉, 체험을 통한 올바른 인성 발달을 기대할 수 있는 적합한 곳이 바로 자연환경이다. '자연놀이터' 는 자연환경과 사회환경을 적극적인 자세로 체험하고, 이를 생활환경으로 가져올 수 있다는 점에서 의미를 가진다.

아이들과 만드는 자연놀이터 프로그램은 감수성 증진 활동, 만들기 활동, 생활체험 활동, 학습활동, 실천활동으로 영역이 나뉘며, 각 영역의 활동이 통합적으로 이루어질 수 있도록 한다.

'자연놀이터' 는 복합적이고 창조적인 놀이 상황을 아이와 교사가 함께 만들어감으로써, 아이들로 하여금 주변 세계를 주어진 그대로 받아들이도록 하기보다는 풍부한 상상력을 발휘하여 끊임없이 새로운 경험들을 재구성해 가며 의미 있는 학습과정의 장이 되도록 하는 데 의미가 있다.

'자연놀이터' 란 유아교육기관 내에 자연물을 활용하여 생태적 특성에 적합한 내용과 방식으로 아이들과 교사가 함께 구성해 가는 자연 중심의 공간을 말하며, 아이들은 자연놀이터에서 자연을 일상적으로 만나고 즐기며 배워 나갈 수 있다.

자연놀이터 만들기 활동은 아이들이 자연환경을 교실 외부에 구성함으로써, 인간과 자연의 상호 의존적 관계를 인식하고 실천하는 통합적인 교육이다. 이러한 목표를 토대로 아이들의 생활과 직접적인 연관성이 있으며, 자연의 다양성과 생태학적 이해를 돕기에 적합한 자연 주제를 중심으로 공간을 구성하는 것이다.

이러한 '자연놀이터' 활동의 운영은 아이들이 유아교육기관의 환경을 자연친화적인 환경으로 구성하는 과정에 주도적으로 참여하고, 다양한 활동을 경험하면서 동시에 경험의 확장과 명료화를 위한 기록 등이 이루어지게 된다.

'자연놀이터' 에서 이루어질 수 있는 활동으로는 지렁이 농장만들기, 산책 놀이터 만들기, 미니정원 만들기, 하늘바라기 뜰 만들기, 비닐하우스 만들기, 돌 놀이터 만들기 등이다(조형숙외, 2007).

자연놀이터 활동에 있어서 교사의 역할의 중요한 점은 자연친화교육의 실제를 담당하고 있는 교사의 태도와 신념이다. 교사의 자연에 대한 가치관과 신념은 영유아에게 절대적인 영향을 미치므로, 교사들의 자연에 대한, 환경에 대한 긍정적인 태도가 중요하다.

자연에 대한, 자연친화교육에 대한, 자연놀이터에 대한 교육의 목적과 내용을 바르게 이해하고, 교육현장의 실제에 적절하게 적용할 수 있는 사람은 다름 아닌 교사이다(조형숙외, 2007). 그러므로 교사는 자연친화교육을 실천하고자 하는 굳은 의지와 자기 개발을 위한 부단한 노력을 통해 아이들이 자연에 대해 '특별한 애착감(sense of place)' 을 형성할 수 있도록 도와야 한다.

4. 자연친화교육의 평가 및 연계

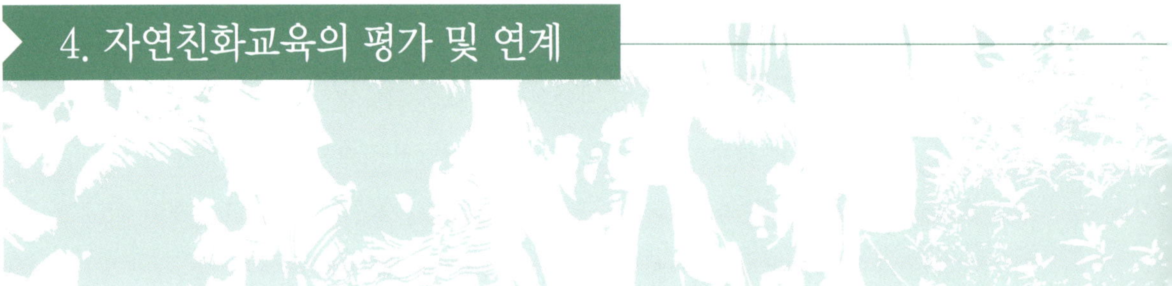

4-1 유아를 위한 평가

자연친화교육의 교육적 목표를 준거로 하여 유아들이 자연친화교육의 시작보다 종료 시점에서 얼마나 더 발전되었는가를 보는 것이 바로 유아를 위한 평가이다. 영유아들의 활동 초기의 결과물과 종료 후의 평가물을 가지고 비교한다. 그 방법으로는 자연친화교육 활동의 과정 중 교사의 관찰기록, 영유아의 개별활동 과제를 모은 포트폴리오, 활동과정을 찍은 사진이나 결과물, 학부모의 기록이나 평가, 관찰지 등을 가지고 종합하여 평가하는 것이다.

자연친화교육을 통해 영유아들은 가정에서 부모와 함께 조사활동을 해올 수도 있고, 자연 속 생명체를 위한 계획과 조사를 부모와 함께 고안해 오기도 한다. 영유아의 가장 큰 변화는, 자연에 대한 관심과 질문이 증가하는 것과 이에 대해 알아보기 위해 조사하려는 태도가 형성되는 것이다. 또한 생명을 소중히 여기는 마음, 편식이 없어진 점, 가정에서도 곤충이나 식물을 키우자고 하는 점 등이 있다.

영유아를 위한 자연친화교육의 평가는 다음과 같이 세 가지 양상을 지닌다(양옥승, 2001).

첫째, 자연교육의 목적, 방법, 성과는 유아교육기관의 실정, 가정 및 지역사회의 실정 등에 따라 서로 달라질 수 있으므로, 이에 대한 평가는 학기 시작 전, 후로 형성평가 및 총괄평가가 이루어져야 한다.

둘째, 자연교육에 대한 관심을 높이고 자율 장학을 체계화하기 위해 자체 평가를 실시한다. 자체 평가를 위해서는 관찰목록(체크리스트)을 작성하고 적용해야 한다. 이와 아울러 사회적 책무성의 차원에서 평가 과정에 학부모 및 지역사회단체를 참여시킨다.

셋째, 영유아의 일상생활에서의 변화를 알아 보기 위해 다양한 방법을 사용하여 평가해야 하며, 3개월 간격으로 정기적으로 실시해야 한다.

4-2 교사를 위한 평가

교사에 대한 평가는 영유아와 마찬가지로 자연친화교육 초기에 계획했던 교육적 목표와 목적에 부합되었는지 활동이 끝난 후 스스로 점검하는 것으로 이루어진다. 주제와 목표, 교육과정 활동예상안에 맞게 진행이 되었는지를 점검해 보고, 유아와 진행할 때 각 유아의 사전경험, 유아들의 질문, 각 유아의 발달이나 흥미에 맞게 되었는지, 진행상 시간이나 과정의 전개에 있어서 적합하게 진행되었는지를 점검해 본다. 이후 자연친화교육 활동이 종료된 다음에는 계획한 것이 이루어졌는지, 본래 목표에 부합된 활동이었는지, 발문이나 상호작용을 통해 유아가 자연에 대한 이해와 의미를 적절하게 달성했는지를 확인해 본다.

교사는 영유아들과 함께 하는 자연친화교육을 통해 자연 속 생명체에 대해 알아보는 과정에서 가정과의 연계를 활발하게 진행할 수 있다. 학부모의 경우 유아교육기관 활동과 행사에 관심을 갖고 참여하게 된다. 진정한 흥미란 자신이 어떤 대상에 대해 몹시 궁금한 마음과 알고자 하는 의지를 품는 것이라고 볼 때, 자연은 영유아뿐 아니라 성인인 부모들의 흥미를 끌어내는 훌륭한 요소이다. 유아교육기관의 행사 역시 자연친화적인 소재로 바뀌게 되며, 영유아들은 부모와 함께 자연 속에서 뛰놀며 하루를 보내게 된다.

4-3 가정과의 연계

자연친화교육의 실천으로 인한 교사의 변화는 영유아뿐 아니라 유아교육기관 공간의 변화, 유아교육기관 행사의 변화, 가정과의 연계 등의 변화를 가져올 수 있다. 교육의 주체인 교사의 자연관 및 자연친화교육의 중요성에 대한 인식변화는 가장 먼저 영유아에게 영향을 미치게 된다. 영유아들은 교사의 자연을 대하는 태도를 보고 교사의 자연관을 닮아가게 된다. 이러한 영유아의 변화는 유아교육기관 전체의 변화를 가져올 수 있게 되며 나아가 가정과 유아교육기관의 활발한 연계를 통해 긍정적이며 적극적인 교육에의 협조와 참여가 이루어지게 된다.

부모와 교사 간 상호작용, 즉 가정과 기관의 연계는 영유아의 발달을 위해 반드시 필요한 요인이며, 원활한 상호작용이 이루어지도록 하려는 노력이 상호간 필요하다. 가정과 유아교육기관의 상호협조가 원활하게 이루어지기 위해서는 무엇보다 부모와 교사 간 의사소통이 필수적이다. 자연친화교육을 통해 교사는 많은 부분 부모의 참여를 이끌어 낼 수 있고 활동에의 직 · 간접 참여를 통해 긴밀한 협조가 이루어질 수 있다.

유아교육기관과 부모와의 연계를 위해서는 먼저 유아교육기관의 교육철학과 교육내용 및 교육방법에 대해 충분히 알리고, 다양한 부모교육과 부모의 상황을 고려한 프로그램의 운영을 통해 영유아의 변화과정이나 일상생활모습을 다양한 방법을 통해 부모에게 알려야 한다.

이를 통해 교사는 가정의 협조를 이끌어 낼 수 있으며, 학부모들은 가정에서 영유아가 관심 있어 하는 자연에 대해 함께 조사하고, 그 결과를 유아교육기관으로 보내는 등의 연계가 이루어질 수 있다. 자연이라는 매체는 가정의 협조를 얻기에 용이하며, 가정에서도 충분히 연계하여 활용해 볼 수 있는 이점을 가지고 있다. 다음은 자연친화교육을 통한 기관과 가정과의 연계에 대한 사례이다.

<자연친화교육을 마치고 나서>

유아: 집에서 벌을 키워 보고 싶어요

유아 1: 집에서 벌을 키워 보고 싶어요. 꿀 가져오는 거 보게요. 엄마는 나비 키운다니까 애벌레라고 하니까 그런 거 징그럽대요. 난 하나도 안 징그러운데. 엄마가 뭐 키우는 거 싫어해요. 똥 싸면 키우기 힘들다고 했어요. 아빠가 그래서요, 다음에요, 개미 그런 거 사주신 댔어요. 개미 키우기로 했어요.

유아 2: 유치원 복도 작은 연못에는 물고기 두 마리가 살고 있잖아요. 매일 잊지 않고 화장실 가며 오며 봐주고 이야기를 건네줘서 그런지 잘 살고 있어요. 집에서도 금붕어를 키우기로 했어요.

교사: 아빠참여수업 때 자연을 찾아 보았어요

10월 5일 아버지 참여수업을 '아빠와 함께 하는 등반대회'로 하여 과전대공원에서 삼림욕을 하고 여러 프로그램을 준비하였다. 나무들의 이름을 찾아보기, 즉 산행하며 나무들의 이름 찾기 활동이나, 나무나 사어물을 돋보기로 관찰하기, 나뭇잎 베끼기, 나무 수액을 청진기로 듣기, 나뭇잎 왕관 만들기(아빠와 함께 기념촬영), 편지지에 낙엽을 붙여 예쁘게 써보기 등의 활동을 준비하여 아빠참여수업이 이루어졌다. 그밖에 삼림욕장에 있는 나무의 이름을 찾기 활동으로, 아이들과 아빠가 산 속의 자연에서 하나가 되는 참여수업으로 바꾸었다. 이를 위해 교사들은 산으로 사전답사를 가서 자연을 느끼고 찾아보았다. 산에서 볼 수 있는 나무들(느티나무, 쉬나무, 산돌배나무, 도토리나무, 참배나무, 잣나무, 상수리나무, 젓나무, 소나무, 양버즘나무, 개벗나무, 자귀나무, 팥배나무, 밤나무, 졸참나무, 무궁화나무, 참나무, 오동나무, 회화나무, 떡갈나무, 작살나무, 갈참나무, 물오리나무, 맥문동나무, 개옻나무, 국참나무, 야광나무, 다릅나무, 물갬나무, 느릅나무)을 알아 보고 아빠와 아이가 함께 찾도록 계획하였다. 교사들이 사전답사를 위해 삼림욕장에 갔을 때 모두 너무 즐거웠다. 나뭇잎을 줍기도 하고, 다람쥐도 보았다.

학부모: 아이들이 집에 와서 신기해 해요

- 유치원 가서 볼 때마다 마당이 바뀌는 모습이 보기 좋았습니다. 텃밭에 아이들이 키우는 무가 자라고 돌 전시회랑, 허수아비가 서고, 이번에 '울타리 전시회'에서는 밖의 울타리에 아이들이 나뭇잎 코팅한 것에 쓴 동시며, 참 좋았습니다. 삭막한 놀이터 외에도 여러 가지 자연을 볼 수 있어서 좋았던 것 같습니다.
- 나비가 커 가는 과정을 보며 신기하고 신비로움을 느끼게 되었고 나비가 되어 날아갔을 때 너무 기쁜 마음이 들어 잊혀지지 않는 기억이 될 것 같아 산교육이 되었겠구나 하는 생각이 듭니다.
- 나비 기르기에서 애벌레가 나비가 된다는 사실을 매우 신기해 했어요. 나비 여섯 마리를 모두 날려 보내 주었다고 자랑스레 이야기하더군요. 죽으려고 했기 때문에 날려 보내 주었다고. 이전에는 이야기하지 않았던 유치원에서 키우는 카나리아 앵무새 2마리 이야기를 하면서, 소리가 좋다고도 이야기하고, 마당의 싹들이 돋아났다고 신기해합니다. 예전에는 잘 보지도 않고 관심도 없었거든요.
- 나비가 번데기에서 나온다는 것을 집에 와서 이야기해 주고 새에 대한 관심도 생긴 것 같아 좋았습니다. 그러한 모습을 보는 저 또한 매우 흐뭇하였습니다. 집에서도 자꾸 뭐든 기르고 싶어 해서 물고기를 샀습니다. 아이 스스로 물갈이도 하고 아주 잘 키우고 있습니다.
- '엄마, 알에서 애벌레가 나왔어요!' 영휘가 집에 와서 들뜬 목소리로 소리치더군요. 아파트에서만 생활하는 어린이들에게 흙을 만질 수 있는 기회를 만들어 주고 반찬으로 먹는 야채를 직접 밭에서 가꾸는 과정을 통해 농부들의 수고도 알 수 있게 해 주는 것 같습니다. 덕분에 편식하는 버릇을 고치게 되었어요.
- 알에서 태어난 애벌레가 나비가 되어 가는 과정을 집에 와서 이야기하면서 생명의 신비로움을 엄마와 이야기할 수 있어서 참 좋았습니다. 어린이에게 풍부한 관찰력과 감성을 가지게 해주는 좋은 교육인 것 같습니다.
- 9월 18일 날, 집에 온 아이가 무 씨앗을 파종했다고 하면서 흙 속에서 무엇이 나올지 기대된다고 하더군요. 파종이라는 말을 쓰며 무 씨앗을 심었던 이야기를 해줘서 흐뭇했습니다.

  9월 24일에는 무 싹이 나왔다고 하더군요. 참 많이 나왔다고 좋아했습니다. 지금은 더 많이 나오고 많이 컸더군요.

  10월 11일에는 애벌레를 키운다고 하면서 연두색으로 통통하며 먹이는 케일 잎을 준다고 와서 이야기를 했습니다. 10월 21일쯤 되자 번데기로 변했는데 황토색으로 변했다고 하더군요. 그리고는 10월 30일이 되자 나비로 변했다면서 그 모습이 변하는 것이 신기하고 노랑나비로 변한 것이 참 예뻤다고 했습니다.
- 돌 전시회 할 때 돌에다 그림을 그리고 허수아비를 만들어 텃밭에 세운 것이 재미

있었다고 했고, 내 나무를 찾을 때는 매실나무가 자기 나무라고 자기 이름을 표시해 두었다고 했습니다. 마당에 있는 놀이터, 나무, 돌, 텃밭(무, 호박, 고추, 피망, 참외) 등을 가꾸게 되어 즐거워했습니다.

- 아이가 와서 '내 나무가 생겼어요. 내 나무가 있으니까 친구가 하나 더 생긴 것 같아서 좋아요.' '나비를 기르고 있어요. 처음엔 애벌레가 징그러웠는데요, 나비가 되었을 때는 너무 예쁘고 좋았어요. 근데 날려 보내서 섭섭했어요.' 라고 했습니다.
- 도시에서는 보기 힘든 과정입니다. 견학 또는 시골로 현장학습을 다녀와야 체험할 수 있는 것을, 가까운 그리고 자기가 다니는 유치원에서 매일 접하고 느낄 수 있는 좋은 기회였다고 생각합니다. 아이도 본인 스스로 새 모이를 주고 나비로 성장해 가는 과정들을 잘 보았을 것입니다. 앞으로도 계속 이런 교육으로 자연을 체험하고 관찰하여 해맑은 어린이들로 자라도록 해주셨으면 좋겠습니다.
- 무 씨앗 심기, 울타리 전시회, 돌 전시회 등 자연과 함께한 시간이 재미있고 집에서 와는 색다른 체험이 되었습니다. 나비가 죽지 않고 잘 자라기를 바란다고도 하고, 자기가 심은 씨앗이 잘 자라기를 바란다고 했습니다. 또 자기 반이 모임장소를 만들려고 하는데, 모임장소를 찾는 것이 어려워서 머리가 아팠다고도 했습니다. 텃밭 가꾸기가 재미있다고도 했습니다. 동현이가 집에 와서 애벌레 이야기나 새집 만들 때 어떻게 해야 된다고 했을 때 아이가 집에서 경험해 보지 않는 것을 직접 해보아서 좋았습니다. 마당에서 토마토도 따보고 집에서 하기 어려운 작업들을 하니, 유치원에 가서 보고 아이들 정서함양에 많은 도움이 된다는 생각이 들었어요.
- 자연친화 프로그램을 하며 동물, 식물을 접해서인지 애완동물을 키우고 싶다는 이야기를 자주 했어요. 햄스터나 물고기요. 프로그램이 유익하고 유아들에게 관심과 흥미를 많이 심어 준 것 같습니다
- 아이가 텃밭 가꾸기, 내 나무 가꾸기, 나비 기르기 등으로 자연에 대한 관심과 지식이 보다 구체적으로 되었고, 나무나 새, 애벌레, 나비 등을 진짜 친구로 생각하면서 애정을 갖는 것이 대견스럽고 보기 좋았습니다. 책이나 간접적인 교육으로는 얻을 수 없는 부분을 직접 경험을 통해 지적인 면과 감정적인 면을 모두 함양시켜 준 듯 합니다.
- 아이가 프로그램 자체를 재미있어 하고 있어요. 무엇보다도 자연현상의 신비함을 스스로 느껴 가는 것 같고, 자연의 모습을 여러 가지 방향으로 느끼려고 스스로가 의문점을 많이 갖게 되었어요. 평소 무심히 보던 것들을 생명 자체로 이해하고 받아들이는 것을 느낄 수 있었습니다.

제2부

영유아를 위한 자연친화교육의 실제

1. 영유아를 위한 자연친화교육의 목적

미래 사회를 짊어지고 나가야 할 영유아를 교육하는 목적은 전인적인 인간을 육성하는 것이라고 볼 때, 그 적기는 바로 영유아기일 것이다. 이 시기에 형성된 습관과 태도가 평생을 좌우하는 결정적인 시기이기 때문이다. 미래 사회가 요구하는 능력은 자유롭게 생각하고 창의적으로 표현할 수 있는 능력과 기초예절, 배려, 협력, 존중 등의 기본생활습관을 배양하는 인성교육이다. 영유아의 발달에 가장 적합하면서 창의성과 인성을 키울 수 있는 방법은 바로 자연 속에서 생명을 존중하고 더불어 살아감의 기초를 배우며, 오감을 통해 생활하며 익히는 '자연친화교육'이라고 할 수 있다.

2. 영유아를 위한 자연친화교육의 방향

자연친화교육		창의 · 인성
자연과 인간의 상호의존관계를 이해한다.	➡	민감성 / 협력
자연현상에 관심을 갖는다.	➡	유창성 / 존중
자연의 소중함을 알고, 책임감을 갖는다.	➡	독창성 / 존중, 협력
일상생활에서 자연을 보호하고 실천한다.	➡	융통성 / 배려

⇩

1. 자연에 대해 관심 가지기	2. 자연에 대해 체험하기	3. 자연친화적 태도 가지기
• 자연환경에 대해 관심 가지기 • 자연과의 상호성 인식하기	• 자연환경을 체험하기 • 자연보전 활동 참여하기	• 자연에 대한 가치 발견하기 • 자연에 대한 경험과 느낌 표현하기

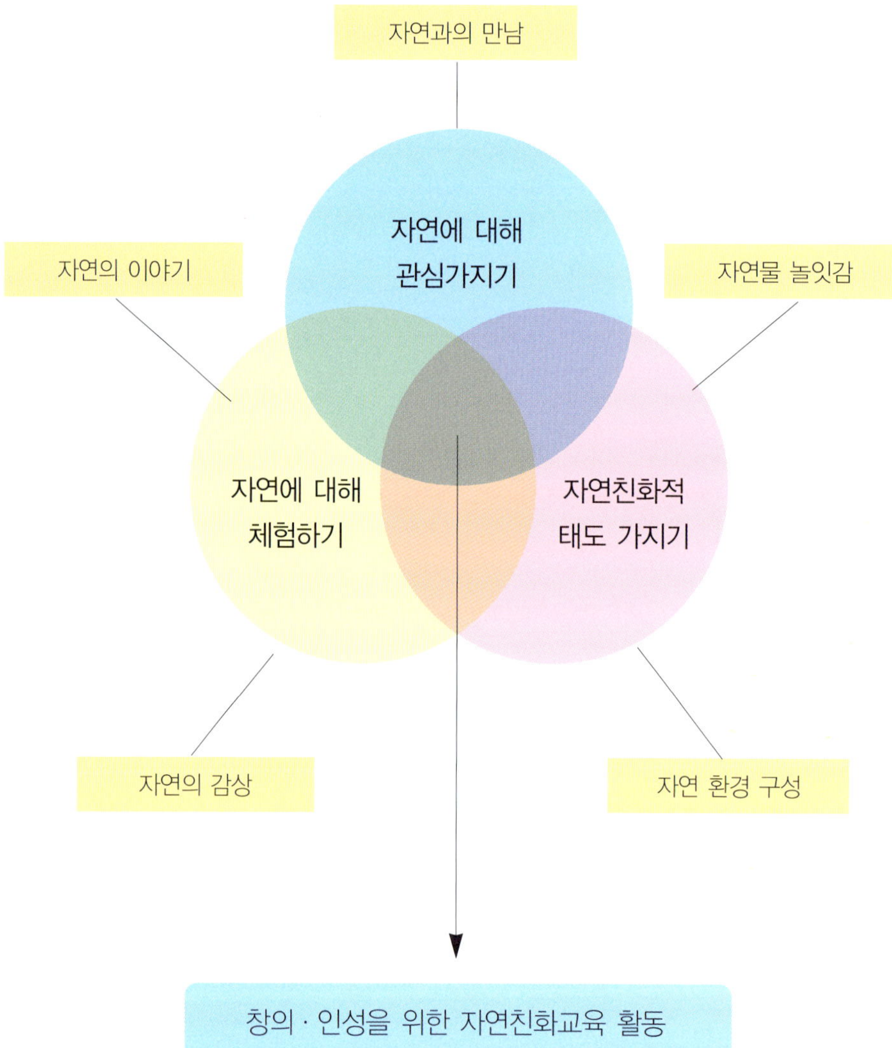

[그림 3] 창의 · 인성을 위한 자연친화교육

3. 영유아를 위한 자연친화교육의 내용 구성

영역	내용	창의, 인성
자연과의 만남	유아의 생활 주변에서 쉽게 만날 수 있거나, 혹은 가까이 있어도 관심을 두지 않아서 인식하지 못했던 자연물의 존재를 확인하고 만나는 과정이다. 자연과 만나고 친해지기 위해서는 자연물을 자주, 직접 만날 수 있도록 해야 한다. 자연과 친해지기 위해서는 무엇보다 자연물 그 자체의 독특한 특성에 대해 인식하고 소중하게 생각하고 경험할 때 가능하다.	민감성, 호기심, 배려
자연의 이야기	영유아들이 즐겨 읽는 동화 속에서 자연을 찾아 보고, 자연 속에서 이야기를 찾아 보는 활동이다. 자연을 보다 쉽게 느끼고 접할 수 있게 해주는 매체로 동화는 영유아에게 가장 자연스럽게 접근할 수 있다. 자연을 주제로 한 동화책을 읽고 다양한 활동을 하거나, 자연물을 접하고 기르는 과정에서 이야기를 엮어 볼 수 있다.	융통성, 독창성, 존중
자연의 감상	자연이 주는 아름다움을 느끼고 표현하는 활동으로, 자연을 주제로 한 명화를 감상하거나 자연의 아름다움을 다양한 방법으로 표현해 보는 과정이다. 자연의 아름다움은 영유아들이 자연과 교감하면서 느끼는 미적인 감정으로 영유아를 자연과 더욱 친밀하게 만드는 경험을 제공한다.	민감성, 정교성, 개방성, 독창성

영역	내용	창의, 인성
자연물 놀잇감	자연물을 활용하여 영유아들이 즐기는 놀잇감을 구성하거나 직접 만들어 활용하는 활동이다. 자연물은 영유아에게 내적 안정감을 주며 형식화된 틀이 없어 자유롭게 다양한 놀이를 가능하게 해주는 훌륭한 매체가 된다. 영유아들이 놀잇감을 직접 만들어 활용함으로써 다양하고 창의적인 놀이가 가능하다	정교성, 집착성, 협력
자연환경 구성	영유아들이 많은 시간을 보내는 주변 환경을 자연친화적인 환경으로 직접 구성함으로써 자연과 보다 더 친밀한 관계를 형성할 수 있게 된다. 자연물을 가지고 환경을 구성하거나, 자연놀이를 할 수 있는 공간을 함께 꾸미는 것은 공간에 대한 활용을 높이고 자연과 더욱 친밀하게 경험할 수 있게 된다.	개방성, 자발성, 존중, 배려, 협력

4. 영유아를 위한 자연친화교육의 주제

구분	주제
식물	나무, 풀, 과일, 채소, 꽃
동물	새, 달팽이, 장수풍뎅이, 다람쥐, 개미
무생물	하늘, 자연물

5. 영유아를 위한 자연친화교육의 주제별 활동

주제 1 나무

1) 나무에 대한 기본지식

나무는 줄기와 가지가 단단한 바탕으로 된 여러해살이식물을 의미한다. 나무는 생존기간이 1년 이상인 풀에 대응하는 용어로, 나무줄기의 형성층과 나무 나이를 확인할 수 있는 나이테를 가신 경우 수목으로 본다. 나무의 가장 큰 구조인 줄기는 물관, 체관, 부름켜, 속, 표피로 이루어져 있다. 이 중 물관은 뿌리에서 흡수한 물과 무기양분의 이동통로이며, 체관은 양분의 이동통로이다. 나무의 줄기는 나무 전체를 지탱하거나 나무의 생존에 필요한 영양분을 나르기도 하며 호흡을 하는 기능도 한다. 나무는 위쪽으로는 키가 커지고, 옆으로는 굵어지면서 자라난다. 이렇게 어느 정도 자란 나무를 가로로 자른 후에 잘라진 면을 보면 동심원의 겹이 여러 개 있음을 볼 수 있는데, 이를 나이테라고 한다. 나무가 다른 식물과 달리 겨울을 무사히 나는 것은, 생명을 유지하기 위해 다량의 물을 몸속에 지니고 있기 때문이다. 즉, 세포와 세포 사이의 물을 얼게 함으로써 세포가 추위에 견딜 수 있게 하거나 세포가 얼지 않도록 세포액의 당분농도를 높이기 때문이다.

나무를 심을 때는 이른 봄, 얼었던 땅이 녹은 직후 심는 것이 좋으며, 묘목의 눈이 트기 전에 심어야 한다. 나무를 가꿀 경우 가지치기를 잘 해주어야 한다. 가지를 치는 시기는 나무의 성장이 멈추는 가을부터 다음해 움이 트기 직전까지가 좋다.

나무는 인간에게 많은 것을 제공하는 식물 중 하나이다. 특히 요즘은 삼림욕이라고 하여 나무가 많은 숲 속에 들어가 나무의 향내와 신선한 공기를 마음껏 들이마시면서 피로에 지친 마음과 몸의 활력을 되찾고 건강을 새롭게 하기도 한다. 나무가 많은 숲에서는 '피톤치드' 라고 하는 물질이 나오는데, 이 피톤치드는 나무들이 각종 병균과 해충, 곰팡이로부터 자신을 보호하기 위하여 끊임없이 뿜어내는 방향성물질이라고 한다. 나무 특유의 향과 신선한 공기는 바로 이 물질에서 비롯되는 것이다.

2) 주제선정이유

나무라는 주제는 자연 속 생명인 '나무' 에 대해 애착을 갖고 보살펴주는 마음을 갖도록 하는 데 그 의미가 있다. 주변에서 쉽게 보게 되는 나무 역시 인간과 마찬가지로 살아 있는 생명체임을 인식하고 애정을 갖게 될 때, 자연에 대한 경외심을 갖게 될 것이다.

3) 나무 활동망

나무

자연환경구성

- 시원한 나무 그늘 커튼(유아)
- 종이죽으로 만들었어요(유아,계)
- 그루터기 쉼터(유아,계)

자연과의 만남

- 슝슝~나무열매를 받아요!(유아)
- 시원한 그늘 밑에서(유아,계)
- 나무야 놀자(유아)
- 나무의 전체와 부분(유아,계)
- 나무와 인터뷰(유아)
- 내 나무 향기 맡기(유아)
- 내 나무 사진찍기(유아)
- 나무 찾기 수수께끼(유아,계)
- 나무가 궁금해(유아,계)
- 나무의 겉껍질(유아,계)

자연물 놀잇감

- 나무 탁본 뜨기(유아)
- 꽃나무 꾸미기(유아,계)
- 소망나무 만들기(유아,계)
- 나뭇잎 소리 만들기(유아)
- 산가지 놀이(유아)
- 나무길을 따라서(유아)
- 사과가 열려요(유아)
- 나의 나무 가꾸기(유아)
- 나무에 옷을 입혀요(유아)
- 나뭇잎으로 구성하기(유아)
- 석고판에 나무 구성(유아)
- 여러 가지 나무 구성(유아)
- 나뭇가지로 그림 그리기(영아)
- 악기 연주하기(영아)

자연의 이야기

- 나무를 생각하면(유아,계)
- 나는 그루터기야(유아)

자연의 감상

- 명화 속의 주인공 되어 보기(유아,계)
- 나무의 사계절(유아)

4) 활동의 실제

활동 1-1

시원한 나무 그늘 밑에서

자연 친화 영역 자연과의 만남

대상연령 만 1~2세

창의·인성요소 민감성 · 존중

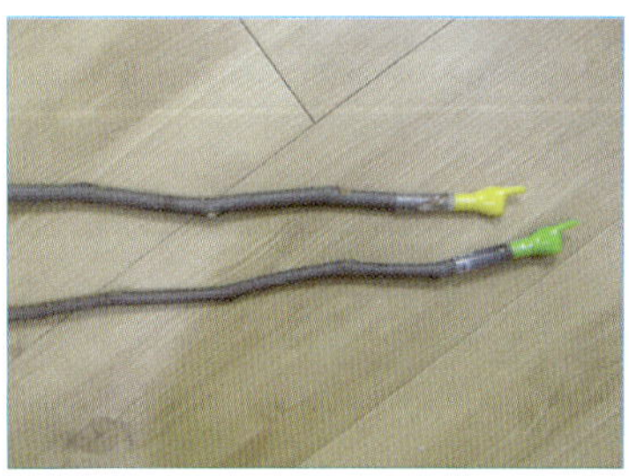

- 인조 나무를 이용해서 교실 한구석에 나무 그늘을 만든다.
  - 나무 그늘 위에는 다양한 나뭇잎을 올려놓아 관찰할 수 있게 한다.
- 나무그늘을 유아들과 함께 살펴보고, 나무 그늘에 누워 느낌을 이야기해 본다.
- 벽에 붙어 있는 여러 가지 모양의 나뭇잎을 보며 이야기 나눈다.
- 나무 그늘 아래 누워 벽에 붙어 있는 나뭇잎과 같은 나뭇잎을 나무그물에서 찾아 본다.

활동 1-2

꽃나무 꾸미기

자연 친화 영역 자연물 놀잇감

대상연령 만 1~2세

창의·인성요소 융통성 · 배려

- 공원을 산책하며 봄에 핀 꽃(개나리꽃, 진달래꽃)의 향기를 맡고, 모양을 관찰하며 봄에 핀 꽃에 대해 경험한다.
- 산책하며 주워 온 개나리꽃을 교실에서 과학영역에 전시한다.
- 교실에서 개나리꽃의 모양을 관찰하고, 개나리꽃을 입으로 불어 보며 날려 본다.
- 나뭇가지에 손가락 도장으로 꽃을 꾸민다.

활동 1-3

종이 죽으로 만들었어요

자연 친화 영역 자연환경구성

대상연령 만 1~2세

창의·인성요소 민감성 · 협력

- 밀가루풀이 담긴 큰 그릇 안에 휴지를 넣어서 풀어지도록 손으로 저으며 만져 본다.
- 물에 풀어진 휴지를 손으로 건져 물기를 짜낸다.
  - 물기를 완전히 짜내지 않도록 주의한다.
  - 휴지의 변화에 관심을 가질 수 있도록 상호작용을 한다.
- 휴지를 비닐 위에 놓고 나뭇잎 모양을 잡아 주고 얇고 평평하게 만져 준 후 따뜻한 방에 하루 잘 말린다.
- 잘 마른 종이 위에 유아들과 함께 물감으로 색칠한 후 벽면에 구성한다.

활동 1-4

나무의 전체와 부분의 모습을 관찰하기

자연 친화 영역 자연과의 만남

대상연령 만 3~5세

창의·인성요소 독창성 · 존중

- 나무가 많은 공원이나 산책길에서 여러 가지 나무를 관찰한다.
- 나무 뒤로 조금 물러서서 나무를 보며 나무의 위, 아래, 전체적인 모습에 대해 이야기 나눈다.
- 유아들에게 프레임을 제공하여 나무의 부분을 관찰해 보도록 한다.
- 프레임을 이용하여 여러 종류 나뭇잎의 모양을 관찰해 보고, 비교해 보도록 한다.

활동 1-5

나무 찾기 수수께끼

자연 친화 영역 자연과의 만남

대상연령 만 3~5세

창의·인성요소 민감성 · 협력

- 사전활동으로 유아들이 인근 공원에서 '내 나무'를 정하고 나무 돌보기 활동을 통해 자신의 나무의 특징에 대해 탐색하도록 배려한다.
- 유아들이 미리 찍어 둔 나무 사진을 보여 주고 사진 속 나무의 어떤 부분을 찍었는지 나무 껍질의 느낌에 대해 이야기 나눈다.
- 유아들에게 나무 사진을 나눠 주고 어떤 나무의 부분 사진인지 찾아 보도록 한다.
- 나무사진과 같은 나무를 찾아 친구들에게 소개해 보도록 한다.
- 유아들이 나무 찾기를 마치면 자신의 나무에 물을 주며 인사해 보도록 한다.

활동 1-6

명화 속의 주인공 되어 보기

자연 친화 영역 자연의 감상

대상연령 만 3~5세

창의·인성요소 유창성 · 존중

- OHP기기를 소개하고 OHP화면을 통해 그림자를 만들어 보며 탐색한다.
- 사람 그림이 삭제되지 않은 명화를 OHP 기계에 올려 그림을 보여주고 두 그림의 같은 점과 다른 점에 대해 이야기 나눈다.
- 사람 그림이 삭제된 명화를 보여주며 그림 속의 등장인물이 되어 보자고 제안한다.
- 명화 속 등장인물의 자세뿐 아니라 유아들이 원하는 자세를 취해 보도록 격려한다.
- 명화를 감상하며 어떤 느낌, 생각이 들었는지, 가장 기억에 남는 건 무엇인지에 대해 나눈다.
- 활동을 마친 후 명화를 라이트테이블에 제시하고 유아들의 모습을 출력한 OHP 그림을 준비해 주어 명화 구성하기 활동을 해볼 수 있다.

활동 1-7

나무를 생각하면

자연 친화 영역 자연의 이야기

대상연령 만 3~5세

창의·인성요소 민감성 · 존중

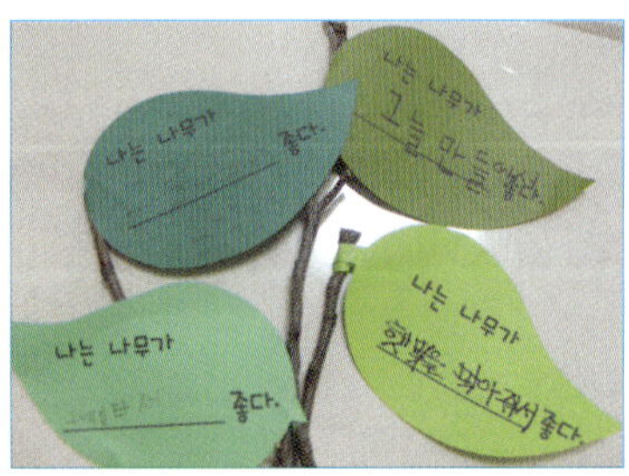

- 교사는 사전에 나뭇잎 쓰기 종이와 나무 동시판을 준비해 둔다.
- 교실 벽에 붙은 동화 장면을 보고 '나무는 좋다' 동화의 내용을 회상해 본다.
- 나뭇잎 쓰기 종이에 "나는 나무가 ________ 좋다." 빈 칸에 내가 나무를 좋아하는 이유를 생각하고 적어 본다.
- 나무가 좋은 이유를 적은 후 가지를 나무 동시판 홈에 꽂아 나무를 꾸며 준다.
- 나와 다른 친구들이 하나씩 나뭇잎을 꽂아 전체 나무가 완성되는 과정을 지켜보며 다른 친구들이 써 놓은 글도 관심 있게 살펴본다.

활동 1-8

나뭇잎으로 구성하기

자연 친화 영역 자연물 놀잇감

대상연령 만 3~5세

창의·인성요소 독창성 · 배려

- 준비된 여러 가지 종류의 나뭇잎을 보고 나뭇잎의 크기, 모양에 대해 이야기를 나눈다.
- 다양한 나뭇잎을 이용해 여러 가지 모양을 만든다.
- 종이 위에 구성하고 싶은 모습을 그린 후, 여러 가지 나뭇잎으로 꾸며 본다.
- 빈 공간에 나뭇가지로 구성물을 설치하고 나뭇잎으로 꾸며 본다.
- 코팅지 또는 투명지 위에 나뭇잎을 이용해 구성하기 활동을 한 후, 2겹으로 붙여 고정한 후 게시할 수도 있다.

활동 1-9

소망나무 만들기

자연 친화 영역 자연물 놀잇감

대상연령 만 3~5세

창의·인성요소 독창성 · 협력

- 실외놀이를 하며 나무 겉껍질을 관찰하고, 만져 보며 어떤 느낌이 나는지 이야기한다.
- 떨어진 나무 겉껍질을 교실에 가져와 나무기둥과 가지를 꾸민다.
- 나뭇잎 뒷면에 물감을 묻혀 종이에 찍고 그 모양을 오려서 나뭇잎을 만든다.
- 만든 나무에 나뭇잎을 붙이고 소망 나무를 완성한다.
- 완성된 나무를 교실 벽면에 게시하고 감상한다.

활동 1-10

그루터기 쉼터

자연 친화 영역 자연환경구성

대상연령 만 3~5세

창의·인성요소 민감성 · 협력

- 교사는 유아와 함께 '나는 그루터기야' 동화를 감상한다.
- 교사는 교실 조용한 공간에 아늑한 분위기에서 대화를 나눌 수 있도록 그루터기를 이용한 환경을 구성하고, 유아에게 그루터기를 소개한다.
- 교사는 나무 그루터기를 유아들과 함께 살펴보고, 그루터기에 앉아 느낌을 이야기해 본다.
- 그루터기 바닥에 붙여진 '나는 그루터기야' 동화의 장면을 보며 이야기 나눈다.

활동 1-11

여러 가지 나무 구성

자연 친화 영역 자연물 놀잇감

대상연령 만 3~5세

창의·인성요소 독창성 · 존중

1 석고에 나무 붙여 꾸미기

- 석고가루의 성질과 특성을 탐색하고, 다양한 재질의 판(상자, 우드락, 합판 등)에 칠해 보며 이야기를 나눈다.
- 물에 탄 석고가루를 합판에 칠하고 유아가 주워 온 나뭇가지와 나뭇잎, 나무 열매 등을 붙여 나무를 구성한다.
- 완성된 나무를 교실 벽면에 게시하고 감상한다.

2 나뭇잎 도장 찍어 나무 꾸미기

- 다양한 모양의 나뭇잎을 채집하고, 나뭇잎의 모양, 색, 크기 등을 탐색하며 한 가지 준거로 나뭇잎을 나누어 본다.
- 나뭇잎 도장을 찍어 오린 후 나무틀에 붙여 가을 나무를 꾸민다.
- 완성된 나무를 교실 벽면에 게시하고 감상한다.

3 우드락을 이용해 나무를 만들고 나뭇잎을 붙이기

활동 1-12

나무야 놀자

자연 친화 영역 자연과의 만남

대상연령 만 3~5세

창의 · 인성요소 민감성 · 협력

- 가까운 공원이나 주변을 산책하며 나무의 모습을 살펴본다.
- 나무를 만져 보거나 안아 보기, 두드려 보기, 냄새 맡기, 소리 들어 보기 등 다양한 방법으로 탐색해 본다.
- 나무를 탐색하며 발견한 점에 대해 이야기 나눈다.
- 나무와 교감하며 나무를 통하여 자연과 친숙해지고, 친밀해지는 경험을 갖는다.

활동 1-13

내 나무 향기 맡기

자연 친화 영역 자연과의 만남

대상연령 만 3~5세

창의·인성요소 민감성 · 협력

- 나무가 많은 공원이나 산책길에서 내가 사랑하고 싶은 나무를 선택한다.
- 내 나무에서는 어떤 향기가 날지 상상해 보며 함께 있는 친구들과 내 나무의 향기에 대한 상상을 이야기 나눈다.
- 심호흡을 크게 하고 내 나무의 향기를 맡아 본다.
- 내 나무의 향기가 어떤 냄새인지, 상상한 것과 같은지, 다른지 친구들과 이야기 나눈다.

활동 1-14

슝슝~나무열매를 받아요!

자연 친화 영역 자연과의 만남

대상연령 만 3~5세

창의·인성요소 융통성 · 배려

- 교사는 밤, 솔방울, 도토리 등 나무 열매를 10개씩 바구니에 담아 놓는다.
- 유아는 제시한 나무 열매를 만져 보고, 탐색한다.
- 활동방법을 소개한다.
  ① 한 유아는 열매 바구니를 선택하고, 다른 한 유아는 빈 바구니를 선택한다.
  ② 열매 바구니를 선택한 유아는 상대방 유아의 빈 바구니에 열매를 던진다(유아의 수준에 따라 거리는 조정할 수 있다.).
  ③ 열매 바구니에 열매가 없어질 때까지 던진다.
  ④ 상대방의 빈 바구니에 몇 개의 열매를 넣었는지 세어 본다.
- 활동을 마친 후 활동에 참여한 유아와 함께 평가한다.

활동 1-15

나무와 인터뷰하기

자연 친화 영역 자연과의 만남

대상연령 만 3~5 세

창의 · 인성요소 민감성, 협력

- 가까운 공원이나 주변을 산책하며 나무의 모습을 살펴본다.
- 나무를 관찰하면서 나무가 왜 서 있는지, 잠은 어떻게 자는지 상상해 본다.
- 더 궁금한 점에 대해 나무에게 직접 인터뷰 해 본다.
- 나무가 어떤 대답을 할지 상상해서 표현해 본다.

활동 1-16

나무의 사계절

자연 친화 영역 자연의 감상

대상연령 만 3~5세

창의·인성요소 융통성 · 배려

- 교사는 유아와 함께 반 고흐의 나무 명화를 감상한다.
- 명화 속의 나무는 어떤 모습인지, 어떤 느낌인지 이야기한다.
- 교사는 유아가 나무를 표현할 수 있도록 나뭇잎을 사전에 만들어 준비한다.
- 감상한 명화 속의 나무 모습을 신체로 표현한다.
- 나무를 표현한 모습을 사진으로 찍어 추후 어떤 모습을 표현한 것인지에 대해 이야기 나눈다.
- 사진과 함께 유아의 생각을 적어 벽면에 게시한다.

활동 1-17

내 나무 사진 찍기

자연 친화 영역 자연과의 만남

대상연령 만 3~5세

창의·인성요소 유창성 · 존중

- 나무가 많은 공원이나 산책길에서 여러 가지 나무를 관찰한다.
- 나무의 뻗은 가지의 모양이나 나뭇잎의 모양과 색 등을 탐색한다.
- 내가 찍고 싶은 나무의 모습을 사진기로 찍는다.
- 유아가 찍은 사진을 출력하여 벽면에 게시한다.
  - 어떤 모습을 찍었는지 유아의 생각을 함께 적어 게시한다.

활동 1-18

나는 그루터기야

자연 친화 영역 자연의 이야기

대상연령 만 3~5세

창의·인성요소 유창성 · 존중

- 교사는 유아와 함께 '나는 그루터기야' 동화를 감상한다.
- 교사는 교실 조용한 공간에 아늑한 분위기에서 대화를 나눌 수 있도록 그루터기를 이용한 환경을 구성하고, 유아에게 징검다리 그루터기를 소개한다.
- 교사는 유아와 함께 징검다리 그루터기를 걸어 본다.
- 그루터기에 앉아 책을 읽어 보거나 그루터기 주변 환경을 꾸민다.

활동 1-19

나무 탁본 뜨기

자연 친화 영역 자연물 놀잇감

대상연령 만 3~5세

창의·인성요소 유창성 · 존중

- 교사는 사전에 종이, 색연필이나 크레파스를 준비한다.
- 나무가 많은 가까운 공원이나 산책길에서 나무의 겉모습을 관찰하고, 겉껍질을 손으로 만져 보며 어떤 느낌인지 이야기 나눈다.
- 유아는 종이를 나무에 대고 크레파스 또는 색연필로 나무의 겉껍질을 문질러서 나무 겉껍질의 표면을 그림으로 나타낸다.
- 다른 나무도 겉껍질의 표면을 그림으로 나타내 보고, 같은 점과 다른 점을 비교한다.
- 유아가 그림으로 표현한 것은 벽면에 전시하여 다른 유아들과 함께 감상한다.

활동 1-20

나뭇잎 소리 만들기

자연 친화 영역 자연물 놀잇감

대상연령 만 3~5세

창의·인성요소 유창성 · 존중

- 나무가 많은 가까운 공원이나 산책길에서 나뭇잎의 모양을 관찰한다.
- 여러 가지 모양의 떨어진 나뭇잎을 모아 본다.
- 모은 나뭇잎 중 하나의 나뭇잎을 대고 입술 사이에 불어 본다.
- 다양한 나뭇잎 모양, 나뭇잎을 부는 세기 등을 조절하여 여러 가지 소리를 만들어 본다.
- 나뭇잎 모양, 나뭇잎을 부는 세기에 따라 달라지는 소리를 비교하며 이야기 나눈다.

활동 1-21

산가지 놀이

자연 친화 영역 자연물 놀잇감

대상연령 만 3~5세

창의·인성요소 융통성 · 배려

- 교사는 동그란 원판과 나뭇가지를 준비한다.
- 유아는 자연물 교구를 탐색한다.
- 활동방법을 소개한다.
  ① 원 안에 나뭇가지를 던진다.
  ② 순서를 정한다.
  ③ 순서대로 다른 나뭇가지를 건드리지 않고 조심히 하나씩 빼낸다.
  ④ 나뭇가지가 모두 없어지면 가장 많은 나뭇가지를 모은 사람이 이긴다.
  ⑤ 나뭇가지를 빼내다가 다른 나뭇가지를 건드리면 활동이 끝난다.
- 활동을 마친 후 활동에 참여한 유아와 함께 평가한다.

활동 1-22

나무길을 따라서

자연 친화 영역 자연물 놀잇감

대상연령 만 3~5세

창의·인성요소 융통성 · 배려

- 자연물을 이용하여 만든 교구를 탐색한다.
- 활동방법을 소개한다.
  ① 순서를 정하고 말을 나누어 갖는다.
  ② 순서대로 주사위를 던져 나온 수만큼 말을 이동한다.
  ③ 〈 0 〉 칸에 도착하면 한 번 쉰다.
  〈 → 〉칸에 도착하면 한 칸 뒤로 간다.
  〈 ⃗→ 〉칸에 도착하면 두 칸 앞으로 간다.
  ④ 먼저 〈도착〉점에 도착하면 활동은 끝난다.
- 활동을 마친 후 활동에 참여한 유아와 함께 평가한다.

활동 1-23

사과가 열려요

자연 친화 영역 자연물 놀잇감

대상연령 만 3~5세

창의·인성요소 융통성 · 배려

- 자연물을 이용하여 만든 교구를 탐색한다.
- 활동방법을 소개한다.
  ① 나무를 한 그루씩 나누어 갖고 순서를 정한다.
  ② 상자 속의 나무토막을 꺼내 두 명이 번갈아가며 쌓는다.
  (나무토막 쌓는 개수는 유아들끼리 결정한다.)
  ③ 나무토막을 쓰러뜨리지 않고 쌓는 유아는 사과열매 1개를 나무에 건다.
  ④ 열매 10개를 걸어 사과나무가 완성되면 활동은 끝난다.
- 활동을 마친 후 활동에 참여한 유아와 함께 평가한다.

활동 1-24

나의 나무 가꾸기

자연 친화 영역 자연물 놀잇감

대상연령 만 3~5세

창의·인성요소 융통성 · 배려

- 자연물을 이용하여 만든 교구를 탐색한다.
- 활동방법을 소개한다.
  ① 두 명이 나무 한 그루씩을 나누어 갖는다.
  ② 열매가 담긴 바구니를 두 사람 가운데에 놓는다.
  ③ 두 명이 차례로 주사위를 던져, 큰 수가 나온 사람이 열매 하나를 자신의 나무에 걸 수 있다.
  ④ 바구니에 담긴 열매가 모두 없어지면 활동이 끝난다.
  ⑤ 나무에 걸린 열매를 세어 보고, 열매가 더 많은 사람이 이긴다.
- 활동을 마친 후 활동에 참여한 유아와 함께 평가한다.

활동 1-25

나무에 옷을 입혀요

자연 친화 영역 자연물 놀잇감

대상연령 만 3~5세

창의·인성요소 독창성 · 존중

- 자연물을 이용하여 만든 교구를 탐색한다.
- 활동방법을 소개한다.
  ① 잔디밭 구멍에 나무기둥을 끼워 세운다.
  ② 초록, 연두, 노랑 나뭇잎이 달린 나뭇가지 중 하나씩 정해 나누어 갖는다.
  ③ 숫자 주사위를 던져 차례를 정한다.
  ④ 숫자 주사위와 색깔 주사위를 던져 내 나뭇잎 색깔이 나오면 나온 숫자 만큼 내 나뭇가지를 나무기둥 구멍에 꽂는다.
  ⑤ 나무기둥의 구멍(21개)이 다 채워지거나, 나무기둥의 구멍이 다 채워지기 전에 한 사람의 나뭇가지가 전부 없어지면 활동이 끝난다.
- 활동을 마친 후 활동에 참여한 유아와 함께 평가한다.

활동 1-26

석고판에 나무 구성

자연 친화 영역 자연물 놀잇감

대상연령 만 3~5세

창의·인성요소 유창성 · 존중

- 교사는 석고판, 유아들이 수집한 열매, 나뭇잎을 준비한다.
- 석고판 위에 나뭇가지를 먼저 붙이고, 석고판이 굳기 전에 손가락을 이용해 여러 가지 나뭇잎 모양을 그려 본다.
- 유아들과 협동하여 나무 열매, 나뭇잎을 석고판 위에 붙여 나무를 구성해 본다.

활동 1-27

나뭇가지로 그림 그리기

자연 친화 영역 자연물 놀잇감

대상연령 만 3~5세

창의·인성요소 유창성 · 존중

- 교사는 전지, 먹물, 나뭇가지를 손으로 잡기 편한 크기로 잘라 준비한다.
- 유아가 활동할 수 있는 충분한 공간을 마련하여 비닐을 깔고 그 위에 종이를 놓는다.
- 그릇에 담긴 먹물을 나뭇가지로 콕콕 찍어 전지 위에 그림을 그린다.
- 나뭇가지의 굵기에 따라 선의 굵기가 달라짐을 이야기해 본다.

활동 1-28

악기 연주하기

자연 친화 영역 자연물 놀잇감

대상연령 만 3~5세

창의·인성요소 독창성 · 존중

- 나무가 우리에게 주는 고마움에 대해 이야기 나눈다.
- 고마운 나무에게 우리가 줄 수 있는 선물에 대해 이야기 나눈다.
- 유아가 좋아하는 악기를 준비하여 나무 주위에 둘러서서 악기 연주를 들려준다.
- 악기 연주를 들은 나무가 어떤 이야기를 할지 상상해서 이야기해 본다.

활동 1-29

시원한 나무 그늘 커튼

자연 친화 영역 자연환경구성

대상연령 만 3~5세

창의·인성요소 민감성 · 협력

- 교실에 시원한 나무 그늘 커튼을 어떻게 만들지 이야기 나눈다.
- 교사는 유아들의 생각을 존중하여 누꺼운 재질의 큰 비닐을 준비한다.
  - 다른 재료(그늘막, 실제 나뭇잎, 망 등)를 이용할 수도 있다.
- 유아들은 공동 작업으로 잘라 놓은 나뭇잎과 나무줄기 모양을 비닐에 붙인다.
- 유아가 만든 작품을 교사가 천장에 붙여 나무 그늘 커튼을 만든다.

주제 2 풀

1) 풀에 대한 기본지식

풀은 예로부터 우리에게 먹거리가 되어 주고 병을 이기게 하는 약초가 되었으며 생활하는 데 필요한 도구가 되어 주기도 하였다. 풀은 우리에게 볼거리도 되어 주었으며, 그림 그리기의 자원이 되기도 하였고, 이야기의 소재로, 노래로 우리의 삶을 윤택하게 만들어 주는 놀잇감이기도 했다. 풀은 반찬도 되고, 놀잇감도 되고, 맛난 간식이 되어 주는 우리 생활주변에서 쉽게 볼 수 있으며 동시에 없어서는 안 될 생명체이다.

풀은 우리나라 어디서나 찾아볼 수 있으므로 친숙하며, 구하기 쉽고, 자연생태계의 먹이 사슬에서 첫 단계이므로 중요한 역할을 하고 있고 나아가 공동체의 의미를 느끼고 이해할 수 있도록 하는 매개체가 되고 있다. 또한 풀은 인간과 깊은 관계를 맺고 살아 왔기 때문에 풀을 통해 우리나라의 자연과 문화를 가르칠 수 있다. 풀은 의 · 식 · 주 등 인간의 기본적인 욕구를 충족시키기 위해 이용되었을 뿐 아니라 여러 가지 생활용품을 만들거나 약용으로 사용되어 왔다. 풀은 이처럼 인간이 자연과 맺고 있는 관계에 대해 다양하고 풍부한 소재를 제공한다.

풀의 한 종류인 미나리를 예로 들어보면, 미나리는 쌍떡잎 식물로 미나리과의 여러해살이 풀이다. 미나리는 대략 30여 종으로 알려져 있는데 미나리의 잎의 모양이나 색, 줄기의 색은 성질이나 맛에 따라 차이가 난다. 일반적으로 미나리의 종류는 돌미나리, 산미나리, 부채미나리로 크게 구분되어 재배한다. 미나리의 높이는 대략 80cm정도이고, 줄기의 가지마다 뿌리가 내려 번식이 가능하며, 잎은 삼각형 모양이며, 꽃은 줄기 끝에서 잎과 마주 나는데 7~8월경에 개화한다.

미나리를 재배할 때는 기상 조건과 토양 여건에 따라 생육에 미치는 영향이 매우 크며, 미나리는 추위를 견디는 힘이 강하지만 10도 이하에서는 생육이 정지된다. 미나리는 습한 곳을 좋아하는 성질이 있어 물이 있는 곳에서 자생하지만 고여 있는 물에서는 잘 자라지 않는다. 미나리에는 비타민 등이 다량 함유되어 있고 단백질, 철분, 칼슘, 인 등 무기질이 풍부한 알칼리성 식품이다. 미나리는 혈액의 산성화를 막아 주며 정신을 맑게 하고 혈액을 보호하는 효과를 가지고 있으며 폐수

처리장의 수질정화 기능이 있다.

2) 주제선정이유

풀은 생명체의 존엄성에 대해서도 가르칠 수 있는 좋은 주제가 된다. 풀은 척박한 토양에서도 잘 자라므로 버려진 땅, 불타서 다른 생명들이 죽거나 손상을 받은 곳에서도 뿌리를 내리면서 그 땅을 다른 생명들이 살 수 있도록 해주는 중요한 생명체이다.

풀은 영유아들과 닮아 있다. 작고 여린 생명체이지만 가장 기본이 되는 중요한 생명이다. 풀을 통해 다양한 놀이를 경험하고, 주변에서 쉽게 보지만 지나쳤던 여러 종류의 풀에 대해 알게 됨으로써 생명의 소중함을 느낄 수 있다.

3) 풀 활동망

풀

자연환경구성

- 화분을 키워 주세요

자연과의 만남

- 냠냠냠! 여러 가지 나물 인기 투표(유아)
- 뿌리를 관찰해요(유아)
- 우리가 먹을 수 있는 뿌리(유아,계)
- 여러 가지 풀즙을 내어 색 관찰하기(영아,계)
- 민들레 홀씨 여행 보내기(영아)
- 강아지 풀로 간지럼 피우기(영아)

자연물 놀잇감

- 나는 누구일까요? 풀 · 꽃도감을 찾아 보아요(유아,계)
- 신나는 풀싸움 놀이(유아)
- 풀길 따라가기(유아,계)

자연의 이야기

- 화분을 키워 주세요(유아, 계)

자연의 감상

- 초충도 만들기(유아, 계)

4) 활동의 실제

활동 2-1

여러 가지 풀즙을 내어 색 관찰하기

자연 친화 영역 자연과의 만남

대상연령 만 1~2세

창의·인성요소 유창성 · 존중

- 산책 시 채집한 풀과 미리 준비한 나물류(시금치, 비름나물, 참나물, 깻잎 등)을 소개한다.
- 영아들이 원하는 종류의 풀을 선택하여 모양, 색, 향, 질감을 탐색해 보도록 안내한다.
- 영아들이 선택한 풀을 미니 절구에 넣고 절구공이로 찧어 보도록 격려한다.
- 풀잎물감을 이용하여 손수건 물들이기, 큰 전지에 그려 보는 핑거페인팅 활동으로 확장해 볼 수 있다.

활동 2-2

강아지 풀로 간지럼 피우기

자연 친화 영역 자연과의 만남

대상연령 만 2~5세

창의·인성요소 융통성 · 배려

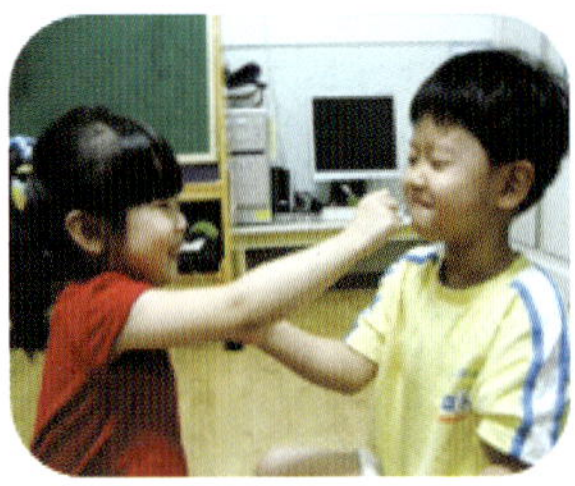

- 가까운 공원이나 산책을 하며 주변에 있는 강아지풀의 생김새를 관찰한다.
- 주변에 떨어진 강아지풀을 만져 보며, 어떤 느낌인지 이야기한다.
- 강아지풀로 간지럼을 태우며 서로에게 친근함을 표현한다.
- 만 4, 5세의 경우 스스로 규칙을 정해 게임 형식으로 활동을 진행한다.

  예) – 가위, 바위, 보에서 이긴 사람이 간지럼 태우기

  – 시작과 함께 간지럼을 서로에게 태우며 웃음 참기

활동 2-3

우리가 먹을 수 있는 뿌리

자연 친화 영역 자연과의 만남

대상연령 만 3~5세

창의 · 인성요소 민감성 · 존중

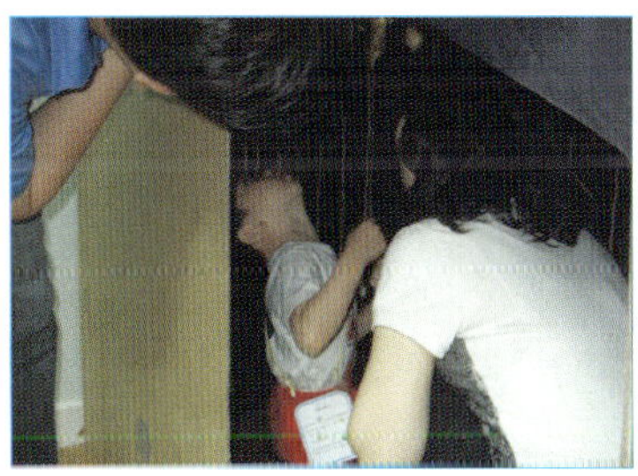

- 우리가 먹는 뿌리에는 무엇이 있는지 실물을 살펴본다.
- 땅 속(땅 속 상자)에 들어가 검은 천으로 된 문을 열고 들어간 후 문을 닫는다.
- 준비된 땅콩(뿌리로 먹을 수 있는 음식 중 하나)을 글루건 본드를 사용하여 뿌리 모형(마끈)에 붙여 주어 뿌리를 꾸며 준다.

활동 2-4

화분을 키워 주세요

자연 친화 영역 자연의 이야기

대상연령 만 3~5세

창의·인성요소 민감성 · 존중

- '화분을 키워 주세요' 동화를 읽고 동화의 내용을 떠올리며 회상해 본다.
- 교사가 만든 교구 화분정원으로 가서 자세히 살펴본다.
- 화분카드를 골라 설명을 듣고 설명과 같은 화분을 찾아 선택한다.
- 화분을 선택한 후 카드를 맞춰 보며 확인한다.
    - 설명을 듣고 화분을 선택하여 맞추는 활동을 해본다.

활동 2-5

초충도 만들기

자연 친화 영역 자연의 감상

대상연령 만 3~5세

창의·인성요소 독창성 · 배려

- 신사임당의 초충도를 감상한다.
  - 초충도의 뜻을 알아 보고 벌레와 풀, 꽃을 찾아 본다.
- 재료를 탐색해 본다.
- 재료를 이용하여 작품을 완성한다.
  - 나뭇가지 붓으로 그림 그리기
  - 먹물을 사용하여 그림을 그린 후 자연물 재료를 붙인다.
- 작품을 평가한다.

활동 2-6

나는 누구일까요?
– 풀 · 꽃도감을 찾아 보아요!

자연 친화 영역 자연물 놀잇감

대상연령 만 3~5세

창의 · 인성요소 민감성 · 존중

- 풀 · 꽃 그림 카드 중 마음에 드는 카드 한 장을 고른다.
- 풀 또는 꽃 그림을 보고 풀 · 꽃도감에서 풀과 꽃의 이름을 찾는다.
- 책에서 찾은 이름을 풀 · 꽃 카드에 적는다.
- 카드에 이름을 적은 후 줄에 달려 있는 집게에 꽂는다.

활동 2-7

냠냠냠! 여러 가지 나물 인기투표

자연 친화 영역 자연과의 만남

대상연령 만 3~5세

창의·인성요소 융통성 · 배려

- 교사는 과학영역이나 교실 한쪽 공간에 여러 가지 풀을 접시에 담아 유아가 관찰할 수 있도록 준비해 둔다.
- 접시에 담겨진 여러 가지 풀을 만져 보고 향기를 맡아 본다.
- 무친 나물을 접시에 조금씩 담아 먹어 본 후 어떤 맛인지 이야기한다.
- 맛보았던 나물 중에 가장 맛있었던 나물을 골라 스티커를 붙인다.
- 스티커 개수를 세어 보고, 우리 반에서 가장 맛있었던 나물은 무엇인지 알아 본다.

활동 2-8

뿌리를 관찰해요

자연 친화 영역 자연과의 만남

대상연령 만 3~5세

창의·인성요소 민감성 · 협력

- 흙 속에 심겨 있는 다양한 풀의 종류들을 관찰한다.
- 장갑이나 비닐장갑을 착용한 후 삽을 사용하여 풀을 뿌리까지 캐낸다.
- 풀을 쟁반 위에 올려놓고 붓을 사용하여 뿌리의 흙을 털어 낸다.
- 수조에 담긴 물에 있는 풀뿌리 부분에 남아 있는 흙을 씻어 낸다.
- 뿌리의 전체 모습을 돋보기로 관찰하고 미세한 부분은 현미경을 활용하여 자세히 관찰한다.

활동 2-9

민들레 홀씨 여행 보내기

자연 친화 영역 자연과의 만남

대상연령 만 3~5세

창의·인성요소 융통성 · 배려

- 가까운 공원이나 산책을 하며 주변에 있는 민들레 홀씨에 관심을 기지고, 관찰한다.
- 민들레 홀씨를 불어 보며 민들레 홀씨가 어디로 여행을 가면 좋을지 상상해서 이야기해 본다.

활동 2-10

신나는 풀싸움 놀이

자연 친화 영역 자연물 놀잇감

대상연령 만 3 ~ 5세

창의 · 인성요소 융통성 · 배려

- 주변에 떨어진 여러 가지 풀을 하나씩 골라 서로 엇갈리게 한 후 팽팽하게 잡아당기며, 풀싸움 놀이를 한다.
- 상대방의 풀을 끊어지도록 잡아당겨 본다.
- 둘 중 한 명의 풀이 끊어지면 게임이 끝난다.
- 어떤 풀의 줄기가 강한지 약한지 이야기 나눈다.

활동 2-11

화분을 키워 주세요

자연 친화 영역 자연환경구성

대상연령 만 3~5세

창의·인성요소 융통성 · 배려

- 여러 가지 화분을 교실의 한 영역에 구성하여 자연스럽게 유아들이 관심과 흥미를 가지고 화분을 관찰할 수 있도록 한다.
- 여러 가지 화분에 관한 카드를 준비하여 카드에 맞는 화분을 찾아 보며, 유아의 관심과 흥미를 지속할 수 있도록 도와준다.
- 유아가 더 알아 보고 싶은 내용은 책이나 컴퓨터를 이용해 함께 알아 본다.
- 유아가 안 사실을 다른 유아에게 소개하고, 벽면에 게시하여 다른 유아와 함께 공유할 수 있도록 한다.

활동 2-12

풀길 따라가기

자연 친화 영역 자연물 놀잇감

대상연령 만 3~5세

창의·인성요소 유창성 · 존중

- 친구와 함께 게임 판을 하나씩 나누어 갖고 순서를 정한다.
- 주사위판에 돌멩이를 손가락으로 튕긴 후 나오는 숫자대로 말을 풀잎으로 옮긴다.
- 도착한 풀잎이 내 퍼즐 판에 있는 것이면 퍼즐을 맞출 수 있다. 도착한 풀잎이 내 퍼즐 판에 없다면 퍼즐을 맞출 수 없다.
- 다 도착하고도 퍼즐을 못 맞추었다면 종을 한 번 울리고 처음으로 돌아가서 기존에 맞춘 퍼즐에 이어서 다 맞출 때까지 한다.
- 먼저 퍼즐을 맞추는 유아가 승리한다.

제작방법

- 우드락과 하드보드지를 네모 모양 퍼즐로 만든 후, 퍼즐조각 위에 풀을 붙인 후 목공풀을 바른다.
- 퍼즐 판을 제작한 후 풀 그림을 사진으로 찍어 프린트해서 코팅한 후 퍼즐 판 바닥에 붙인다.
- 게임판을 제작한 후 넝쿨 줄기로 길을 만들어서 중간 중간 풀잎을 붙인 다음 목공풀을 붙인 후 말린다.
- 도착점과 시작점을 알리는 표시를 해준다.
- 나무 조각을 이용하여 말판을 만든다.
- 하드보드지와 우드락으로 주사위판을 만들어 풀잎을 숫자대로 붙여 준다.

주제 3 과일, 채소

1) 과일과 채소에 대한 기본지식

과일은 식용 가능한 식물의 열매를 의미한다. 사람들이 즐겨 먹는 식물의 열매, 과실을 통틀어서 과일이라고 하는데 보통 수박이나 딸기 등의 열매채소도 과일에 포함된다. 옛날에는 산이나 들에 저절로 자란 나무 열매를 따 먹었지만, 오늘날에는 과수원에 과일나무를 심어 많은 양을 수확하고 있다.

우리나라의 기후는 과일 재배에 적합하여 사과, 배, 감귤 등 많은 과일이 생산된다. 또한, 과일은 산비탈을 이용하여 재배할 수 있으므로 국토가 좁은 우리나라의 토지를 효과적으로 이용하는 데 도움이 된다. 대부분의 과일은 기후와 토양 조건의 영향을 많이 받으므로 종류와 품종에 따라 특정한 지역에서 집중적으로 재배된다.

사과는 우리나라의 대표적인 과일로 북부 고원지대와 남부 해안지방을 제외한 전국에서 재배된다. 차갑고 서늘한 분지지형에 적합하며 오래전부터 남포, 황주, 대구 등지가 주산지이다. 배는 따뜻한 곳에서 잘 자라는 과일로 멸악산맥이 북한계선이며, 주요 산지는 경기도, 충청남도, 전라남도, 경상북도 등이다.

복숭아는 전국적으로 재배되며 요즘은 대도시 주변 지역에서 주로 생산된다. 주요 산지는 안성, 밀양, 나주 등이다. 포도는 근래 재배 면적이 많이 늘었으나, 복숭아와 마찬가지로 저장과 운반이 어려우므로 대도시 주변에서 많이 재배된다. 재배 지역은 김포, 강화, 안성, 대덕, 밀양 등지가 주요 산지이다. 귤은 추위에 약해 따뜻한 지방에서 재배된다. 제주도가 전국 생산량의 대부분을 차지하며 수익성이 좋아 근래에는 사과보다 많은 양이 생산된다.

채소는 먹기 위해 사용되는 초본성 재배식물의 총칭으로 흔히 밭에서 심어서 가꾸어 먹는 식물이다. 채소는 주로 식품으로 쓰이는 부위를 바탕으로 분류하는데, 뿌리채소와 줄기채소, 잎줄기채소, 꽃채소, 열매채소로 나뉜다.

뿌리채소는 당근, 무 등이, 줄기채소에는 아스파라거스, 잎줄기 채소에는 양배추, 샐러리, 상추, 시금치 등이, 꽃채소에는 브로콜리가 해당된다. 대부분의 채소는 70% 이상이 수분이고 약간의 단백질이 함유되어 있다. 칼슘, 철 등의 무기염류와 비타민 A와 C가 풍부한 것이 특징이다. 우리나라에서 널리 재배되는 채소로는 김장에 쓰이는 무와 배추를 비롯하여, 오이 · 호박 · 고추 · 가지 · 당근 · 마늘 · 양파 · 파 · 상추 · 시금치 · 양배추 등이 있으며, 이밖에 부추 · 쑥갓 · 미나리 등도 많이 애용하는 채소이다.

2) 주제선정이유

주변에서 흔히 볼 수 있는 과일과 채소는 영유아들이 쉽게 접하고 경험해 보았던 식물로 친숙하게 접근하여 기르고 탐색하고 맛볼 수 있는 자연물이다. 과일과 채소는 맛과 향이 있어 영유아들이 오감을 활용하여 경험해 볼 수 있고 다양한 방법의 활동이 가능하고 지속적으로 접하고 느낄 수 있는 장점이 있다.

3) 과일 채소 활동망

과일 · 채소

자연의 감상
- 재미있는 얼굴 꾸미기(유아,계)

자연의 이야기
- 감자공주 아리알의 꿈(유아,계)
- 감자는 약속을 지켰을까?(유아,계)

자연환경구성
- 향기나는 모빌(유아,계)

자연과의 만남
- 과채주스 만들기(영아)
- 무순 새싹 샐러드/ 무순 무쌈말이(영아)
- 버찌 탐색하기(영아)
- 무순 무쌈말이(영아)
- 새싹 비빔밥 만들기(영아,계)
- 쑥아 안녕?(영아,계)
- 쑥이 넌 어떻게 생겼니?(영아,계)
- 상추 키우기(영아)
- 고구마 키우기(영아)
- 미나리와 쑥의 같은 점과 다른 점은?(유아)

자연물 놀잇감
- 연근 도장 찍기(영아)
- 옥수수 도장 찍기(영아,계)
- 포도즙 도장 찍기(영아)
- 비트 밀가루 반죽놀이(영아,계)
- 새싹 심기(영아)
- 쑥으로 만들었대(유아)
- 쑥 버무리 (유아)
- 열무김치 만들기(영아)
- 과일 끈 끼우기(영아)
- 미나리 강회 만들기(유아)
- 미나리 그림(유아)
- 그림 속 동물친구 되어 보기(유아)

4) 활동의 실제

활동 3-1

새싹 비빔밥 만들기

자연 친화 영역 자연과의 만남

대상연령 만 1~2세

창의·인성요소 융통성 · 배려

- 새싹 재배기에서 재배한 새싹을 보여 주며 관찰한다.
- 영아들에게 개인접시를 주고 새싹을 잘라 조금씩 나눠 주어 탐색하도록 안내한다.
- 영아들이 새싹의 맛과 향에 관심을 가지면 준비된 요리용 재료를 소개하고 넓은 그릇에 넣어 비빔밥을 만들어 본다.
    - 넓은 그릇에 밥, 참기름, 간장, 새싹을 순서대로 넣고 영아가 주걱으로 비벼볼 수 있도록 돕는다.
    - 완성된 비빔밥을 점심시간에 배식하여 맛보게 한다.
- 새싹을 이용한 새싹모음책, 새싹으로 친구 얼굴 꾸미기(머리카락 완성) 등을 해볼 수 있다.
- 주스를 만들어 먹으며 과일을 원래대로 먹은 것과 비교해서 말해 본다.

활동 3-2

과채주스 만들기

자연 친화 영역 자연과의 만남

대상연령 만 1~2세

창의·인성요소 융통성 · 배려

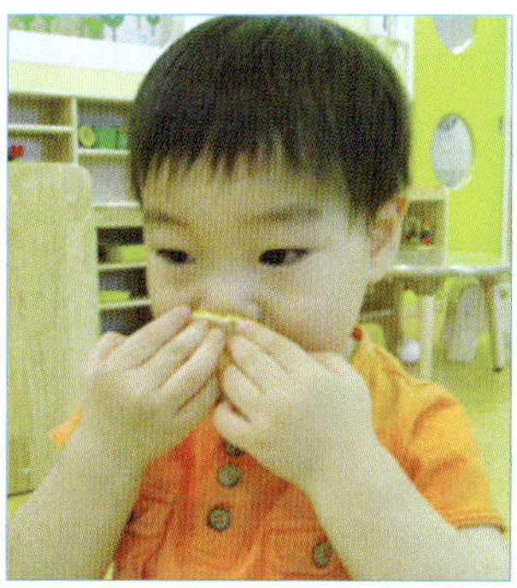

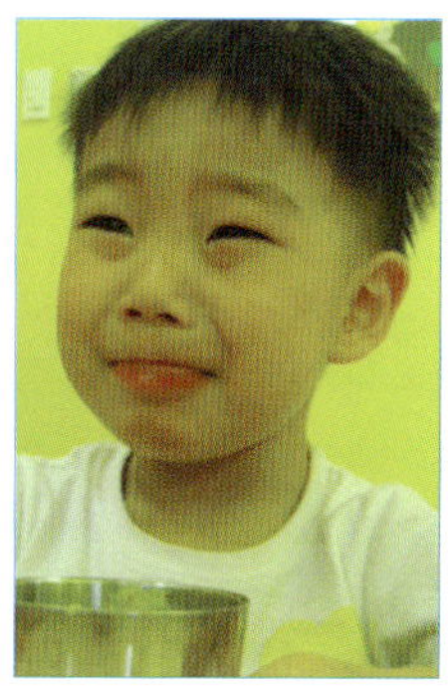

- 교사는 바나나, 귤, 토마토처럼 유아에게 친숙한 과일과 채소를 준비한다.
- 교사는 개별 접시를 준비하여 바나나, 귤, 토마토 소량을 준비해 둔다.
- 유아는 개별 접시에 놓인 바나나, 귤, 토마토를 감각을 활용하여 탐색한다.
  - 냄새, 맛, 생김새 등을 이야기해 본다.
- 믹서기에 과일을 넣고 갈며 처음 모양과 어떻게 다른지 이야기 나눈다.
- 주스를 만들어 먹으며 과일을 원래대로 먹은 것과 비교해서 말해 본다.

활동 3-3

무순 새싹 샐러드/ 무순 무쌈말이

자연 친화 영역 자연과의 만남

대상연령 만 1~2세

창의·인성요소 융통성 · 배려

- 과학영역 등에서 무순을 길러 본다.
- 무순의 생김새 등을 유아의 감각을 활용하여 탐색한다.
- 유아가 직접 기른 무순이 무슨 맛일지 상상해 보고, 무순을 재료로 샐러드 또는 무쌈을 만들어 먹어 본다.
- 직접 먹어 본 후 어떤 맛인지 이야기해 본다.

활동 3-4

버찌 탐색하기

자연 친화 영역 자연과의 만남

대상연령 만 1~2세

창의·인성요소 융통성 · 배려

- 가까운 공원이나 주변을 산책하며 버찌를 찾아 보고, 탐색한다.
- 유아가 찾은 버찌를 수십하여 원으로 가져온다.
- 원으로 가져온 버찌를 물로 깨끗이 씻어 그릇에 담아 놓는다.
- 버찌를 관찰하며 손으로 디뜨려 종이 위에 문질러 본다.

활동 3-5

상추 키우기

자연 친화 영역 자연과의 만남

대상연령 만 1~2세

창의·인성요소 융통성 · 배려

- 원에서 상추씨앗을 땅에 심어 상추를 키운다.
- 시간이 지남에 따라 상추가 자라는 모습, 크기의 변화 등을 알아 본다.
- 어느 정도 자란 상추로 점심시간에 상추쌈을 먹는다.
- 직접 재배하며 먹은 상추의 맛이 어떤지 이야기해 본다.

활동 3-6

고구마 키우기

자연 친화 영역 자연과의 만남

대상연령 만 1~2세

창의·인성요소 융통성 · 배려

- 교실 한쪽 공간이나 실외 공간을 마련하여 고구마를 키운다.
- 시간이 지남에 따라 고구마 순이 자라는 모습, 잎 크기의 변화 등을 알아 본다.
    - 큰 아크릴 통이나 김장비닐 등을 활용하면 흙 속에서 자라는 모습을 잘 볼 수 있다.
    - 여린 고구마 순을 볶아 먹을 수 있다.
- 고구마 캘 시기에 흙 속에서 고구마를 캐어 본다.

활동 3-7

비트 밀가루 반죽놀이

자연 친화 영역 자연물 놀잇감

대상연령 만 1~2세

창의·인성요소 민감성 · 협력

- '야채가 좋아' 그림책을 함께 읽는다.
  - 보자기로 감싼 '비트'를 제시하고 촉감을 느껴 보며 호기심을 갖도록 안내한다.
  - 보자기를 열어 비트를 소개하며 비트의 색과 모양, 향에 대해 관찰할 수 있도록 돕는다.
- 비트를 믹서기에 갈아서 변화를 관찰해 보도록 격려한다.
  - 비트즙과 밀가루를 섞어 반죽을 만든 후 영아들에게 제공하여 자유롭게 탐색해 볼 수 있도록 한다.
- 영아들이 비트 밀가루 반죽을 이용하여 여러 가지 모양을 만들어 보도록 안내한다.
- 비트즙을 이용하여 손가락 찍기, 손수건 물들이기 등의 활동을 해볼 수 있다.

활동 3-8

옥수수 도장 찍기

자연 친화 영역 자연물 놀잇감

대상연령 만 1~2세

창의·인성요소 민감성 · 협력

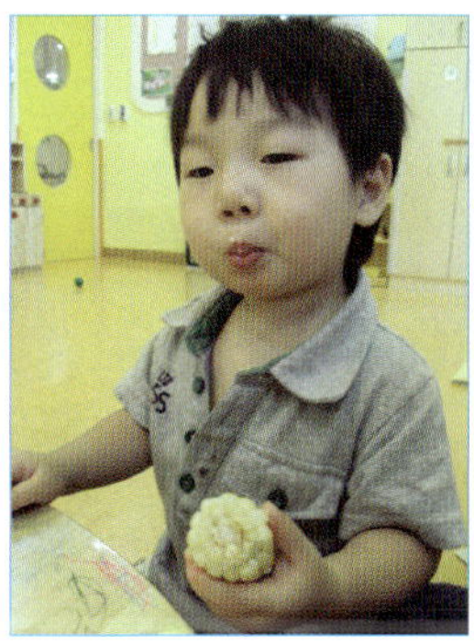

- 책상 위에 비닐을 깔고 껍질이 싸여 있는 옥수수를 제시한다.
- 영아들이 껍질에 싸인 옥수수를 만져 보며 자유롭게 탐색하도록 돕는다.
  - 삶은 옥수수를 제시하고 옥수수의 향, 맛, 실삼 등을 탐색할 수 있도록 안내한다.
- 영아들이 옥수수를 다 먹고 나면 옥수수 속대를 손으로 만져 보기, 책상 두드려 보기, 옥수수 떼어 보기 등을 하며 자유롭게 탐색하도록 안내한다.
- 영아가 옥수수 속대에 관심을 보이면 부직포 물감접시를 제시하여 물감을 묻힌 후 도화지에 자유롭게 찍어 보도록 안내한다.
- 물감이 묻은 옥수수를 전지 위에서 굴려 찍어 보며 찍혀 나오는 모양을 탐색해 볼 수 있다.
  - 활동 후 옥수수 속대와 옥수수를 말려 변화 과정을 관찰해 볼 수 있다.

활동 3-9

연근 도장 찍기

자연 친화 영역 자연물 놀잇감

대상연령 만 1~2세

창의·인성요소 융통성 · 배려

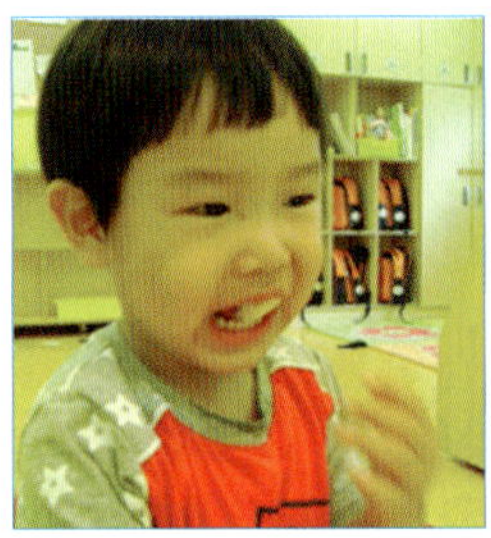

- 교사는 본래 모양의 연근과, 단면을 자른 연근을 접시에 담아 관찰할 수 있도록 준비한다.
- 유아는 연근을 먹어 보며 어떤 맛인지 이야기해 본다.
- 유아는 연근의 단면이 어떤 모양인지 관찰하고, 이야기해 본다.
- 연근을 절단한 면에 물감을 묻혀 종이에 찍는다.
- 종이에 어떤 모양으로 찍혔는지 이야기 나눈다.

활동 3-10

포도즙 도장 찍기

자연 친화 영역 자연물 놀잇감

대상연령 만 1~2세

창의 · 인성요소 융통성 · 배려

- 교사는 깨끗하게 씻은 포도를 접시에 담아 준비한다.
- 유아는 포도의 모양, 색, 포도 알맹이, 씨 등을 탐색한다.
- 포도를 먹어 본 후 어떤 맛인지 이야기 나눈다.
- 포도 껍질을 손가락으로 눌러 종이에 찍는다.
- 종이에 찍어 그림을 완성한 후 감상하며 이야기한다.

활동 3-11

새싹 심기

자연 친화 영역 자연물 놀잇감

대상연령 만 1~2세

창의·인성요소 융통성 · 배려

- 요플레 통에 흙을 2/3 담은 후 그 위에 씨앗을 뿌리고, 살짝 흙을 덮는다.
- 자연물(소라, 조개 껍데기 등)을 이용해 씨앗을 올려놓고, 관찰한다.
- 물을 뿌리며 잘 가꾼 씨앗이 새싹이 되었을 때, 새싹의 모습을 관찰한다.
- 자연물 위에 있는 씨앗과 흙 속에 들어간 씨앗이 어떻게 달라졌는지 이야기해 본다.

활동 3-12

향기나는 모빌

자연 친화 영역 자연물 놀잇감

대상연령 만 1~2세

창의 · 인성요소 독창성 · 존중

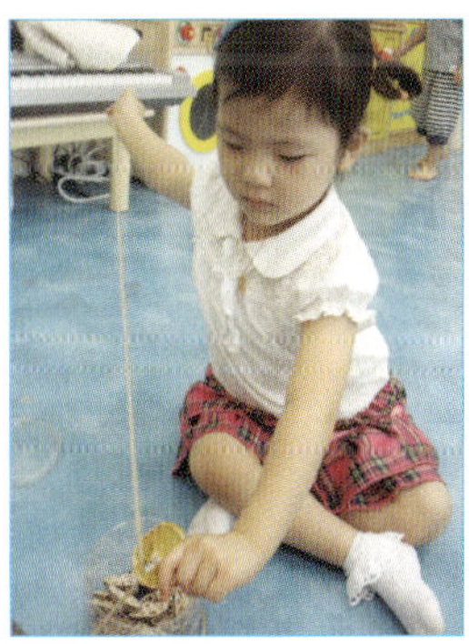

- 말리기 전 연근과 모과, 오렌지 등을 탐색한다.
  - 모양, 냄새, 맛 등을 살펴본다.
- 말린 식물들을 탐색해 보며 이야기 나눈다.
  - 말린 후 모양이 어떻게 변했는지 살펴보고 이야기를 나눈다.
- 마사 끈을 이용하여 구멍에 끼워 모빌 만들기를 한다.
  - 긴 끈에 말린 식물들을 끼워 본다.

활동 3-13

쑥아, 안녕?

자연 친화 영역 자연과의 만남

대상연령 만 3~5세

창의·인성요소 유창성 · 존중

- 쑥의 생김새에 대해 이야기를 나눈다.
- 공원에 나가서 쑥을 찾아 본 후 교실로 데리고 온다.
- 오감을 통해 쑥을 탐색해 보며 이야기를 나눈다.
    - 쑥의 색은 어떤지, 냄새는 어떤지, 맛은 어떤지 체험한다.
- 쑥의 뿌리, 줄기, 잎을 구분해 보고, 느낌을 이야기 나눈다.
- 자신이 탐색해 본 쑥을 그림과 글로 표현해 본다.

활동 3-14

풀, 미나리 탐구하기(같은 점과 다른 점)

자연 친화 영역 자연과의 만남

대상연령 만 3~5세

창의·인성요소 융통성 · 배려

- 미나리와 비슷한 풀을 생각해 본다.
  - 미나리와 비슷하게 생긴 풀을 찾아 보고 쑥과 어떤 점이 비슷한지 이야기 나눈다.
- 미나리와 쑥의 같은 점과 다른 점을 찾아 본다.
  - 미나리와 쑥을 만져 보고, 맛을 보며 같은 점과 다른 점을 찾아 본다.
- 미나리와 쑥의 같은 점과 다른 점을 벤다이어그램으로 나타낸다.
  - 벤다이어그램의 사용법 이야기하기
  - 글과 그림으로 표현하기

활동 3-15

감자공주 아리알의 꿈

자연 친화 영역 자연의 이야기

대상연령 만 3~5세

창의·인성요소 민감성 · 협력

- 그림책 '감자공주 아리알의 꿈' 의 내용을 회상한다.
- 놀이방법을 소개한다.
  - 삽으로 엄마 아리알의 아기감자들을 캐어 본다. 10을 셀 동안 삽으로 감자를 캐어서 바구니에 넣는다. 많은 감자를 캐는 사람이 이기는 놀이이다.
- 게임을 한다.
- 게임 후 각자의 바구니에 들어 있는 감자의 개수를 세어 본다. 두 바구니에서 동시에 한 개씩의 감자를 꺼내 일대일 대응시키며 세어 본다.
- 감자를 캐어 본 놀이의 느낌을 나눈다.
  - 직접 아리알의 아기감자들을 캐어 본 느낌은 어땠니?
- 감자를 다시 흙 속에 심고 떨어진 흙을 빗자루로 쓸어담는 등 주변을 정리한다.

활동 3-16

쑥으로 만들었대

자연 친화 영역 자연물 놀잇감

대상연령 만 3~5세

창의·인성요소 융통성 · 배려

- 쑥으로 만든 것에 대해 이야기를 나눈다.
  - 쑥을 이용해서 만든 것은 어떤 것이 있는지 이야기 나눈다.
- 가정에서 가져온 쑥으로 만든 것을 소개한다.
  - 사전에 가정에 요청하여 쑥으로 만든 것들을 가져올 수 있게 한다.
  - 쑥비누, 쑥뜸, 쑥즙 등
- 다양하게 이용되는 쑥을 직접 체험해 본다.
  - 쑥즙을 직접 마셔 보고 맛을 느껴 본다.
  - 쑥비누 냄새를 맡아 보고 어떤 냄새가 나는지 이야기해 본다.

활동 3-17

재미있는 얼굴 꾸미기

자연 친화 영역 자연의 감상

대상연령 만 3~5세

창의·인성요소 독창성 · 존중

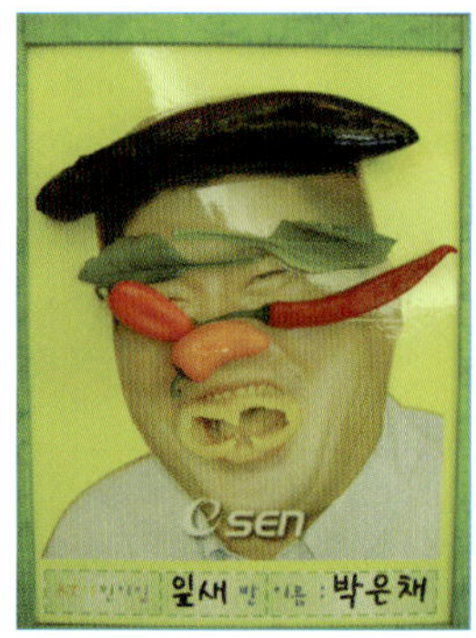

- 쥬세페 아르침볼도의 '여름' 그림을 감상해 본다.
- 접시에 담겨진 과일과 야채를 보고 그림에서 같은 종류의 과일과 야채를 찾아 본다.
- 꾸미기판 위에 과일과 야채를 올려 눈, 코, 입을 만들어 본다.
    - 과일과 채소를 선택하여 눈, 코, 입을 꾸며 본다.
- 꾸미기 판에 이름을 적은 후 사진을 찍는다.

활동 3-18

미나리와 쑥 비교하기

자연 친화 영역 자연과의 만남

대상연령 만 3~5세

창의·인성요소 민감성 · 협력

- 교사는 미나리와 쑥을 바구니에 담아 준비한다.
- 유아는 미나리와 쑥의 생김새, 잎, 줄기 등을 관찰하며 같은 점과 다른 점을 찾아 본다.
- 글을 쓸 수 있는 유아는 같은 점과 다른 점을 비교해 보고, 관찰종이에 기록한다.
  - 글을 쓰기 어려운 유아는 그림으로 표현하고, 교사가 글로 유아의 생각을 적어 준다.

활동 3-19

쑥으로 만들었대

자연 친화 영역 자연물 놀잇감

대상연령 만 3~5세

창의·인성요소 융통성 · 배려

- 쑥을 이용해 비누로션 등의 제품을 찾아 보며, 그 특징을 살펴본다.
- 쑥을 이용해 만든 제품을 직접 사용해 보고, 그 느낌을 이야기한다.
- 쑥을 이용한 모기 퇴치 방법을 알아 본다.
  - 쑥뜸 등 실생활의 쓰임새를 인터넷, 책 등을 이용해 찾아 볼 수 있다.

활동 3-20

쑥 버무리

자연 친화 영역 자연물 놀잇감

대상연령 만 3~5세

창의·인성요소 융통성 · 배려

- 교사는 사전에 쑥이 자라는 곳이 어디인지 알아놓는다.
  (위치, 쑥을 캘 수 있는지 사전에 확인한다.)
- 교사는 유아와 함께 쑥을 캐서 비구니에 담는다.
- 쑥의 생김새를 관찰하고, 향을 맡아 본다.
- 캐낸 쑥을 이용해 쑥 버무리를 만들어 먹는다.
- 쑥 버무리를 먹은 후 맛이 어떤지 이야기 나눈다.

활동 3-21

열무김치 만들기

자연 친화 영역 자연물 놀잇감

대상연령 만 3~5세

창의·인성요소 융통성 · 배려

- 실외 텃밭이나 교실 과학영역에서 열무를 키운다.
- 시간이 지남에 따라 열무의 변화를 관찰한다.
- 어느 정도 열무가 자라면, 키운 열무를 재료로 교사와 함께 열무김치를 만들어 본다.
- 열무김치를 만든 후 먹어 보고, 어떤 맛인지 이야기 나눈다.

활동 3-22

과일 끈 끼우기

자연 친화 영역 자연물 놀잇감

대상연령 만 3~5세

창의·인성요소 민감성 · 협력

- 사과, 감 등 유아에게 친숙한 과일의 단면을 잘라 관찰한다.
- 가운데에 구멍을 뚫은 과일이 시간이 지난 후 어떻게 변화되었는지 모습을 관찰한다.
- 유아는 말린 과일의 구멍에 끈을 끼운다.
- 끈에 끼운 말린 과일을 연결하여 전시한다.

활동 3-23

미나리 강회 만들기

자연 친화 영역 자연물 놀잇감

대상연령 만 3~5세

창의·인성요소 민감성 · 협력

- 교사는 미나리를 깨끗이 씻어 바구니에 담아 둔다.
- 유아는 미나리의 냄새, 맛 등을 탐색한다.
- 미나리 강회에 필요한 재료를 알아 보고, 요리한다.
- 만든 미나리 강회를 먹으며 생 미나리의 맛과 비교해 본다.

활동 3-24

미나리 그림

자연 친화 영역 자연물 놀잇감

대상연령 만 3~5 세

창의·인성요소 독창성 · 존중

- 교사는 미나리를 바구니에 담아 준비한다.
- 유아는 미나리의 모양, 잎, 줄기 등을 관찰한다.
- 미나리는 무엇과 비슷하게 생겼는지, 미나리를 이용해 어떤 그림을 그리면 좋을지 등에 대해서 이야기 나눈다.
- 유아는 미나리를 종이 위에 여러 모양으로 구성하며 상상해 본다.
- 미나리를 종이 위에 붙이고, 연상되는 것을 그림으로 표현한다.

활동 3-25

그림 속 동물친구 되어 보기

자연 친화 영역 자연물 놀잇감

대상연령 만 3~5세

창의·인성요소 융통성 · 배려

- 교사와 유아는 그림을 감상하며, 어떤 그림인지, 원숭이가 무엇을 하고 있는지에 대해 이야기 나눈다.
- 과일을 손에 들고 그림 속의 원숭이가 되어 신체 표현을 해본다.
- 그림 속에 주인공이 된 내 모습을 사진으로 찍은 후, 내 모습과 원숭이의 모습을 비교해 본다.

주제 4 꽃(장미)

1) 꽃(장미)에 대한 기본지식

우리나라는 전통적으로 가옥에 꽃을 가까이 두었다. 특히 고대 왕실에서 초가삼간에 이르기까지 울안 조경으로 붉은 꽃을 심었음은 가정을 지키고자 하는 조상들의 전통적인 사고방식을 포함하고 있다. 꽃을 돌담 둘레에 돌려가며 심었고, 문간에는 꽃밭을 일구었으며, 신성이 보존되어야 하는 장독대에는 붉은 꽃인 맨드라미, 봉선화를 심었다. 인간에게 꽃밭은 보이기 위한 것이라기보다는 마음의 평안을 제공하는 안식처와 같은 역할을 한다.

장미는 초여름에 볼 수 있는 꽃으로 아름답고 향이 좋아 널리 활용이 되는 꽃이다. 장미(薔薇)의 뜻은 '담에 기대어 자라는 식물', 즉 덩굴식물이라는 뜻을 가지고 있다. 장미는 쌍떡잎 식물로 장미목 장미과 장미속에 속하는 식물들의 총칭이다. 장미의 원산지는 서아시아이며, 주로 북반구의 한대, 아한대, 온대, 아열대에 널리 분포되어 있다.

우리가 주변에서 볼 수 있는 장미는 야생종의 자연잡종과 개량종이 대부분이며, 장미의 품종은 알려진 것만 15,000여 종이나 된다. 장미는 주로 여름에 피지만 품종에 따라 봄, 가을로 1년에 두 번 피는 장미꽃도 있고, 사계절 내내 피는 품종도 있다.

장미는 아름다운 꽃과 향으로, 관상용과 향료용으로 주로 재배하며, 장미의 잎은 3~7개의 작은 잎으로 구성되어 있는 깃꼴겹잎이다. 장미를 키울 때는 반드시 겨울에 짚으로 싸주어야 하며, 작은 가지는 모두 잘라 주고 잘 자란 3-5개의 가지만 40~50cm로 잘라 주어야 잘 자랄 수 있다. 장미는 진딧물의 공격에 약하므로 주변에 허브를 함께 심는 것도 잘 자라게 하는 방법이다. 장미에 가시가 있는 이유는 바로 이 진드기 때문이며, 장미의 향은 여성만이 경험하게 되는 많은 정신적 문제나 스트레스를 완화하는 데 도움이 되는 신경전달물질인 도파민의 분비를 촉진한다.

2) 주제선정이유

초여름에 주변에서 쉽게 볼 수 있는 장미는 아이가 관찰하고 탐구하기에 적합한 식물이다. 장미는 그 꽃이 아름답고 향이 좋아 장미꽃잎과 나뭇잎을 활용하여 아이들과 해볼 수 있는 활동이 풍부하다. 야외로 나가서 장미꽃을 관찰해 본 후 바닥에 떨어진 장미꽃잎을 주워 올 수 있으며, 장미꽃잎을 관찰하는 등 오감을 활용하여 다양한 활동이 가능하다.

3) 꽃 활동망

꽃

자연의 감상

- 명화 속에 숨은 장미꽃을 찾아라(유아)
- '꽃이 만발한 정원'에서 색을 찾아 보아요(유아, 계)
- 장미의 정원을 완성해요(유아)

자연환경구성

- 꽃잎으로 천에 두드리기(영아)

자연물 놀잇감

- 꽃 목걸이 만들기(유아, 계)
- 꽃으로 나무모빌 만들기(영아, 계)
- 꽃잎 날리기(유아)
- 장미화관 만들기(유아)
- 장미꽃 되어 보기(유아)
- 꽃 빙고게임(유아)
- 같은 꽃을 찾아 주세요(유아)
- 연잎 불기(영아)
- 해바라기꽃을 완성해요(유아)
- 꽃씨 퍼즐 맞추기(유아)
- 꽃을 모아라(유아)
- 꽃병에 꽃을 꽂아라(유아)
- 꽃 패턴(유아)

자연과의 만남

- 우리 주변에는 어떤 꽃이 피어 있을까?(유아, 계)
- 장미 탐구하기(유아, 계)

자연의 이야기

- 꽃 한 송이가 있었습니다(유아, 계)

4) 활동의 실제

활동 4-1

우리 주변에는 어떤 꽃이 피어 있을까?

자연 친화 영역 자연과의 만남

대상연령 만 3~5세

창의·인성요소 융통성 · 배려

- 꽃의 생김새에 대해 이야기를 나눈다.
  - 어린이집 주변에서 꽃을 본 경험 이야기 나누기
- 어린이집 주변에서 꽃을 찾아 본다.
- 떨어진 꽃이나 꽃잎을 산책가방에 담아서 가져온다.
  - 꽃잎을 책 사이에 끼워 말려 본다.
  - 뿌리째 데리고 와 화분에 옮겨 심어 본다.

활동 4-2

장미 탐구하기

자연 친화 영역 자연과의 만남

대상연령 만 3~5세

창의·인성요소 유창성 · 존중

- 장미꽃을 관찰하고 다양한 방법으로 알아 본다.
- 장미꽃의 구조를 살펴본다.
- 장미꽃잎을 떼어 꽃잎, 수술, 잎, 줄기 등을 살펴본다.
  - 장미 한 송이의 꽃잎 수를 세어 본다.
- 장미 한 송이에 꽃잎이 몇 개인지 알아 보기 위해 장미꽃잎을 쟁반 위에 차례로 놓아 본다.

활동 4-3

꽃 한 송이가 있었습니다

자연 친화 영역 자연의 이야기

대상연령 만 3~5세

창의·인성요소 민감성 · 존중

- 꽃의 색깔을 찾아 본다.
- 나무판 위에 꽃을 놓고 꽃 모양 천을 올려놓는다.
- 돌멩이로 두드려 천 위에 꽃과 잎으로 물을 들인다.
- 꽃물이 든 천으로 꽃밭을 꾸며 본다.

활동 4-4

꽃 목걸이 만들기

자연 친화 영역 자연물 놀잇감

대상연령 만 3~5세

창의·인성요소 독창성 · 존중

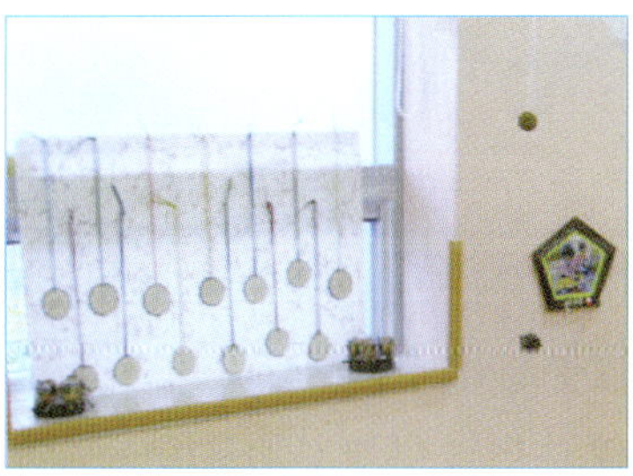

- 동그라미 나무 목걸이를 하나 고른다.
- 동그라미 한쪽 면에 사인펜으로 이름을 쓴다.
- 다른 쪽 면에 붓으로 오공본드를 바른다.
- 오공본드를 바른 나무 위에 마음에 드는 꽃잎을 올려놓는다.
- 꽃잎 위에 오공본드를 한 번 더 덧칠한다.
- 목걸이 걸이대에 말린다.

활동 4-5

'꽃이 만발한 정원'에서 색을 찾아 보아요

자연 친화 영역 자연의 감상

대상연령 만 3~5세

창의·인성요소 민감성 · 존중

- 명화를 감상하며, 다양한 꽃의 색을 찾아 본다.
- 원하는 색의 꽃잎을 바구니에서 찾아 본다.
- 작은 나무 위에 동그라미 천을 올리고 그 위에 꽃잎을 놓은 후, 동그라미 천을 한 장 덮는다.
- 돌멩이로 동그라미 천을 두드려 천에 물든 색과 모양을 확인한다.
- 물들인 천을 벽에 걸린 배경천에 고정하여 부착한다.

활동 4-6

장미의 정원을 완성해요

자연 친화 영역 자연의 감상

대상연령 만 3~5세

창의 · 인성요소 민감성 · 협력

- 모네의 〈장미의 정원〉그림을 감상하며 무슨 그림이 있는지, 어떤 느낌인지 등에 대한 이야기를 나눈다.
- 교사는 조각 광목천, 장미꽃잎, 나뭇잎 등을 준비해 둔다.
- 유아는 준비된 조각 광목천에 장미꽃잎, 나뭇잎 등을 이용하여 물을 들인다.
- 글루건을 사용하여 물이 든 광목천을 편집된 모네의 〈장미의 정원〉에 붙여 벽면에 게시한다.

활동 4-7

장미꽃 되어 보기

자연 친화 영역 자연물 놀잇감

대상연령 만 3~5세

창의·인성요소 독창성 · 협력

- 교사가 미리 준비한 장미꽃을 보며 꽃잎이 어떻게 모여 있는지 이야기 나눈다.
- 유아는 손을 잡고 동그랗게 원을 만든다.
- '장미꽃이야.' 노래를 부르며 여러 잎이 모여 하나가 되는 장미꽃잎을 표현한다.
- 서로 협동하여 힘을 모아 아름다운 장미꽃을 만들어 본다.

활동 4-8

꽃잎 날리기

자연 친화 영역 자연물 놀잇감

대상연령 만 3~5세

창의·인성요소 독창성 · 협력

- 가까운 공원에서나 혹은 산책을 하며 주변에서 떨어져 있는 여러 가지 꽃잎을 수집하여 교실로 가져온다.
- 유아가 수집해 온 여러 종류의 꽃잎의 모양, 색 등을 탐색한다.
- 꽃잎의 모양, 색, 크기에 따라 다양한 준거로 분류해 본다.
- 교실 한쪽 공간을 마련하여 꽃잎을 입으로 불어 보고, 공중에서 뿌려 본다.
- 활동을 마친 후 꽃잎을 다시 바구니에 담아 주변을 정리한다.

활동 4-9

장미화관 만들기

자연 친화 영역 자연물 놀잇감

대상연령 만 3~5세

창의·인성요소 독창성 · 협력

- 가까운 공원이나, 산책을 하며 주변에서 볼 수 있는 장미꽃에 관심을 갖는다.
- 주변에 떨어진 장미꽃을 교실로 가져와서 장미꽃의 향기를 맡아 본다.
- 장미꽃의 꽃잎, 줄기, 잎사귀 등을 분류해서 바구니에 담는다.
- 어떤 모양의 화관을 만들면 좋을지 생각해 보고, 원하는 꽃잎의 색, 개수를 선택하여 장미화관을 만든다.

활동 4-10

연잎 불기

자연 친화 영역 자연물 놀잇감

대상연령 만 3~5세

창의·인성요소 유창성 · 존중

- 연잎의 모양, 색 등을 관찰한다.
- 함지박에 물을 담아 연잎을 띄워 놓는다.
- 물 위에 있는 연잎을 입으로 불어 연잎을 움직여 본다.
- 물 위에 있는 연잎을 입으로 불어 누가 멀리 움직일 수 있는지 게임을 해본다.

활동 4-11

같은 꽃을 찾아 주세요

자연 친화 영역	자연물 놀잇감
대상연령	만 3~5세
창의·인성요소	융통성 · 배려

- 자연물을 이용하여 만든 교구를 탐색한다.
- 게임 방법을 소개한다.

1수준

1. 참여유아 각각 흰나비와 분홍나비를 나누어 갖는다.
2. 가위, 바위, 보로 순서를 정한다.
3. 화분주사위의 나무막대를 손가락으로 튕겨 벌이 멈춰선 자리의 꽃을 나무블록에서 찾는다.
4. 찾은 나무블록 위에는 자신의 색깔 나비를 올려놓아 부착시킨다.
5. 나무블록에 나비를 다 붙이면 활동이 끝난다.
6. 나무블록 위에 자신의 나비의 수가 많은 유아가 이긴다.

2수준

- 주사위를 돌리기 전에 나무블록의 꽃 사진의 위치를 잘 보고 기억한다.
- 나무블록을 뒤집은 후 게임을 시작한다.
- 주사위를 돌려서 나온 꽃이 나무블록 중 하나를 뒤집어 나온 꽃과 같으면 나비를 붙이고, 다르면 다시 뒤집는다.
- 활동을 마친 후 함께 놀이한 유아와 평가한다.

활동 4-12

꽃 빙고게임

자연 친화 영역 자연물 놀잇감

대상연령 만 3~5세

창의·인성요소 독창성 · 협력

- 자연물을 이용하여 만든 교구를 탐색한다.
- 게임 방법을 소개한다.

1. 게임에 참여하는 2명의 유아는 빙고판과 꽃말을 나누어 갖는다.
2. 빙고판(16칸)에 꽃말을 올려놓는다.
   (꽃말은 개인별 22개씩 있으므로 꽃말 통에는 남는 꽃말이 남아 있을 수 있다.)
3. 가위바위보를 하여 순서를 정한다.
   - 이긴 유아부터 자신의 빙고판 위에 있는 꽃말 하나를 상대유아에게 보여주고 빙고판에 뒤집어 놓는다.
   - 상대 유아는 같은 꽃말이 있을 경우 자신의 꽃말을 뒤집어 놓는다.
4. 같은 방법으로 상대 유아가 자신의 빙고판에서 꽃말 하나를 친구에게 보여주고 뒤집는다.
5. 빙고판 위의 말 중에서 3줄을 먼저 뒤집으면 게임이 끝난다.

- 활동을 마친 후 함께 놀이한 유아와 평가한다.

활동 4-13

꽃을 모아라

자연 친화 영역 자연물 놀잇감

대상연령 만 3~5세

창의 · 인성요소 유창성 · 존중

- 자연물을 이용하여 만든 교구를 탐색한다.
- 게임 방법을 소개한다.

1수준

1. 각자 게임판을 한 개씩 나누어 갖는다.
2. 가위바위보를 해서 차례를 정한다.
3. 카드를 뒤집어 나온 수만큼 꽃 그루터기를 가져간다.
4. 카드 속에 그 색 꽃이 없으면 가져갈 수 없다.
5. 먼저 게임판을 다 채운 사람이 이긴다.

2수준

- 똑같은 색깔의 꽃으로 3칸을 맞추어 한 줄을 채우는 빙고 게임으로 진행한다.

- 활동을 마친 후 함께 놀이한 유아와 평가한다.

활동 4-14

꽃병에 꽃을 꽂아라

자연 친화 영역 자연물 놀잇감

대상연령 만 3~5세

창의·인성요소 유창성 · 존중

- 자연물을 이용하여 만든 교구를 탐색한다.
- 활동 방법을 소개한다.

1수준

1. 꽃병을 가운데에 두고 빈 꽃병과 꽃잎카드를 10장씩 나누어 갖는다.
2. 정한 순서대로 카드를 1장 뒤집어 자신의 앞에 놓는다.
3. 하나, 둘, 셋 하면 꽃잎 카드를 각각 1장씩 내놓는다.
4. 더 큰 수가 나온 유아가 꽃병에 담긴 꽃 1송이를 자신의 꽃병에 꽂는다.
   (카드는 가운데에 뒤집어 놓는다.)
5. 꽃병의 꽃이 다 없어지면 게임은 끝난다.
   - 꽃이 남아 있을 경우, 카드를 다시 나누어 갖는다.
6. 꽃을 많이 가진 유아가 이긴다.

2수준

- 카드를 2장씩 뒤집어 더한 수가 큰 유아가 꽃 1송이를 자신의 꽃병에 꽂는다.

- 활동을 마친 후 함께 놀이한 유아와 평가한다.

활동 4-15

꽃씨 퍼즐 맞추기

자연 친화 영역 자연물 놀잇감

대상연령 만 3~5세

창의·인성요소 유창성 · 존중

- 여러 가지 꽃씨가 담겨진 퍼즐 조각을 관찰한다.
- 퍼즐 판에 있는 꽃그림을 보고 꽃씨 퍼즐 조각을 넣어 맞춘다.
- 완성된 꽃 그림을 보고 꽃씨 퍼즐 조각을 뒤집어 맞는 꽃씨인지 확인한다.

활동 4-16

해바라기꽃을 완성해요

자연 친화 영역 자연물 놀잇감

대상연령 만 3~5세

창의·인성요소 유창성 · 존중

- 자연물을 이용하여 만든 교구를 탐색한다.
- 활동 방법을 소개한다.

1. 꽃 그림판을 하나씩 가져간다.
2. 주사위를 흔들어 돌멩이가 가리키는 숫자가 더 많이 나온 사람이 먼저 게임을 시작한다.
3. 주사위를 흔들어 나온 수만큼 조개를 판 위에 올려 꽃을 완성한다.
4. 10개의 조개를 이용하여 먼저 꽃을 완성하는 유아가 이긴다.

- 활동을 마친 후 함께 놀이한 유아와 평가한다.

활동 4-17

명화 속에 숨은 장미꽃을 찾아라

자연 친화 영역 자연의 감상

대상연령 만 3~5세

창의·인성요소 민감성 · 협력

- 꽃병에 꽂힌 장미꽃이나 화분에 심겨 있는 장미꽃을 관찰하며 생김새와 같은 장미꽃의 특징에 대해 이야기한다.
- 명화를 살펴보고 그림 속에 숨겨진 장미꽃을 찾아 본다.
- 명화에 숨겨진 장미꽃을 찾기 어려울 경우 :
  '장미꽃은 어디에 있을까요?' 카드를 열어 보고 그림 속에 숨겨진 장미꽃을 다시 찾아 본다.
- 명화에서 찾은 장미꽃과 실제 장미꽃을 비교하며 같은 점과 다른 점을 찾아 본다.

활동 4-18

꽃 패턴

자연 친화 영역 자연물 놀잇감

대상연령 만 3~5세

창의·인성요소 유창성 · 존중

부직포판	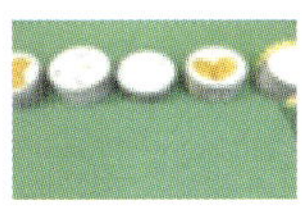	 패턴말
패턴카드	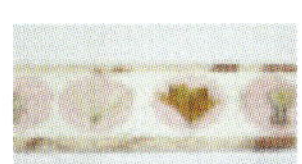	

- 교구에 있는 꽃의 이름과 종류를 알아 본다.
- 패턴카드를 보고 순서와 규칙성을 이해한다.
- 패턴카드를 보며 부직포 판 위에 같은 순서대로 말을 놓는다.
- 패턴 밀을 다 놓은 다음 패틴카드를 보고 밎게 놓있는지 비교해 본다.

활동 4-19

꽃잎으로 천에 두드리기

자연 친화 영역 자연환경구성

대상연령 만 3~5세

창의·인성요소 유창성 · 존중

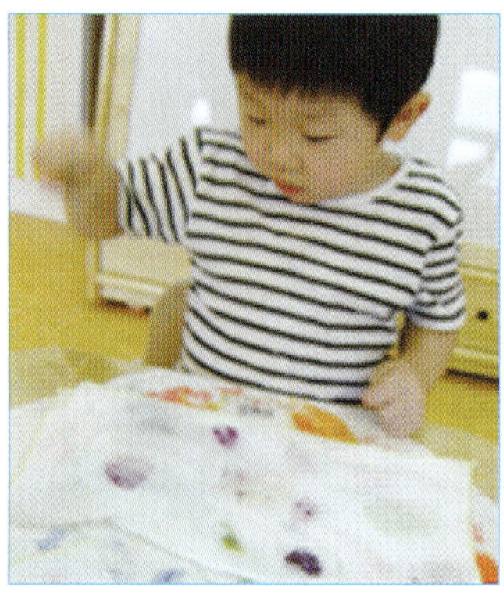

- 교사는 주변에서 수집해 온 여러 종류의 꽃잎과 천을 준비해 놓는다.
- 유아는 주변에서 수집해 온 여러 종류의 꽃잎의 색, 모양 등을 관찰한다.
- 꽃잎을 수건 위에 두고 천에 조약돌, 나무망치, 숟가락 등을 이용하여 탕탕 두드리며 꽃물을 들인다.
    - 코팅지 위에 꽃잎 → 꽃잎 위에 손수건을 두고 문지르면 염색이 잘된다.
    - 손이 다치지 않도록 안전에 유의한다.
- 꽃물을 들인 캐노피를 천장에 장식하여 유아가 자연스럽게 감상할 수 있도록 한다.

주제 5 동물(새, 달팽이, 장수풍뎅이, 개미)

1) 동물에 대한 기본지식

새는 깃과 털을 가지고 하늘을 나는 육상척추동물이다. 새는 전 세계적으로 약 8,600여 종이 있으며, 대사열에 의해 체온이 유지되는 항온동물로 일정한 온도를 유지한다. 새의 특징은 '날개'와 '깃털'로, 새 외에는 깃털을 가지고 있는 동물은 없다. 새의 발톱은 날카로운 반면 뼈는 가벼운 특징을 가지고 있어 날기에 용이하다. 날지 못하는 새도 있는데, 바로 타조와 펭귄이 이에 해당된다.

새의 부리 모양은 새마다 다른데, 그 이유는 먹이 때문인 경우가 많다. 고기를 먹는 육식성 새의 부리는 날카롭고 아래로 휘어져 있는 반면 오리처럼 물속 풀이나 곤충을 먹는 경우는 넓적한 모양이다. 새들의 발 역시 먹이나 서식환경에 따라 다양한데, 물에 사는 오리는 물갈퀴가 있어 헤엄치기에 적합한 반면, 산에 살며 나무에 매달리는 새는 미끄러지지 않도록 뒷발가락이 나 있다. 새들의 색을 살펴보면, 수컷이 색이 진하며 화려하고 아름답고, 암컷의 경우는 오히려 색이 연하며 수컷에 비해 색이 아름답지 않다.

새를 키울 때 주의해야 할 점 3가지는 위생, 먹이, 스트레스이다. 새장은 햇빛이 들되 직사광선이 내려쬐는 곳은 좋지 않으며, 위생적이어야 하므로 늘 청결하게 청소해 주는 것이 좋다. 그리고 새들이 먹을 물은 수시로 깨끗하게 갈아 주어야 한다.

달팽이는 연체동물로, 물 속에서 사는 소라나 우렁이가 아가미로 숨을 쉬는 것과는 달리 허파로 호흡을 한다. 달팽이 몸은 뼈가 없고 말랑말랑한 근육으로만 이루어져 있으며 소용돌이 모양의 껍데기는 뼈가 없는 몸을 적으로부터 지켜줄 뿐만 아니라, 건조한 공기로부터 달팽이를 지켜 주기도 한다. 달팽이의 머리끝에는 두 개의 더듬이가 있으며 그 끝에 눈이 달려 있다. 껍질 속에는 내장이 있는데, 허파 호흡을 하는 구멍이 달팽이 껍질 입구에 붙어 있어 이곳으로 호흡을 한다.

달팽이는 입에 있는 치설을 내밀어 먹이를 먹으며, 달팽이 몸 아랫부분 발에 있는 미끈한 점액을 내어 파도 같은 잔물결을 일으키며 몸을 움직여 앞으로 밀고 나아간다. 달팽이는 주로 해가 진 뒤와 해가 뜨기 전에 활동을 하며, 습기가 반드시 있어야 한다.

달팽이 몸은 수컷과 암컷 양성의 구조로 되어 있는 암수 한몸이며, 달팽이 두 마리가 짝짓기를 하여 정자를 교환한 후 5~8개월 경에 축축한 흙 속에 약 20~40개의 알을 낳는다. 새끼 달팽이들은 대개 2~4주일이 지나면 알에서 깨어나며, 비가 오는 날 축축해진 흙을 파고 땅위로 기어 나온다. 새끼 달팽이는 처음에는 알껍질을 먹으며 자라지만 점차 풀의 싹을 먹는다. 달팽이의 수명은 약 1년 반에서 4년 정도이며, 기를 때는 20~35도의 온도가 좋으며 습도는 70~90%가 적당하다.

장수풍뎅이는 장군의 투구를 쓴 모양을 가지고 있는 갑충류로, 다리와 몸통이 두꺼워 우리나라에서 살고 있는 곤충 중 제일 크고 힘이 센 곤충으로 알려져 있다. 수컷의 크기는 대략 35~55mm이며, 암컷이 수컷에 비해 크기가 조금 작다. 수컷은 광택이 있고 머리에는 굵고 긴 뿔이 있는데 끝은 갈라져 있으며 앞가슴 등판도 약간 짧고 끝이 날카로운 반면, 암컷은 수컷보다 짙은 색이며 등쪽에 연한 털이 있다.

장수풍뎅이는 9월에 알을 낳아 다음해 6월에 번데기가 되며 7월에 성충으로 변화한다. 수명은 일반적으로 3~4개월 정도이다. 장수풍뎅이는 따뜻한 곳에 주로 살며, 성충은 주로 참나무 수액을 먹고 살지만, 참나무가 없는 곳에서는 과일 등을 먹는다. 장수풍뎅이는 야행성 곤충이며 낮에는 햇빛을 피해 나뭇잎 속에서 휴식을 취하곤 한다.

개미는 벌목 개미과 곤충으로 주로 땅속 또는 고목 등에 둥지를 만들어 사회생활한다. 개미는 전 세계에 분포하고 있으며 약 5,000종이 있다.

개미의 몸 빛깔은 황색 · 황갈색 · 적갈색 · 암갈색 · 흑색 등이며, 개미의 몸은 일반적으로 머리 · 가슴 · 배의 3부분이 뚜렷이 구별되어 있다. 개미의 머리는 크고, 턱이 잘 발달되어 있어서 먹이를 먹을 때 편하게 되어 있다. 더듬이는 4~13마디이고, 겹눈과 3개의 홑눈을 가지고 있다.

개미가 사는 곳은 땅속에 만들어진 둥지로 많은 통로와 방으로 구성되어 있으며, 대부분은 돌, 넘어진 나무 밑 등에 만들어져 있다. 개미는 수개미 · 여왕개미 · 일개미 등 3종류가 있다. 수개미는 날개가 있으며, 여왕개미보다 몸이 작고 단명

하는 특징을 가지고 있다. 여왕개미는 암컷으로 수개미보다 몸이 크며, 생식기관이 잘 발달되어 있고, 주로 하는 일은 알을 낳는 일이다. 일개미는 암컷이지만 날개가 없으며 생식기관이 발달되어 있지 않다. 병정개미의 경우에는 머리와 턱이 발달되어 외적을 방어하거나 딱딱한 먹이를 잘게 부수는 역할을 하거나 망보는 역할을 한다. 개미는 냄새에 민감하며 배 끝에서 분비되는 물질로 먹이까지의 길을 동료들에게 알린다.

개미를 기르기 위해서는 어항같이 커다란 상자에 키워야 좋다. 속이 보이는 유리상자에 키우더라도 개미를 보지 않을 때는 어두운 천으로 덮어 주는 것이 좋으며, 개미는 아무것이나 잘 먹는 잡식성으로 주로 단것(사탕, 설탕 등)이나 과자를 주면 된다.

2) 주제선정이유

새, 달팽이, 장수풍뎅이, 개미 등의 동물은 영유아들에게 흥미를 불러일으키는 존재로 영유아들이 관찰하고 싶어 하고 알고 싶어 하고 접하고 싶어 하는 특성을 가지고 있다. 또한 교사들이 관리하고 기르기에도 큰 어려움이 없는 동물이다.

동물을 기르면서 동물과 친숙하게 되고 알게 됨으로써 돌보는 마음과 생명을 사랑하는 마음을 갖게 한다.

3) 동물 활동망

동물

자연환경구성
- 동물 흉내내기(숲길, 계)
- 달팽이 높이 붙이기(영아, 계)

자연과의 만남
- 달팽이 돌보기(영아)
- 장수풍뎅이를 만나다(유아)
- 자연과 친해져요(영아)
- 자연생물 키우기(유아)

자연의 감상
- 그림 속 동물친구 되어 보기(유아, 계)

자연의 이야기
- 찰리는 새집을 좋아할까?(유아, 계)
- 엄마 잃은 아기 참새(유아)

자연물 놀잇감
- 달팽이가 좋아하는 먹이를 찾아 주세요(유아)
- 다람쥐야 많이 먹어(유아)
- 개미의 숲속여행 (유아)

4) 활동의 실제

활동 5-1

자연과 친해져요

자연 친화 영역 자연과의 만남

대상연령 만 1~2세

창의·인성요소 융통성 · 배려

- 가까운 공원이나 주변을 산책하며 움직이는 작은 곤충을 발견한다.
- 발견한 곤충의 생김새, 움직이는 모습 등을 관찰한다.
  - * 발견한 곤충을 손으로 만지거나 입 안에 넣지 않도록 안전에 유의한다.
  - * 주변에서 볼 수 있는 생명체를 소중히 여기고 존중하는 마음을 가질 수 있도록 지도한다.

활동 5-2

찰리는 새집을 좋아할까?

자연 친화 영역 자연의 이야기

대상연령 만 3~5세

창의·인성요소 독창성 · 존중

- 벽면에 게시된 동화책을 읽고 이야기를 나눈다.
- 바구니 속에 달팽이를 고른다.
  - 바구니 속의 재료를 살펴본 후 마음에 드는 달팽이를 고른다.
- 여러 가지 자연물을 이용하여 찰리의 새집을 꾸며 본다.
  - 찰리에게 어떤 집을 만들어 주고 싶은지 생각한 후 자연물을 이용하여 새집을 꾸민다.
- 달팽이의 배에 내 이름을 쓰고, 줄기에 달아 준다.

활동 5-3 그림 속 동물친구 되어 보기
- 명화 속 주인공 되어 보기 -

자연 친화 영역 자연의 감상

대상연령 만 3~5세

창의·인성요소 민감성 · 존중

- 벽에 붙여진 명화 앙리루소의 『이국적인 풍경』을 감상해 본다.
- 과일 바구니 안에서 원숭이가 좋아하는 과일을 골라 본다.
- 과일을 손에 들고 그림 속의 원숭이가 되어 여러 가지 포즈를 취해 본다.
- 명화 속에 주인공이 된 내 모습을 사진으로 찍어 본 후, 명화 속 원숭이의 모습과 비교해 본다.

활동 5-4

달팽이 높이 붙이기

자연 친화 영역 자연환경구성

대상연령 만 3~5세

창의·인성요소 융통성 · 배려

- 어떤 놀이인지 탐색해 본다.
  - 몸을 길게 늘여 달팽이를 높은 곳에 붙이는 활동
- 선생님 달팽이 위에 스트레칭 하여 아기 달팽이를 붙여 본다.
- 닿지 않는 높은 곳까지 성인의 도움을 받아 달팽이를 높이 붙여 본다.

활동 5-5

달팽이 돌보기

자연 친화 영역 자연과의 만남

대상연령 만 3~5세

창의·인성요소 융통성 · 배려

- 자연환경에서 채집한 달팽이의 생김새를 관찰한다.
- 달팽이가 생활할 수 있는 환경, 먹이, 생활 습성에 대해서 알아 본다.
  - 더 궁금한 점이나 알고 싶은 부분은 책이나 컴퓨터를 활용하여 찾아 본다.
  - 달팽이가 생활할 수 있는 환경을 꾸민다.
  - 일회용 투명 컵이나 빙수 컵에 달팽이집을 꾸며 가정으로 분양해 줄 수도 있다.

활동 5-6

장수풍뎅이를 만나다

자연 친화 영역 자연과의 만남

대상연령 만 3~5세

창의·인성요소 융통성 · 배려

- 자연환경에서 채집한 장수풍뎅이의 생김새를 관찰한다.
- 만 4, 5세의 경우 장수풍뎅이가 생활할 수 있는 환경, 먹이, 생활 습성에 대해서 알아 본다.
  - 더 궁금한 점은 책이나 컴퓨터를 활용하여 찾아 본다.
  - 장수풍뎅이가 생활할 수 있는 환경을 꾸민다.
- 만 3세의 경우 장수풍뎅이에게 먹이를 주며, 달팽이의 생김새와 생활을 관찰한다.

활동 5-7

자연생물 키우기

자연 친화 영역 자연과의 만남

대상연령 만 3~5세

창의·인성요소 융통성 · 배려

- 유아들이 관심있는 동물을 조사하고, 키울 수 있는 동물을 선정한다.
- 선정한 동물을 교실에서 키울 수 있는 방법을 알아 본다.
  - 먹이, 생활습성, 사는 환경 등 궁금한 점은 책이나 컴퓨터를 통해 정보를 모으고, 수집한다.
  - 유아가 찾은 정보를 다른 유아에게 소개할 수 있는 기회를 마련하여 정보를 공유할 수 있도록 한다.
- 수집한 정보를 기초로 동물을 키울 수 있는 환경을 마련하여 선정된 동물을 키운다.

활동 5-8

엄마 잃은 아기 참새

자연 친화 영역 자연의 이야기

대상연령 만 3~5세

창의·인성요소 유창성 · 존중

- 교사는 유아와 함께 그림책 '엄마 잃은 아기 참새'를 읽는다.
- 교사는 엄마 참새와 둥지 안에 있는 아기 참새 소품을 소개한다.
- 유아는 엄마 잃은 아기 참새를 들고 암벽 등반하여 엄마 참새가 있는 둥지 속에 넣어 아기 참새에게 엄마를 찾아 준다.
- 혼자서 암벽 등반을 하기 어려운 유아일 경우 유아가 떨어지거나 넘어져서 다치지 않도록 교사가 유아를 붙잡아 주는 등 도움을 주어 유아가 활동을 마무리하도록 한다.

활동 5-9

달팽이가 좋아하는 먹이를 찾아 주세요

자연 친화 영역 자연물 놀잇감

대상연령 만 3~5세

창의·인성요소 융통성 · 배려

- 자연물을 이용하여 만든 교구를 탐색한다.
- 활동 방법을 소개한다.

1. 각자 어떤 달팽이를 할지 정한다.
2. 주사위를 이용하여 숫자를 정하고 그 숫자에 달팽이를 놓는다.
3. 달팽이를 이용해 숫자 사다리를 따라 내려간다.
4. 도착한 곳이 달팽이가 좋아하는 먹이(당근, 배추, 사과)이면 달팽이 한 마리를 집으로 보낸다.
5. 달팽이가 싫어하는 먹이(양파, 물고기)에 도착하면 다시 처음부터 시작한다.
6. 내가 가지고 있는 달팽이 3마리를 전부 집으로 보내 주는 사람이 이긴다.

- 활동을 마친 후 함께 놀이한 유아와 평가한다.

활동 5-10

다람쥐야 많이 먹어

자연 친화 영역 자연물 놀잇감

대상연령 만 3~5세

창의·인성요소 융통성 · 배려

- 자연물을 이용하여 만든 교구를 탐색한다.
- 활동 방법을 소개한다.

1. 좋아하는 열매를 선택하여, 길 위 그릇 속에 넣는다.
2. 다람쥐를 선택하여 출발칸에 놓는다.
3. 주사위를 던져 나온 수만큼 간다.
4. 다람쥐가 모두 도착칸에 도착하면 게임이 끝난다.
5. 많은 열매를 가진 사람이 이긴다.

- 활동을 마친 후 함께 놀이한 유아와 평가한다.

주제 6 하늘

1) 하늘에 대한 기본지식

사계절이 뚜렷한 우리나라에서 하늘은 여러 가지 표정을 가지고 변하는 아름다움 그 자체인 풍경일 수 있다. 하늘이라는 소재는 아이들이 직접 만져보거나 다루어 볼 수 있는 소재가 아니어서 어찌 보면 하늘이라는 주제 자체가 추상적일 수 있다. 그러나 하늘을 바라보는 것만으로도 무엇이든 품을 수 있는 넓은 마음을 갖게 하며, 하늘과 같은 자연의 아름다움을 마음에 담을 수 있기에 그 주제 자체가 가치있을 수 있다.

하늘을 계절별로 나누어 보면, 봄의 하늘은 매우 건조하면서 대기가 불안정한 상태이다. 봄의 하늘은 바람이 많이 불고 먼지가 많아 그다지 맑은 하늘을 보기는 어려운 계절이다. 더운 여름의 하늘은 지면이 가열됨에 따라 하늘 역시 가열되어 상승기류가 강해지고, 먼지도 구름 위쪽으로 올라가게 된다. 비가 와서 대기 중의 먼지를 씻어 내도 구름 위의 먼지가 남아 있어 맑은 하늘을 보기는 어렵다. 가을 하늘은 강수량이 줄어들고 습도도 낮아지면서 지표면이 열을 방출하여 차가워지나, 상공에서는 아직도 기온이 높은 상태이다. 이런 대기층은 대류가 잘 일어나지 않아 안정된 상태이므로 상공의 먼지는 낙하해서 가장 하늘이 맑아지는 것을 볼 수 있다. 겨울은 대기의 온도가 매우 낮아지면서 대기의 포화 수증기압은 기온에 비례하여 온도가 낮으면 대기 중의 수증기가 포화되어 물방울로 응결된다. 따라서 지표면보다 기온이 더 낮은 상공에서는 이슬, 빙정 등이 많이 만들어져서 가을 하늘보다는 덜 맑고 높아 보이지 않게 된다.

2) 주제선정이유

하늘과 함께 하는 놀이를 통해 영유아들은 주의를 기울여 바라보지 않았던 하늘을 바라보는 기회를 갖게 됨으로써 의미를 갖는다. 늘 존재해 있지만 의미가 없었던 하늘의 의미를 재발견함으로써 영유아들에게는 하늘의 무한한 변화의 과정이 보다 넓은 마음과 여유를 갖게 한다.

하늘은 수시로 변하는 모습을 보여주므로 다른 주제에 비해 유아들의 관심과 흥미를 끌어내기가 쉬운 장점이 있다.

3) 하늘 활동망

하늘

자연환경구성
- 구름나라(유아)

자연과의 만남
- 하늘을 봐요(유아)
- 하늘의 표정을 지어 볼래?(유아,계)
- 거울 속 하늘은 어떻게 생겼을까?(유아)

자연의 감상
- 하늘 속 친구 찾기(유아,계)

자연의 이야기
- 구름공항으로의 초대(유아)
- 구름나라로의 초대(유아,계)

자연물 놀잇감
- 거울 속 하늘과 만나요(유아,계)
- 얼음과 소금을 이용한 구름 만들기(유아,계)
- 하늘에게 선물을 주고 싶어요(유아)
- 수조 속 하늘 꾸미기(영아)

4) 활동의 실제

활동 6-1

하늘의 표정을 지어 볼래?

자연 친화 영역 자연과의 만남

대상연령 만 3~5세

창의·인성요소 민감성 · 협력

- 유아들이 좋아하는 날씨에 대해 이야기 나눈다.
- 자신이 좋아하는 날씨에는 하늘의 모습이 어떤지 이야기 나눈다.
- 준비된 하늘 사진을 소개하고 기분을 연결하여 상상해 보도록 한다.
    - 맑은 날/흐린 날/천둥번개 치는 날/ 노을 지는/ 눈 오는 하늘
- 사진 속 하늘의 모습을 보고 떠오르는 표정을 지어 보도록 한다.
- 유아들이 짓는 표정을 보며 연상되는 하늘은 무엇인지 맞혀 보게 한다.
- 산책 시 하늘 사진을 가지고 나가 그 날의 날씨에 따른 하늘 사진은 어떤 것인지 연상하여 찾아 보고 연상되는 하늘의 표정을 따라해 보게 한다.

활동 6-2

거울 속 하늘과 만나요

자연 친화 영역 자연물 놀잇감

대상연령 만 3~5세

창의·인성요소 독창성 · 존중

- 유아들과 인근 공원으로 나가 하늘의 풍경을 감상한다.
- 유아들에게 거울을 제시하고 거울을 콧등에 대고 하늘을 올려다보도록 안내한다.
  - 거울을 통해 본 하늘이 어떤 느낌인지 이야기 나눈다.
- 자신이 느낀 하늘의 모습을 거울 위에 물감으로 마음껏 표현해 보도록 한다.
- 유아들과 작품 제목을 결정하고 제목과 함께 게시하고 감상한다.

활동 6-3

구름나라로의 초대

자연 친화 영역 자연의 이야기

대상연령 만 3~5세

창의 · 인성요소 독창성 · 존중

- 구름나라로 들어가는 구름 커튼을 지나가며 바닥에 붙여진 '구름나라' 동화내용을 회상한다.
- 구름나라 앞에 도착하여 구름나라를 자세히 살펴본다.
- 구름나라로 들어갈 수 있는 나만의 주문을 카드에 써넣고 벽면에 붙여 게시한다.
- 주문을 크게 외치고 구름나라로 들어가 구름나라 여왕님께 소원을 적어본다.
- 모든 활동을 마친 후 구름나라에서의 놀이의 느낌을 나눈다.

활동 6-4

하늘 속 친구 찾기

자연 친화 영역 자연의 감상

대상연령 만 3~5세

창의·인성요소 민감성 · 존중

- 명화 르네 마그리트의 『겨울비』를 감상해 본다.
- 명화 속에서 우리반 친구들을 찾아 본다.
- 친구에 대해 이야기한다.
  - 한 명의 친구를 선택하여 소개한다. 친구와 즐거웠던 경험을 이야기해 본다.

활동 6-5

얼음과 소금을 이용한 구름 만들기

자연 친화 영역 자연물 놀잇감

대상연령 만 3~5세

창의·인성요소 민감성 · 협력

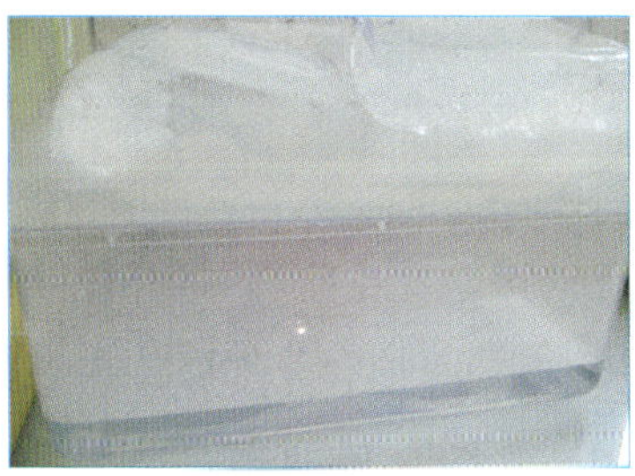

- 구름 사진을 제시하고 유아들과 함께 이야기 나눈다.
- 구름을 만드는 실험을 소개하고 유아들과 함께 실험 과정을 진행한다.
  - 구름을 만들 때 필요한 것들에 대해 이야기 나눈다.

구름 만들기 실험법

1. 커다란 그릇에 얼음을 1/3 정도 채우고 같은 양만큼의 소금을 뿌린다.
2. 커다란 그릇 속에 작은 그릇을 집어넣는다.
3. 작은 그릇에 입을 가까이 대고 바람을 '후~' 불어 본다.

- 실험 후 생각을 이야기 나누고, 구름 모양의 차이를 조사한다.
- 인터넷 자료를 통해 구름 모양이 차이 나는 원리를 찾아 본다.

활동 6-6

하늘을 봐요

자연 친화 영역	자연과의 만남
대상연령	만 3~5세
창의·인성요소	유창성 · 존중

- 실외놀이 중 하늘을 볼 수 있는 충분한 공간을 확보하여 돗자리를 펼친다.
- 돗자리 위에 누워서 하늘을 보며 하늘의 색, 구름의 모양, 하늘을 본 느낌 등을 이야기 나눈다.
- 휴지심, 액자틀 등을 이용해서 다양한 모양의 하늘을 보며 이야기를 나눈다.
- 유아의 창의적인 생각을 격려하며 반응한다.

활동 6-7

거울 속 하늘은 어떻게 생겼을까?

자연 친화 영역 자연과의 만남

대상연령 만 3~5세

창의·인성요소 민감성 · 협력

- 실외놀이 중 하늘을 볼 수 있는 충분한 공간을 확보하여 돗자리를 펼친다.
- 돗자리 위에 큰 거울을 놓고, 거울 속에 비친 하늘을 관찰한다.
- 거울 속에 비친 하늘의 모습에 대해 이야기 나눈다.
- 만 4, 5세의 경우 매직을 이용하여 거울 속에 비친 하늘 모습을 그림으로 표현한다.

활동 6-8

구름공항으로의 초대

자연 친화 영역 자연의 이야기

대상연령 만 3~5세

창의·인성요소 유창성 · 존중

- 역할놀이 영역이나 교실 한쪽 공간을 마련하고, 솜, 캐노피 등을 활용하여 구름과 구름집을 만든다.
- 구름집 밑에 누워 동화 '구름공항'을 자유롭게 감상한다.
- 하늘그림 편지지 위에 구름공항에 다녀온 느낌을 자유롭게 그림이나 글로 표현한다.
- 유아가 그림이나 글로 표현한 작품은 구름집에 전시하여 다른 유아들도 함께 감상하며 이야기한다.

활동 6-9

하늘에게 선물을 주고 싶어요

자연 친화 영역 자연물 놀잇감

대상연령 만 3~5세

창의·인성요소 융통성 · 배려

- 하늘을 관찰하고 난 후 하늘의 고마움에 대해 함께 이야기를 나눈다.
- 고마운 하늘에게 선물을 주고 싶다는 유아들의 생각을 존중하여 유아들과 함께 하늘에게 어떤 선물을 줄 것인지 이야기를 나눈다.
- 풍선, 헬륨풍선을 이용해 하늘에게 주고 싶은 선물을 적어 하늘로 날려 보는 경험을 가져 본다.

활동 6-10

수조 속 하늘 꾸미기

자연 친화 영역 자연물 놀잇감

대상연령 만 3~5세

창의·인성요소 융통성 · 배려

- 가까운 공원이나 주변을 산책하며 주변에 있는 자연물을 수집하여 원으로 가져온다.
- 교사는 하늘 사진을 찍어 수조 바닥에 놓는다.
- 숲속을 관찰하고 난 후 수조 속을 보며 우리가 본 하늘과 어떤 점이 같은지 이야기 나눈다.
  - 사전에 교사가 찍은 숲속 나무 사이로 보이는 하늘의 모습 사진과 비교해 본다.
- 수집해 온 자연물을 수조 속에 넣어 보며 숲속에서 보았던 하늘을 수조 속에 꾸민다.

활동 6-11

구름나라

자연 친화 영역 자연환경구성

대상연령 만 3~5세

창의·인성요소 융통성 · 배려

- 유희실이나 교실 한쪽 공간을 구름나라로 만들 수 있도록 충분한 공간을 마련한다.
- 모기장, 텐트 등 다양한 자료를 이용하여 구름나라를 꾸민다.
- 하늘을 관찰하고 난 후 내가 본 구름 모양을 솜을 이용하여 창의적으로 만든다.
- 유아가 만든 솜 구름을 구름나라 천장에 붙여 꾸민다.

주제 7 자연물

1) 자연물에 대한 기본지식

우리는 일상생활 속에서 여러 종류의 자연물들을 매일 접하며 살아가게 된다. 집 주변이나 오가는 길거리에서 자연은 어느새 우리 곁에 다가와 알게 모르게 우리의 삶에 영향을 미치고 있다. 우리들의 삶 가까이에 있는 주변의 여러 자연물들을 찾아가 보고 긴밀한 관계를 맺어 봄으로써, 자연을 바라보는 눈이 달라지고 나아가 삶이 달라질 수 있게 되는 것이다.

자연은 아이들의 놀이터이며, 자연물은 아이들의 놀잇감이다. 자연 속에서 만나는 자연물들은 아이들에게 훌륭한 장난감이며 교재가 될 수 있다. 따라서 아이들이 자연물들을 지나치지 않고 경험하고 느낄 수 있도록 도와야 하며, 발달특성에 맞도록 보다 구체적인 자연물들을 감각적으로, 보다 다양하고 긴밀한 만남을 가질 수 있도록 해야 한다.

자연물을 접할 때 영유아들은 오감을 통해 경험하게 되는데 이때 자연을 느끼고 자연의 아름다움을 감상하고 자연에 대한 호기심을 탐구하며 자연물을 다양한 놀이로 경험함으로써 아이들은 행복해진다. 자연 속에서 만난 돌멩이 하나에도 아이들은 열광하고, 나뭇잎이나 나뭇가지도 새로운 놀잇감으로 탈바꿈되며, 이름 모를 풀꽃에도 의미를 부여하고 속삭이게 된다. 코를 간질거리는 흙의 냄새와 감촉이 아이들의 마음을 평안하게 해주고, 솔방울을 비롯한 열매를 주우며 수확에 대한 기쁨과 새로운 놀이를 만들어 내는 즐거움을 동시에 안겨줄 수 있게 된다.

자연물의 모양, 선, 색, 무게, 질감 등을 오감을 통해서 경험하면서 즐거워하게 되며, 직접적이고 다양한 자연물들을 탐색한 경험은 아이들과 자연과의 생생한 교류를 가능하게 하고 창조의 기쁨을 통해 자연을 새롭게 보는 눈을 길러 준다.

2) 주제선정이유

자연물은 자연의 일부로 눈에 보이고 냄새를 맡을 수 있고 촉감으로 느낄 수 있는 자연의 모습이다. 이러한 자연물들을 주변에서 쉽게 수집하여, 오감을 통해 경험하는 활동은 영유아들로 하여금 자연을 감상하고 즐기며 탐구할 수 있는 기회를 제공해 준다.

이러한 자연물과의 교감과 자연물을 활용한 창의적인 놀이는 영유아들이 자연을 보다 친숙하게 느끼고 활용하고 경험할 수 있게 하기에 자연친화교육의 주제로 적합하다고 볼 수 있다.

3) 자연물 활동망

자연물

자연환경구성

- 어린이집에서 만난 자연(유아)

자연의 감상

- 자연속의 미술 · 자연물로 작품 만들기(유아,계)
- 내가 꾸민 명화(유아,계)
- 숨은 그림 찾기(유아,계)

자연물 놀잇감

- 자연물로 내몸을 장식해요(영아)
- 자연물로 꾸민 밀짚모자(유아,계)
- 계란껍질에 나뭇잎 붙여서 화분 만들기(영아 계)
- 나무 · 조개를 이용한 숲속 생물 만들기(유아)
- 자연물을 이용한 액자 만들기(유아)
- 자연물과 물부치를 이용한 동물 만들기(유아)
- 자연을 도화지에 담아요(유아)

자연의 이야기

- 아카시아 파마하기(유아)

자연과의 만남

- 자연물 지압길 걷기(유아,계)
- 자연물 채집하기(영아)
- 숲속 자연물 보물찾기(영아)
- 자연에서 놀아요(영아)
- 자연물을 수집하는 산책가방(유아,계)
- 자연을 교실로 데려오기(유아)
- 자연에서 찾은 색깔(영아)

4) 활동실제

활동 7-1

자연에서 찾은 색깔

자연 친화 영역 자연과의 만남

대상연령 만 1~2세

창의·인성요소 유창성 · 존중

- 산책 시 교실 안으로 가져온 여러 가지 자연물을 소개한다.
  - 미리 준비해 둔 색풍선에 바람을 넣어 자연물의 색과 비교해 보도록 한다.
  - 영아들에게 풍선과 자연물을 보여 주며 같은 색을 찾아 보도록 격려한다.
- 영아들이 좋아하는 색의 풍선을 선택하도록 하고 산책을 나가 같은 색의 자연물을 찾아 보도록 안내한다.
- 영아들이 풍선을 들고 자유롭게 다니며 자연물과 풍선의 색을 비교해 보고 찾아 보는 경험을 배려하고 영아가 관찰하여 찾은 자연물의 이름을 말해 보도록 안내한다.
  - 영아가 찾은 자연물 중 채집이 가능한 것들을 모아 교실 안으로 가져가 관찰한다.
- 색 분류 바구니를 이용하여 색에 따라 분류해 보거나, 색이 다른 자연물을 골고루 붙여 '자연물 색상표' 를 만들어 볼 수 있다.

활동 7-2

자연물 지압길 걷기

자연 친화 영역 자연과의 만남

대상연령 만 1~2세

창의·인성요소 민감성 · 협력

- 현관에서부터 이어지는 자연물 지압길을 유아들과 함께 살펴본다.
- 지압길을 손으로 만져 보며 느낌을 이야기 나눈다.
- (양말을 벗고)지압길을 걸으며 느낌을 서로 이야기해 본다.
    - 손으로 만져 보았을 때와 발로 걸었을 때의 느낌을 이야기해 본다.

활동 7-3

자연물로 꾸민 밀짚모자

자연 친화 영역 자연물 놀잇감

대상연령 만 2~5세

창의·인성요소 유창성 · 존중

- 산책 시 교실 안으로 가져온 여러 가지 자연물을 소개한다.
- 영아들이 자연물을 선택하여 향과 색, 모양, 질감 등을 탐색해 보도록 안내한다.
- 영아들에게 밀짚모자를 나눠 주고 탐색이 충분히 이루어지고 나면 목공용 풀과 붓을 제시해 주어 밀짚모자 위에 자연물을 붙여 보도록 돕는다.
- 완성된 자연물 밀짚모자를 마끈과 나뭇잎을 이용하여 게시물로 만든 후 교실 벽에 게시해 주어 영아들이 성취감을 갖도록 돕는다.

활동 7-4

자연과 친해지는 산책활동 (자연물을 수집하는 산책가방)

자연 친화 영역	자연과의 만남
대상연령	만 3~5세
창의·인성요소	융통성 · 배려

- 매일 점심식사 후 산책 활동을 한다.
  - 여유롭게 걷기, 자연물 줍기, 곤충 관찰하기, 채집하기, 자연 되어 보기
- 자연을 느끼고 교실로 데려오는 경험을 하며 자연과 친해지고 교감하는 경험을 한다.
- 산책을 갈 때 꼭 가지고 가는 산책 수집통은 페트병을 재활용하여 만든 것으로 구김이 없고 가볍고 단단하여 유아들이 자연물을 채집하기에 편리하다.

활동 7-5 자연 속의 미술, 자연물로 작품 만들기 – 자연물로 구성하기 –

자연 친화 영역 자연과의 만남

대상연령 만 3~5세

창의·인성요소 융통성 · 배려

- 자연을 담은 명화 그림을 감상해 본다.
- 명화 속에 나뭇잎, 돌멩이, 물 등의 자연물을 찾아 본다.
- 작품 구성판을 책상 위에 올려 놓는다.
- 조약돌, 나뭇가지, 조개껍데기를 이용하여 예쁘게 놓아 멋진 작품을 만들어 본다.
- 이름 스티커에 작품 이름과 내 이름을 적어 구성판 위에 붙여 본다.

활동 7-6

내가 꾸민 명화

자연 친화 영역 자연의 감상

대상연령 만 3~5세

창의·인성요소 민감성 · 존중

- 모네의 풍경이 담긴 작품 『정원』, 『수련』, 『개양귀비꽃』을 제시하고 이야기 나눈다.
- 재료를 탐색해 본다.
- 꽃, 풀, 나뭇잎 등의 자연물을 사용하여 작품을 완성한다.
- 작품을 평가한다.

활동 7-7 자연물을 이용한 액자 만들기

자연 친화 영역 자연물 놀잇감

대상연령 만 3~5세

창의·인성요소 민감성 · 협력

- 액자 만들기에 사용할 수 있는 자연물에 대해 이야기를 나누고, 자연물을 주워 온다.
- 자연물을 이용해 액자를 어떻게 꾸밀지 생각하고 구성하여 본다.
- 액자틀 위에 무독성 본드를 바르고 자연물을 붙여 구성한다.
- 완성된 액자에 유아의 사진을 끼워 전시한다.

활동 7-8

나무, 조개를 이용한 숲속 생물 만들기

자연 친화 영역 자연물 놀잇감

대상연령 만 3~5세

창의·인성요소 융통성 · 배려

- 나무조각, 조개 등의 자연물을 이용하여 숲속 생물을 만든다.
- 작품을 게시할 수 있는 방법을 유아와 함께 찾아 본다.
    - 전시방법 소개하기, 자료 논의해 보기
- 작품을 게시한다.
- 전시물 보며 이야기를 나눈다.
    - 작품을 만들며 좋았던 점, 힘들었던 점에 대해 이야기 나눈다.

활동 7-9

자연에서 놀아요

자연 친화 영역 자연과의 만남

대상연령 만 3~5세

창의·인성요소 민감성 · 협력

- 가까운 공원이나 주변을 산책하며 주변에서 볼 수 있는 자연물을 찾아본다.
- 유아들이 가까이 접할 수 있는 주변 환경을 돌아보며 자연과 친밀해지는 경험을 가진다.

활동 7-10

자연물 채집하기

자연 친화 영역 자연과의 만남

대상연령 만 3~5세

창의·인성요소 유창성 · 존중

- 가까운 공원이나 주변을 산책하며 주변에 있는 자연물을 관찰한다.
- 자연물의 색, 모양, 생김새, 만졌을 때의 느낌 등에 대해 이야기 나눈다.
- 유아가 관심있는 자연물을 채집한다.

활동 7-11

숲속 자연물 보물찾기

자연 친화 영역 자연과의 만남

대상연령 만 3~5세

창의·인성요소 유창성 · 존중

- 가까운 공원이나 주변을 산책하며 주변에서 볼 수 있는 재미있는 자연물을 찾아 본다.
  - 지금껏 보지 못했던 것들을 중심으로 찾아 본다.
  - 특정한 그림카드(○, △, ㅁ, ☆ 등)를 가져가 비슷한 모양을 찾아 볼 수도 있다.
- 유아가 찾은 자연물은 사진으로 찍고, 어떤 자연물을 찾았는지 유아의 생각을 이야기 나눈다.
- 교실로 돌아와서 찍은 사진을 보며, 유아와 함께 회상한다.

활동 7-12

자연을 교실로 데려오기

자연 친화 영역 자연과의 만남

대상연령 만 3~5세

창의·인성요소 융통성 · 배려

- 유아가 수집한 자연물과 교사가 준비한 자연물을 분류하여 과학영역이나 교실 한쪽 공간을 마련하여 전시한다.
- 교실 안에서도 자연물을 자유롭게 유아가 흥미와 관심을 갖고 관찰할 수 있도록 환경을 구성한다.

활동 7-13

자연물로 내 몸을 장식해요

자연 친화 영역 자연물 놀잇감

대상연령 만 3~5세

창의 · 인성요소 독창성 · 존중

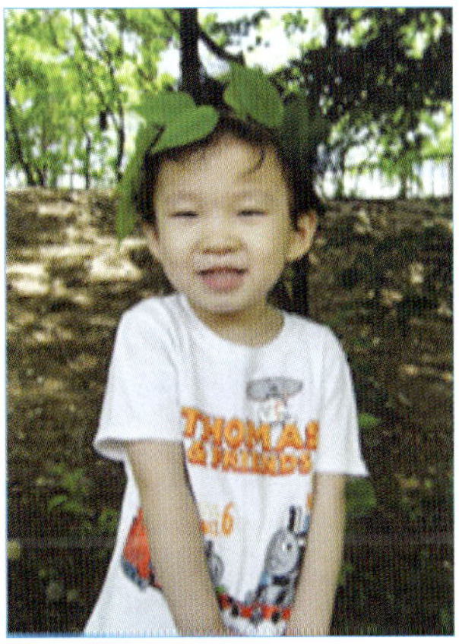

- 가까운 공원이나 주변을 산책하며 여러 종류의 자연물을 모아 본다.
- 수집한 자연물에 어떤 것이 있는지, 모양, 색에 대해서 관찰한다.
- 자연물을 이용하여 어떻게 내 몸을 꾸밀 수 있는지 이야기를 나눈다.
- 여러 모양의 자연물을 이용하여 내 몸에 여러 모양으로 장식해 본다.
  예) 나뭇잎을 이용하여 왕관 만들기, 팔찌 꾸미기 등

활동 7-14

자연을 도화지에 담아요

자연 친화 영역 자연물 놀잇감

대상연령 만 3~5세

창의·인성요소 독창성 · 존중

- 가까운 공원이나 주변을 산책하며 앉을 수 있는 충분한 공간을 마련한다.
- 자연 환경 속에서 무엇을 보고 있는지, 어떤 느낌인지 이야기를 나눈다.
- 주변에 있는 자연 환경 속에서 유아가 보고 느낀 자연을 도화지에 그림으로 표현한다.
- 무엇을 보고, 어떻게 느꼈는지 유아의 생각을 교사가 글로 적어 준다.
- 유아가 표현한 작품을 다른 유아에게 소개하는 시간을 갖는다.

활동 7-15

어린이집에서 만난 자연

자연 친화 영역 자연환경구성

대상연령 만 3~5세

창의·인성요소 융통성 · 배려

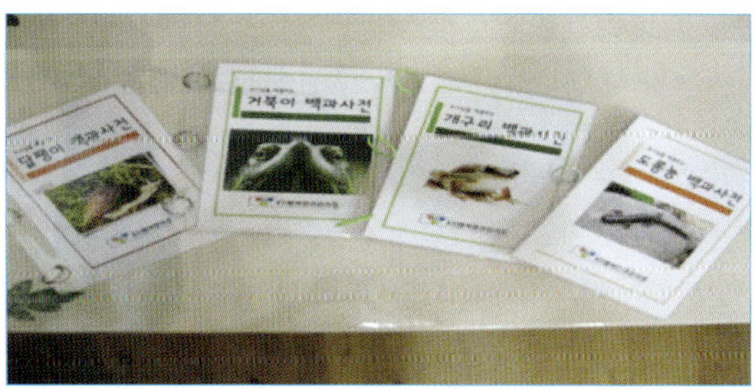

- 과학영역이나 교실의 한쪽 공간을 마련하여 유아들이 수집해 온 자연물이나 동물을 기를 수 있도록 한다.
- 유아가 자연물과 동물에 관심을 지속적으로 가질 수 있도록 지도한다.
- 만 4, 5세의 경우 유아가 궁금한 것이나 더 알고 싶은 것을 책이나 컴퓨터를 이용해 정보를 수집해 보는 경험을 갖는다.
- 유아가 수집한 자료를 묶어 책을 만들고, 관련된 곳에 함께 비치한다.

6. 영유아를 위한 자연환경구성 – 자연놀이터

1 나비 서식지 구성하기

'나비 서식지 구성하기' 는 실내에서 영유아들이 나비를 길러 볼 수 있는 활동이다. 나비를 알의 상태에서부터 기를 수 있으며, 영유아와 교사가 직접 나비의 서식지를 나비의 성장에 맞춰서 지속적으로 구성해 주고 돌보아 줌으로써, 나비의 성장과정, 애벌레에서부터 나비가 되기까지의 과정을 지켜볼 수 있고, 이를 통해 생명의 신비와 소중함을 직접 경험해 보는 활동이다.

1) 나비 서식지 구성 활동단계

나비 애벌레 관찰하기

⇩

나비에 대해 조사하기

⇩

나비에 대해 이야기 나누기

⇩

나비 서식지 만들기

⇩

나비에 대한 동시 짓고 발표하기

2) 나비 서식지 구성 활동내용

(1) 나비 애벌레 관찰하기

나비의 애벌레의 색, 모양, 크기 등을 관찰하고 기록하며 나비에 대해 관심을 갖는다. 나비 애벌레를 관찰하면서 영유아들은 케일 잎 위에 있는 나비 애벌레를 찾지 못하지만 돋보기로 열심히 관찰하면서 애벌레의 색이 케일 잎의 색과 비슷함을 발견하게 된다.

나비 애벌레의 움직임에 관심을 갖게 되면서 가느다란 실 같은 애벌레가 케일 잎 위를 이동하는 모습에 흥미를 보이며 애벌레의 움직임을 언어로, 몸짓으로 표현힌디.

〈케일 잎을 먹고 있는 애벌레 관찰〉

(2) 나비에 대해 이야기 나누기

나비에 대해 궁금한 것을 책을 통해 알아 보고 나비에 대해서 교사와 영유아들이 알아온 것들을 함께 나누며, 나비 키우는 방법에 대해 토론해 본다.

나비를 관찰하다가 나비의 눈을 관찰하게 된 유아들은 나비의 눈의 색과 모양에 관심을 갖게 되고 이를 유아-유아 간, 유아-교사 간 상호작용을 통해 토론한다.

〈나비에 대한 책 찾아 보기〉

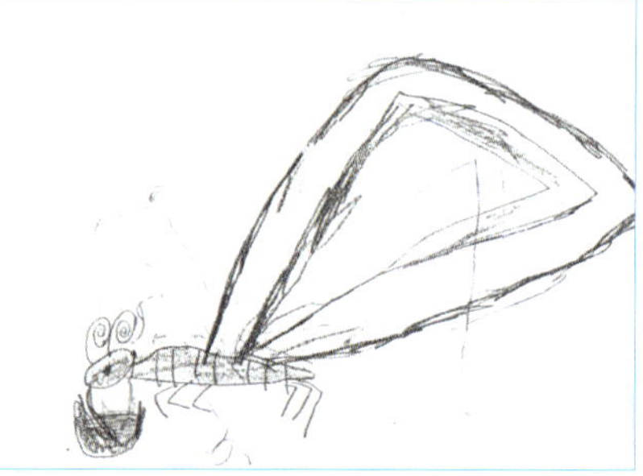

〈나비가 설탕물 먹는 모습(관찰 후 그림)〉

유아의 나비에 대한 질문 목록

- 알이 날 수도 있나요?
- 나비는 왜 날아다녀요?
- 나비는 태어날 때 어떻게 나와요?
- 나비 알이 각각 달라요, 같아요?
- 나비는 꿀을 좋아해요, 설탕을 좋아해요?
- 애벌레 똥은 왜 검은색이에요?
- 나비의 이름이 뭐예요?
- 애벌레는 왜 초록색일까?
- 애벌레가 번데기 되려면 며칠 걸려요?
- 나비마다 알의 모양이 달라요?
- 초록 잎을 먹으면 초록색 똥을 쌀까요?

(3) 나비 서식지 만들기

나비 애벌레가 번데기를 거쳐 나비가 되는 과정을 관찰하고, 나비를 위한 서식지를 구성하고 만든다. 나비 애벌레가 고치에서 나와 나비가 된 순간 유아들은 무척 기뻐하며, 날게 된 나비 애벌레를 위해 보다 큰 서식지를 만들고 그곳으로 나비를 옮겨 주었다. 나비를 키워 보면서 느낀 유아들의 소감을 함께 이야기 나눔으로써 생명의 소중함을 공유한다.

〈유아와 교사가 만든 나비 서식지〉

(4) 나비에 대한 동시 짓고 발표하기

나비에 대해 이야기하고 생명의 소중함과 신비로움에 대해 느낀 점을 동시로 짓고 발표한다. 나비를 키우면서 유아들은 나비의 알에서부터 애벌레, 번데기, 나비로 이르는 과정을 지켜보게 되고, 이 과정에서 서식지를 만들어 주고 키우면서 나비로 인해 생명의 신비와 소중함을 느끼게 된다. 이러한 유아들의 마음은 '동시'로 표현되고, 교사는 이를 전시회를 통해 함께 공유하도록 기회를 마련해 준다.

다음은 나비를 키우면서 유아들이 지은 동시의 예이다.

〈유아들의 동시〉

나비 나비는 어떻게 예쁠까
애벌레는 태어나서 나뭇잎을 먹고
번데기가 되고
번데기가 커서 나비가 되고
나비는 어떻게 저렇게 예쁠까

우리 집을 건너서 친구네 집을 건너서
나비가 난다 나비가 난다
유아교육기관을 넘어서 놀이터를 넘어서
나비가 아주 멀리멀리 난다
아주 멀리멀리 여행을 떠난다.
하지만 나비는
힘들지 않은가보다.

2 실내연못 구성

'실내연못 만들기 활동'은 기존 유아교육기관에서 흔히 볼 수 있는 어항을 이용한 금붕어 기르기가 아닌, 연못의 생태적 환경에 대한 이해를 바탕으로 실내의 공간을 활용하여 연못을 직접 만들어 봄으로써 자연환경을 실내로 끌어들여 자연을 보다 가까이에서 접할 수 있는 기회를 제공한다. 연못을 직접 꾸미고 금붕어를 기를 수 있는 환경을 구성해 보기 위해서 연못에 대해 알아 보고, 실내의 공간활용뿐만 아니라 자연생태계에 대한 이해를 도모할 수 있다.

1) 실내연못 구성 활동단계

연못에 대해 알아 보기

⇩

연못에 대한 조사활동

⇩

연못 구성하기

⇩

연못 돌보기

2) 실내연못 구성 활동 내용

(1) 연못에 대해 알아 보기

실내에 연못을 만들고 금붕어를 키우기로 결정하면서 유아들과 함께 연못에 대해 사전에 알고 있는 지식을 함께 나누고 연못에 대해 궁금한 것을 알아 본다. 그런 다음 유아교육기관 복도에 연못을 만들기 위해서 필요한 것, 어떻게 만들어야 할지를 함께 의논한다.

(2) 연못에 대한 조사활동

실내에 연못을 꾸미고 금붕어를 기르기로 결정한 다음, 연못에 대해 알아 보고 연못에 사는 생명체에 대해 조사하고 나눈다. 그리고 금붕어에 대해 궁금한 질문을 모아 질문 목록을 만들고 이를 책을 찾아 보거나 조사활동, 토론 등을 통해서 해결해 나간다.

▷ **유아들의 금붕어에 대한 질문 목록**

· 금붕어는 어디에서 사는가? 집을 지을까?
· 금붕어는 어떻게 태어났나?
· 물속에서 어떻게 숨을 쉬는가?
· 금붕어는 눈꺼풀이 있는가?
· 눈을 감고 잘까? 뜨고 잘까?
· 금붕어는 무엇을 먹고 자라는가? 금붕어가 가장 좋아하는 먹이는 무엇인가?
· 금붕어는 음식을 어떻게 구하는가?
· 한 번에 어느 정도의 음식을 먹을까?
· 금붕어의 귀와 코는 어디에 있는가?
· 금붕어도 배설을 하는가? 얼마나 자주 눌까?
· 금붕어가 움직일 때 지느러미를 사용하는가? 지느러미는 몇 개나 있을까?

금붕어에 대한 유아들의 흥미와 애착을 높이기 위해 유아들과 금붕어의 이름 짓기를 함께 하면서, 적합한 이름과 그 이유에 대해 이야기 나누는 경험을 통해 생명에 대한 이해와 존중하는 마음을 경험하였다.

(3) 연못 구성하기

실내에 연못을 만들기에 적절한 공간을 찾아 보고, 연못으로 만들기 위한 재료를 준비하고 구성해 본다. 실내연못을 직접 만들고 가꾸면서 유아들은 실내연못이 더렵혀지거나 다른 반 친구들이 연못인 줄 모르고 쓰레기를 버리게 될지도 모른다는 걱정을 하게 되었다. 이에 유아들은 연못을 깨끗하게 가꾸는 방법에 대해 의논하였다.

(4) 연못 돌보기

연못의 이름을 짓고 연못에 사는 금붕어를 돌보며 연못을 깨끗하게 가꾸기 위해 노력한다. 유아들은 실내연못이 더렵혀지거나 다른 반 친구들이 연못인 줄 모르고 쓰레기를 버리게 될지도 모른다는 걱정에 연못을 깨끗하게 가꾸는 방법에 대해 논의하였고, 유아들이 나오지 않는 토요일, 일요일에 금붕어를 돌봐 줄 방법에 대해 이야기를 나누었다. 다음은 이에 대해 상호작용한 내용과 금붕어를 기르면서 유아들이 지은 동시의 예이다. 아래의 예에서 유아들이 금붕어에 대한 과학적 지식이 증가했을 뿐 아니라, 금붕어를 사랑하고 걱정하며 배려하는 마음을 갖게 된 것을 볼 수 있다.

▷ 유아-교사 상호작용

유아: 선생님. 금붕어요, 토요일이랑 일요일은 누가 먹이 줘요?
교사: 음. 정말. 토, 일은 우리가 안 나오지? 어떻게 하지?
유아: 선생님이 줘요.
교사: 선생님도 안 나오는데?
유아: 아, 맞아. 원장선생님이 주면 돼!
교사: 원장선생님도 안 나오셔. 유치원에 아무도 없어.
유아: 어? 그럼 어떻게 해요?
유아: 그럼 금붕어는 어떻게 해요? 먹이 줘야 하는데…….
유아: 애벌레는 괜찮아요.
교사: 왜?
유아: 케일 잎 위에 있으니까 케일 잎 먹으면 돼요.
교사: 그럼 금붕어는?
유아: 금붕어 밥을 많이 주고 가요.
유아: 야, 그럼 너무 많이 주면 배탈 나.
유아: 맞아, 그럼 어떻게 하지?
유아: 제가 유치원 옆에 사니까 제가 주면 안 될까요?

〈유아들의 동시〉

금붕어

연못에 물고기 두 마리
입만 벙긋벙긋
물 마시는지 숨 쉬는지
정말 궁금합니다.
그리고 아가미 살랑살랑
인사하네요.
금붕어는 물만 마시는 것 같습니다.

금붕어야

금붕어야 말 좀 해봐
물 속에서 사니까 불편하지 않니
금붕어야 필요한 거 있음 말해.
사랑해.

3 텃밭 가꾸기

'텃밭 가꾸기 활동' 은 도시의 아스팔트에서만 생활하는 유아들에게 흙과 생명에 대해 직접 경험하고 체험하는 기회를 제공해 준다는 점에서 교육적 의미가 큰 활동이다. 유아들은 흙을 접할 기회가 거의 없으며, 기관에서 이루어지는 경험 역시 행사 위주의 일회적으로 이루어지는 활동이 대부분이다. 텃밭 가꾸기는 직접 마당의 흙을 일구고 골라, 씨앗을 심고 오랜 시간 동안 가꾸고 수확하는 활동으로 유아의 온몸을 활용하는 살아 있는 체험의 기회를 제공한다.

1) 텃밭 가꾸기 활동단계

텃밭 둘러보기

⇩

텃밭의 흙 고르기

⇩

텃밭에 심을 씨앗 관찰하기

⇩

텃밭 가꾸기

⇩

텃밭에서 수확하고 요리하기

⇩

수확한 작물이나 요리과정에서
발현된 궁금점 실험하기

2) 텃밭 가꾸기 활동

(1) 텃밭 둘러보기

영유아와 교사는 텃밭을 가꾸기 위해 기존에 있던 텃밭을 둘러보고, 텃밭에 무엇이 있는지, 해야 할 일은 무엇이 있는지를 함께 나누는 시간을 갖는다.

(2) 텃밭의 흙 고르기

텃밭에 있는 기존의 식물들을 뽑고 흙을 고르고 정리한다. 텃밭 가꾸기를 위해서 유아들은 먼저 텃밭의 흙을 고르는 일을 시작한다. 기존에 심어져 있던 채소의 뿌리를 뽑아내고 돌을 골라내고 흙을 부드럽게 만든 후 텃밭의 흙을 고르기 위해서 기존 심겨진 식물을 뽑고 흙을 고르는 활동을 한다.

텃밭의 흙을 고르는 일부터 직접 하게 되면서 유아들은 텃밭에 관심을 보이게 되었고, 흙을 맨발로 걸으며 흙이 주는 느낌을 경험하였다.

〈참외 줄기를 잡아당기는 유아들〉

(3) 텃밭에 심을 씨앗 관찰하기

텃밭에 심을 작물을 결정한 후 씨앗을 자세히 관찰하고 어떻게 심고 기를지 토의한다. 텃밭에 심을 채소를 알타리 무로 정한 후, 무 씨앗이 어떻게 생겼을지에 대해 이야기 나누었다. 그런 다음 무 씨앗을 직접 보고 관찰하고 토론하고 기록하였다.

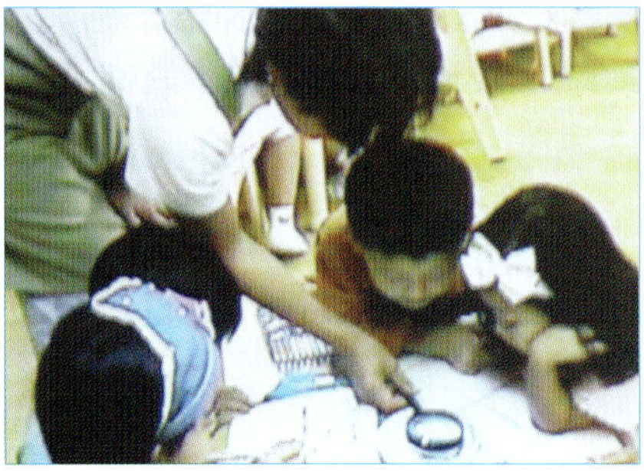

돌 같아, 돌. 작은 돌 같아.
진짜 까맣다. 신기하다.
진짜 작다. 내가 그린 것보다 작다.
어, 이런 색이야? 씨가 하얀색인 줄 알았는데.
야, 갈색 색연필 주라. 씨가 갈색이야.
갈색이야 갈색 (다시 돋보기로 씨를 들여다본다)
보라색인 줄 알았는데…….
아니야, 까만색이야. 아니야, 진한 갈색이야.

(4) 텃밭 가꾸기

씨앗을 심고 물을 주고 잘 자라도록 돌보고, 싹이 나는 것을 관찰하고 간간이 텃밭을 관찰하며 풀을 뽑고 물을 주며 돌본다. 텃밭에 알타리 무씨를 심고, 직접 만든 물뿌리개에 물을 받아 텃밭에 물을 주는 활동을 통해 직접 가꾼 텃밭을 아끼고 돌보는 마음을 갖게 된다.

(5) 텃밭에서 수확하고 요리하기

텃밭에서 기른 작물을 수확하며 궁금한 점을 실험하고 요리를 해서 먹는다. 텃밭에서 유아들이 직접 씨앗을 심고 물을 주고 가꾼 알타리 무가 자라서 수확을 하게 되었다. 텃밭에 가서 직접 가꾼 무를 수확하며 유아들은 그 느낌을 표현해 보았다.

▷ 유아들이 '무 수확을 하고 난 후' 표현한 느낌

· 무를 뽑으니 무씨를 심을 때 생각이 나요. 기분이 좋아요.
· 아주 좋아요. 무는 매웠는데 더 먹고 싶어요. 원래 이렇게 매운 건가요? 그게 궁금해요. 만지는 느낌은 아주 좋아요.
· 뽑는 기분이 아주 좋아요. 정말 감사하구요.
· 무를 뽑았을 때 잘 뽑혀지지 않았어요. 힘들었어요. 무를 뽑은 다음 만져 보니 까칠까칠했습니다. 무를 다듬었을 때 잎줄기가 까칠까칠하고 뾰족했습니다.

· 무를 뽑으니 정말 싱싱해요. 근데 어떤 무는 싱싱한데 뿌리가 잘라져 있어요.
· 무를 뽑을 때 이상한 느낌이 들었어요. 실 같은 거 뺄 때의 기분이랑 똑같았어요. 무를 씻을 때는 차가운 느낌이 들었어요.
· 무를 먹고 싶어 차가운 물에 씻으니 손이 얼 것 같았어요. 얼음처럼 차가웠어요
· 무를 뽑으니까 기분이 좋았어요. 알타리도 뽑고요. 그래서 오늘은 시간이 금방 지나갔어요. 엄마 아빠한테 알려줄 거예요.
· 무가 미끌미끌할 줄 알았어요. 근데 뽑을 때 힘들어서 내가 부들부들 했어요.
· 무를 뽑을 때는 울퉁불퉁했어요. 다듬을 때는 까칠까칠했어요. 씻을 때는 느낌이 없어요.

(6) 궁금한 점 실험하기

유아들은 자신들이 심은 텃밭에서 수확한 작물을 관찰하거나 적절한 요리를 하면서 새로운 질문이 생기기도 한다. 이러한 과학적 호기심은 자연스럽게 실험으로 연계될 수 있다.

유아들은 텃밭의 무와 농원에서 수확한 배추로 김장을 담갔다. 그 과정에서 소금을 뿌려 배추를 절이는 것을 보고 유아들은 소금에 배추가 절여지는 이유에 대해 궁금해 하였다. 유아들은 소금을 왜 뿌리냐고 물었고, 교사는 삼투압과정에 대해 설명하였다. 유아들은 '소금 외에도 어떤 것을 넣으면 똑같이 배추가 절이게 될까' 에 대해 토론하였고, 소금 외에 어떤 것이 배추를 똑같이 절일 수 있는지에 대해 알아보기로 하였다.

▶ 과학적 질문 : 배추에 소금 대신 뭘 넣을 수 있을까?
설탕을 넣으면 어떻게 될까?

▶ 유아들의 가설
· 소금에 절이면 색이 변하고 설탕에 절이면 색이 안 변할 것 같아요.
· 소금에 절이면 배추가 작아질 것 같고 설탕에 절이면 그렇게 안 될 것 같아요.

· 소름에 절이면 짜지고, 설탕에 절이면 달아져요.
· 소금에 절이면 시들고, 설탕에 절이면 싱싱해질 것 같아요.
· 소금에 절이면 변하고, 설탕에 절여도 변할 것 같아요.

▶ 변인통제 및 실험

실험을 위해서 유아와 교사는 가설을 설정하고, 배추의 실험을 위한 준비과정으로 소금과 설탕에 절일 두 통의 배추가 똑같아야 한다는 의견이 제기되었다. 이는 실험을 위한 변인을 통제하는 것으로서 유아들은 다음의 의견을 제시하였다.

'배추의 크기가 똑같아야 돼요.'
'색이 같아야 돼요.'
'모양이 같아야 돼요.'
'소금이랑 설탕도 똑같이 넣어야 돼요.'

▶ 실험결과에 대한 유아들의 표현

· 소금을 뿌린 배추는 녹색이었던 것이 납작해졌어요.
· 설탕에 절인 배추는 녹색이 더 뾰족하게 되었어요.
· 소금은요, 초록색에서 작아졌어요, 설탕은 안 변했어요.
· 소금은요, 싱싱한 배추에서 작아졌고요, 설탕은요, 싱싱한 배추가 싱싱해 졌어요.
· 소금뿌린 배추는요 변화가 있고요, 설탕뿌린 배추는요 변화가 없어요.
· 소금뿌린 배추만 절여졌어요.
· 소금을 뿌린 배추는 작아지고 절여 졌어요, 설탕은 아무렇지 않았어요.
· 소금뿌린 배추는요 작아지고 날씬해졌어요, 설탕뿌린 배추는 맛있을 거 같았는데 모양은 그대로구요, 맛은 없어요.

4 새 놀이터 만들기

'새 놀이터 만들기'는 유아교육기관에서 볼 수 있는 새의 종류와 그 특성을 조사해 보고 그 새에게 적합한 공간을 만들어주는 활동이다. 이 활동을 통해 유아들은 주변에서 볼 수 있는 새에 대해 보다 자세히 알게 되고, 새를 위한 공간을 마련해 줌으로써 새를 위한 공간을 구성해 보는 경험을 한다. 이러한 활동을 통해 유아들은 '새'에 대한 지식의 증가 외에도 생명체에 대한 배려와 공간의 자연친화적 구성을 해보는 기회를 갖게 된다.

1) 새 놀이터 만들기 활동단계

새에 대해 알아보기

⇩

새에 대한 조사활동

⇩

새의 서식지 구성하기

⇩

새 서식지 돌보기

2) 새 놀이터 만들기 활동

(1) 새에 대해 알아보기

유치원이나 집 주변에서 볼 수 있는 새의 종류를 조사하고 알아 본다. 새가 가진 특성에 대해 알기 위해 수수께끼를 통해 유아들의 새에 대한 호기심을 증가시키고 새에 대해 다시금 생각해 보는 기회를 갖는다. 다음은 유아들의 새에 대한 호기심을 유발하고 새에 대한 기본지식을 갖게 하기 위해 교사가 유아와 이야기를 나눈 내용이다.

▷ 유아-교사 상호작용

교사: 새가 왜 새일까?
유아: 날아다니니까요.
교사: 새가 다 나는 건 아니야. 추운 지방에 사는 펭귄은 날지 못해. 헤엄치지. 타조도 무거워서 날지 못한단다.
유아: 아, 그럼 날개가 있는 거요. 날개가 있으니까 새예요.
교사: 나비나 벌도 날개가 있어. 하지만 새는 아니란다.
유아: 아, 그럼 우니까요. 새소리요. 새 울음소리요.
교사: 귀뚜라미도 우는 걸. 또 동물도 모두 울고.
유아: 그럼 …… 아, 알았다! 새 사진을 보니까 부리가 있어요.
교사: 하지만 부리가 있는 곤충도 있어.
유아: 다리요. 다리가 두 개 있어요. 개는 네 개잖아요. 애벌레는 다리가 더 많아요.
교사: 하지만 우리 사람도 다리가 두 개야. 다리가 두 개여서 새는 아니지.
유아: 새는 알을 낳아요!"
교사 : 개구리나 뱀도 알을 낳는단다. 파충류들도 모두 알을 낳아. 새만 가지고 있는 독특한 특성이 있어. 그게 뭘까? 새만 가지고 있는 특성은 바로 '깃털'이란다. 새만이 깃털이 있어. 깃털이 나 있는 동물은 새밖에 없어. 크거나 작거나, 걷거나 헤엄치는 새라도 몸에 깃털이 꼭 있단다 그러니까 깃털이 있으면 바로 새야.

(2) 새에 대해 조사하기

주변에서 볼 수 있는 새에 대해 조사하고 궁금한 점을 함께 알아 보고 토론한다.

마당놀이 시간을 활용하여 유아들은 참새와 비둘기, 까치 등의 새가 관찰되었고 새에 대해 궁금한 점을 질문목록으로 만들어 조사하였다.

또한 새 울음소리를 듣게 된 유아들은 새마다 각기 다른 새의 울음소리가 있다는 것을 알게 되었다. 이에 새 울음소리에 대해서 이야기를 나누고 들어봄으로써 새만이 가진 독특한 소리에 관심을 갖게 되었다.

▷유아들의 '새'에 대한 질문목록

- 새들은 여러 종류가 있는데 얼마만큼 많은 종류가 있어요?
- 새집이 새마다 모두 다른가요?
- 새가 만든 새둥지하고 사람이 만든 새집하고 어떻게 달라요?
- 까치는 나뭇가지로 짓고 사람은 왜 플라스틱이나 나무로 지어요?
- 새는 어떤 모이통에서 가장 잘 먹을까요?
- 새는 어디에 모이통을 둘 때 잘 먹을까요?
- 새 모이통 위에 얼마나 큰 돌을 올려야 바람에 안 날아갈까?

(3) 새의 서식지 구성하기

새의 종류, 모양, 먹이, 습성 등을 조사하고 이를 토대로 새가 쉬고 놀 수 있는 새 놀이터를 구성하고 만들어 본다. 새를 위한 공간을 만들기 위해 계획하던 중 유아들은 새들의 모이에 관심을 갖게 되었다. 새들이 좋아하는 모이에 대해 알아 보면서 유아들은 새가 좋아할 수 있는 모이통과 환경을 만들어 주기 위해 의견을 나누고 작업을 하였다.

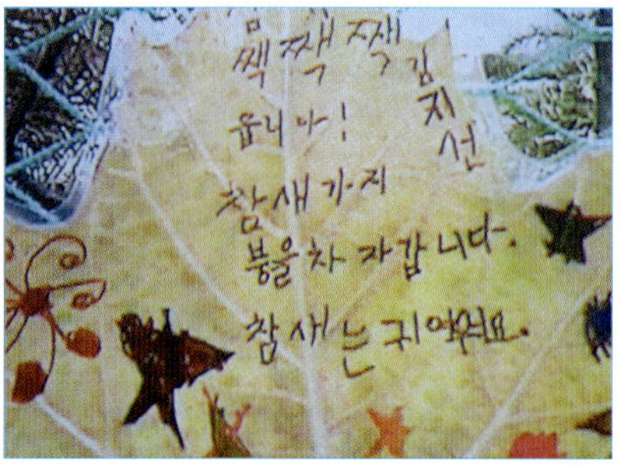

〈새 서식지 구성하기〉

(4) 새 서식지 돌보기

새 놀이터에서 새가 잘 먹고 마시고 쉬고 노는지를 관찰하고 잘 돌볼 수 있는 방법에 대해 이야기를 나누고 유아들이 협의한 방법에 따라 서식지를 돌본다.

유치원에 많이 오는 새를 관찰한 결과 '참새' 들을 위한 놀이터를 만들기로 하였다. 모이를 두는 새 모이통을 만들고, 물, 모이, 그리고 새집을 만들기 위해 설계도를 그리고 페트병을 잘라 새집을 만들었다. 새 모이는 달걀박스를 잘라서 만들어 쌀 등을 넣고, 물통은 새지 않도록 요구르트 병을 잘라서 붙였다. 새들이 쉬고 놀 수 있도록 놀이터도 구성하고 매일 서식지를 돌보았다.

5 돌 전시회

'돌 전시회' 활동은 유아교육기관내 혹은 외부에서 수집한 돌을 이용하여 유아교육기관 마당의 한 공간에 돌을 활용한 작품을 전시함으로써, 자연물을 활용한 미술활동이 가능할 뿐 아니라 유아교육기관 실외의 공간을 자연을 활용한 미술작품의 전시공간으로 사용하게 된다는 점에서 의미를 갖는다.

'돌 전시회' 는 준비하는 유아뿐 아니라 유아교육기관을 드나드는 다른 반의 유아나 학부모, 주변 주민들에게 자연물을 활용한 설치공간예술과 그 감상의 경험을 제공할 수 있다.

1) 돌 전시회 활동단계

돌 수집하기

⇩

다양한 돌 탐색하기

⇩

돌에 그림그리기

⇩

돌 전시장 구성하기

⇩

돌 전시회 열기

2) 돌 전시회 활동

(1) 돌 수집하기

주변에 있는 돌들을 관찰하고 어떤 돌이 있는지 이야기 나누고 수집해 본다. 이야기 나누기를 통해서 유아교육기관 마당에서는 돌을 자세히 본 적이 있는지 이야기 나누고 돌에 대한 사전 경험을 나눈 다음, 마당에서 다양한 크기와 색, 모양의 돌을 발견하고 자세히 관찰한다. 돌을 씻고 모아서 관찰하며 돌에 대해 궁금한 질문을 적어 보았다.

▷ 유아들의 '돌'에 대한 질문 목록
- 돌이 깨지면 어떻게 될까?
- 돌은 왜 무거울까?
- 돌은 왜 회색이에요?
- 돌은 왜 땅속에 있어요?
- 돌은 왜 모양이 각기 다를까?
- 돌의 크기는 왜 다를까?
- 돌은 얼마나 무거울까?
- 돌도 나무처럼 모양을 낼 수 있을까?
- 어떤 돌에는 새가 산다는데 왜 그럴까요?
- 돌을 부수면 모래가 되나요?

'왜 돌이 깨지면 뾰족하게 돼요?'
'돌에 어떻게 그림을 그릴 수 있어요?'
'왜 어떤 돌은 매끈하고 어떤 돌은 안 그래요?'
'바위가 원래 컸다면 얼마나 큰 거예요?'
'돌로 다른 돌을 쪼아서 만들 수 있어요?'
'물로 돌을 구멍 뚫리게 할 수 있는데 그건 왜 그래요?'

(2) 다양한 돌 탐색하기

유치원 주변에서 주은 돌을 깨끗이 씻고 모양이나 크기, 색 등을 자세하게 비교하며 탐색하여 기록한다. 유아들이 수집한 돌을 관찰하고 비교한 후에 돌로 할 수 있는 활동에 대해 이야기 하던 중 돌에 그림을 그려 작품을 만들어 보기로 하였다. 돌에 무엇을 그릴 것인지, 무엇으로 색을 칠할 것인지를 의논하고 다양한 방법을 통해 돌을 탐색해 보았다.

(3) 돌에 그림그리기

돌의 무게나 색, 크기 등을 비교한 후 돌에 그리고 싶은 그림을 다양한 재료를 이용하여 그림을 그리고 말린다. 돌을 모두 모아 씻고 햇볕에 말리면서 색을 비교해 보고, 냄새를 맡아 보고 만져 보고 들어 보면서 발에 채이기만 하던 돌의 또 다른 모습을 발견하게 된다. 또한 돌에 있는 무늬를 자세히 관찰하고 돌에 그림을 그려 멋진 작품을 만들어 작품명을 붙여 전시할 수 있다.

(4) 돌 전시장 구성하기

돌 전시장을 만들 수 있는 공간을 알아 보고 여러 그림이 그려진 돌을 이용하여 전시장을 구성하고 돌을 이용하여 작품을 만들어 전시한다.

돌을 여러 가지 방법으로 탐색하면서 아이들은 작품을 구성하고, 돌을 이용하여 멋진 작품을 만들 수 있고 돌을 쌓아서 탑도 만들수 있다. 아이들은 돌탑 주변에 작품을 갖다 놓고 말리고 그곳에 이름과 작품명을 적은 판을 놓아 전시회장을 구성한다.

(5) 돌 전시회 열기

돌을 이용하여 만든 돌전시장에 친구나 동생들을 초대하여 작품을 함께 감상하고 이야기 나눈다. 전시회장을 구성하고 나서 다른 반 친구들이나 동생반 아이들을 초대하여 보여 주거나, 마당놀이 하다가 만나게 되면 함께 구경하며 설명해 준다.

의미 없어 보이던 공간이 영유아들이 자연과 만날 수 있는 곳으로, 오랫동안 머무르고 싶은 곳이 될 수 있다.

〈마당의 돌 전시회〉

참고문헌

강현아(1997). 아동의 자연환경에 대한 인식과 가치관. 숙명여자대학교 대학원 석사 학위논문.

고규홍(2007). 알면서도 모르는 나무 이야기. 사계절.

교육과학기술부(2010). 유아의 창의 · 인성 함량을 위한 영상매체 활용 프로그램.

김대희(1997). 환경 친화적 가치관에 따른 환경교육의 발전방향에 관한 연구. 서울대학교 대학원 교육학 박사학위논문.

김미정(1998). 생태지향적 유아환경교육의 접근방안. 부산대학교 교육대학원 석사 학위논문.

김성기(1996). 유치원 교사의 환경교육에 관한 의식 및 실태 조사연구. 전남대학교 교육대학원 석사학위논문.

김성옥(2000). 생태중심 유아교육에 대한 교수, 원장 및 교사의 인식에 관한 연구. 부산대학교 교육대학원 석사학위논문.

김수경(2000). 유아교육기관 실외놀이 실태에 관한 양적, 질적 분석. 부산대학교 대학원 석사학위논문.

김은숙(2010). 녹색 문화인 양성을 위한 영유아교육. 한국영유아교원교육학회지, 113-120.

김이순(2001) 자연관찰활동 프로그램이 유아의 관찰태도 및 표상능력에 미치는 영향. 우석대학교 교육대학원 석사학위논문.

김인호 외(1996). 따로 또 같이 환경교육. 지성사.

김정희(2001). 생명교육으로서의 공동육아. 어린이와 자연. 창립 20주년 기념 유아교육 학술대회. 한국어린이 육영회, 62-71.

김춘일(2000). 유아를 위한 창의성 교육. 교육과학사.

남기원(2000). 실험구성활동이 유아의 과학과정 기술에 미치는 효과. 중앙대학교 대학원 석사학위논문.

류신희(2001). 풀꽃으로 접근해 본 자연친화적 통합교육. 어린이와 교육. 어린이육영회 창립 20주년 기념 유아교육 학술대회 자료집.

마경희(1997). 자연친화적 유아교육에 대한 부모의 인식에 관한 연구. 부산대학교 교육대학원 석사학위논문.

문미옥(1995). 누가 창의적인 교사인가. 세계화시대의 창의성 교육. 한국어린이육영회.

민성길(2001). 어린이 발달과 자연. 어린이와 자연. 창립 20주년 기념 유아교육 학술대회. 한국어린이 육영회.

박낙규(2001). 자연의 새로운 조망. 어린이와 자연. 창립 20주년 기념 유아교육 학술대회. 한국어린이 육영회. 14-30.

박수종(1996). 유치원 환경교육 현황과 교사의 인식. 이화여자대학교 대학원 석사학위논문.

박이문(1998). 문명의 미래와 생태학적 세계관. 당대.

서영희(1999). 생태중심 유아교육 프로그램 운영사례 연구. 부산대학교 교육대학원 석사학위논문.

손옥경(2001). 생활주변 산책활동 프로그램의 구안 · 적용을 통한 유아의 기초탐구능력신장. 경남 창원 북면 초등학교 승산분교장 병설유치원.

신동주(1999). 영유아를 위한 실외놀이환경 구성 지침. 삼성복지재단 엮음. 교육과학사.

신철재(1999) 자연관찰물의 지속적인 사육, 재배활동이 아동의 EQ 발달에 미치는 영향. 인천교육대학교 교육대학원 석사학위논문.

심운숙(1994). 유아교육기관의 실외환경에 관한 조사연구. 원광대학교 대학원 석사학위논문.

양옥승(2001). 자연을 통한 유아교육. 어린이와 자연. 창립 20주년 기념 유아교육 학술대회. 한국어린이육영회, 43-59.

엄성은, 홍은주(2003). 전래동요를 활용한 자연친화교육의 방향 모색. 국악과 교육. 20(0).

연세유치원(2000). 동물의 생태관찰을 통한 탐구능력 신장. 2000 서울특별시 교육청 지정 시범 유치원 운영 보고서.

오복희(2000). 자연친화적 보육 프로그램이 유아의 사회정서발달에 미치는 효과분석. 우석대학교 교육대학원 석사학위논문.

유안진(1998). 인간발달. 한국방송통신대출판사.

윤구병(1999). 잡초는 없다. 보리출판.

이부미(1999). 공동육아 문화의 교육적 해석. 중앙대학교 대학원 박사학위논문.

이부미(2001). 나들이를 통한 어린이들의 자연체험: 공동육아의 사례. 어린이와 자연. 창립 20주년 기념 유아교육 학술대회. 한국어린이 육영회, 73-91.

이해영(2000). 유아의 환경활동에 대한 어머니와 교사의 지각 연구. 동아대학교 교육대학원 석사학위논문.

이원영 역(1998). Babara, B. 지음. 미국유아교육사. 교육과학사.

이원영, 김덕건 (1991). 활동중심의 유아과학교육. 양서원.

임재택 · 하정연 · 김은주 · 박명숙 · 최윤영 · 박채숙(1999). 얘들아! 산책가자. 양서원.

임재택 · 하정연 · 조채영 · 노진형 · 홍정애 · 강현진 · 김미옥공저 (2000). 선생님! 텃밭가요. 양서원.

임재택 · 김은주 · 하정연 · 권미량 · 조채영(2008). 생태유아교육 프로그램. 공동체.

장선철, 김충기(2009). 교육심리학. 태영출판사.

장회익(2001). 자연 · 인간 · 교육. 어린이와 자연. 창립 20주년 기념 유아교육 학술대회. 한국어린이 육영회, 2-12.

정혜란(2001). 생태중심 유아교육집단의 창의성에 관한 연구. 경남대학교 교육대학원 석사학위논문.

조형숙(1999). 예비교사를 위한 탐구중심 과학교육 수업의 효과 탐색. 유아교육연구, 19(2), 227-244.

조형숙(2001). 탐구능력 향상을 위한 창의적 실험구성 프로그램 개발 및 평가연구. 유아교육연구, 21(3), 27-54.

조형숙(2010). 영유아를 위한 녹색성장 교육의 방향. 녹색성장시대! 더불어사는 삶을 위한 영유아교육방안. 한국영유아교원교육학회지, 33-45.

조형숙, 홍은주, 김현주(2007). 자연과 친해지고 교감하며 탐구하기. 다음세대.

조형숙, 김선월, 김현주(2007). 아이들과 함께 만드는 자연놀이터. 다음세대.

조형숙외(2006). 평생수학 유아기에 결정된나. 북까페

지옥정, 이상현, 연숙자(2006). 유아를 위한 자연친화교육 프로그램. 양서원.

지옥정(2007). 프로젝트 접근법을 활용한 유아기 자연친화교육. 창지사.

최돈형 · 노경임(2000). 현장체험중심의 환경교육 활성화 방안연구. 환경교육, 13(2), 51-62.

최미현(2000). 생태중심적 유아환경교육에 관한 기초연구.미래유아교육학회지, 7(1), 161-186.

최미현(2000). 생태학적 유아교육의 기본 프레임 워크 탐색. 경북대학교 대학원 박사학위 논문.

최재천(2001). 생명이 있는 것은 다 아름답다. 효형출판사

최효영(1988). 유아교육기관의 실외놀이시설 및 부대시설에 관한 조사 연구. 이화여자대학교 대학원 석사학위논문.

크누트 슈미트 닐센(2006). 낙타의 코 - 인간의 상상을 뛰어넘는 동물들의 신비한 생존전략!. 솔출판사.

필게이츠(2003). 자연이 준 놀라운 발명품. 문공사

허영엽(2009). 성경 속 동물과 식물. 평화방송, 평화신문

허윤정(2001). 통합적 접근에 의한 동물 기르기가 유아의 환경 친화적 태도에 미치는 효과. 중앙대학교 대학원 석사학위논문.

현온강 · 이완정 · 김영명(2003). 유아환경교육 활동 프로그램. 동문사.

홍은주(2005). 유아를 위한 자연친화교육. 태영출판사.

황미경(2001). 유아의 생태교육적 자연학습 경험의 의미: M 유치원을 대상으로. 영남대학교 대학원 석사학위논문.

황의명, 조형숙 공저(2001). 탐구능력 증진을 위한 유아과학교육. 정민사.

황희선(2000). 누에한살이 탐구를 통한 유아와 교사의 누에인식과 태도 변화. 중앙대학교 교육대학원 석사학위논문.

A. A 니끼쉰(2007). 즐거운 지식탐험 200가지 호기심. 키다리.

Robin C. Moore. (2000). 자연 속에서 자라는 아이들. 제 8회 국제학술대회. 어린이와 환경, 안전. 삼성복지재단, 63-73.

Wilson(2010). 자연, 평화, 유아, 환경. 한국영유아교원교육학회.

Alexander, P., Ed.; and others. (2001). *The Outdoor Classroom*. Experiencing nature in the elementary curriculum.

Basile, C. & White, C. (2000). Respecting living things: Environmental Literacy for Young Children. *Early Childhood Education Journal*, 28(1), 57-61.

Bixler, R. D., Carlisle, C. L., Hammitt, W. E., & Floyd, M, F. (1994). Observed fears and discomforts among urban students on field trips to wildland areas. *Journal of Environmental Education*. 26(1), 24-33.

Bjorklid, P. (1982). *Children' s outdoor environment. Stockholm*: Stockholm Institute of Education.

Boss, S. (2001). Schoolyard Lessons: More and More Schools Are Finding Ways To Take Education Outdoors. *Northwest Education*, 6(4), 37-38.

Boyer, E. L. (1991). *Ready to Learn*: A Mandate for the Nation. Princeton, N. J.: Princeton University Press.

Braun, J, A.; et al. (1989). Cultivating an Integrated Curriculum: The School Garden. *Social Studies and the Young Learner*, 1(3), 19-22.

Bredekamp, S. (Ed.). (1987). Developmental appropriate practice in early childhood programs serving children from birth through age 8. Washington, DC: *National Association for the Education of Young Children*.

Britsch, S. J. (2001) Emergent Environmental Literacy in the Nonnarrative Compositions of Kindergarten Children. *Early Childhood Education Journal*, 28(3), 153-159.

Brynjegard, S. (2001). *School Gardens*: Raising Environmental Awareness in Children.

Bullock, J. R. (1994). Helping Children Value and Appreciate Nature. *Day Care & Early Education*, 21(4), 4-8.

Burns, J. & Burns, J. (1993). Classroom Gardening. *Dimensions of Early Childhood; 22(1)*, 14-16.

Bybee, R. W., & Sund, R. B. (1982). *Piaget for educators*. Columbus, Ohio; Charles E. Merrill.

Callander, G. D., & Power, S. (1992). "The Importance of and Opportunities for Wildlife in and Urban Environment." *Journal of Environmental Education and Information, 11(3)*, 173-180.

Carin, A. A. (1997). Teaching modern science. *Upper Saddle River*. NJ: Merrill/Prantice Hall.

Carson, R. (1956). *The sense of wonder*. New York: Harper & Row.

Chaille, C. & Britain, L. (1991). *The Young child a scientist*: A constructivist approach to early childhood science education. Harper Collins Publishers Inc.

Chard, S. C., & Katz, L. G. (1989). *Engaging children' s minds*. NY: Ablex.

Chawla, L. (1994). *Out of the Garden, into the World*: Preparing Children to Care for the Earth. Paper presented at the International Symposium on the Prepared Outdoor Learning Environment, Arlington, VA.

Chawla, L. & Hart, R. A. (1995). The Roots of Environmental Concern. *NAMTA Journal, 20(1)*, 148-157.

Cobb, E. (1977). *The ecology of imagination in childhood*. New York: Columbia University Press.

Cohen, M. J. (1984). *Prejudice against nature*. Freeport. ME: Cobblesmith.

Cohen, S., & Trostle, S, L. (1990). " Young children' s preferences for school-related physical-environmental setting characteristics." *Environment and behavior. 22(6)*, 753-766.

Cohen, S. (1992). Promoting Ecological Awareness in Children. *Childhood Education, 68(5)*, 258-260.

Cohen, S., & Horm-Wingerd. D. (1993). Children and the environment: Ecological awareness among preschool children. *Environment and Behavior, 25(1)*, 103-120.

Cohen, R. & Tunick, B. P. (1993). *Snail Trails and Tadpole Tales*: Nature Education for Young Children.

Cohen, S. (1994). Children and the Environment: Aesthetic Learning. *Childhood*

Education, 70(5), 302-303.

Cohen, S. (1994). "*Philosophical and Research Perspectives.*" In. R. A Wilson(Ed.), Environmental Education at the Early Childhood Level. Washington, DC: North American Association for Environmental Education.

Cornell, J. B. (1987). *Listening to nature*, Nevada City, CA: Dawn.

Crane, W. (2000). Nature Helps Children. *Montessori Life, 13(3)*, 22-24.

Cronin. J. L. (2000). The Effectiveness of Schoolyards as Sites for Elementary Science Instruction. *Children' s Environment Quarterly. 100(4)*, 203-209.

Davies, M. M. (1996). Outdoors: An Important Context for Young Children' s Development. *Early Child Development and Care*; 115, 37-49.

Davies, J. (1998). Young Children, Environmental Education, and the Future. *Early Childhood Education Journal*; *26(2)*, 117-123.

Demick, J & Wapner. S. (1988). Children-in-environments: Physical, Interpersonal, and Sociocultural Aspects. *Children' s Environment Quarterly, 5(3)*, 54-61.

Dillon, J. J. (1982). Duration of response to teach question and statements, contemporary. *Educational paychology*, 6.

Dighe, J. (1993). Children and the earth. *Young Children, 48(3)*, 58-63.

Eames-Sheavly, M. (1998). Making Interdisciplinary Connections to Your School Gardening Program. Education in Blossom: *The School Garden-Community Partnership. Taproot, 11(2)*, 3-8.

Ebenezer, J. V. & Conner, S. (1998). *Learning to teach science*; a model for the 21st century: Upper Saddle River, N. J. : Merill. Eames-Sheavly, Marcia. Making Interdisciplinary Connections to Your School.

Essa. E. L, Hilton. J. M, and Murry. C. I. (1990). The Relationship Between Weather and Preschoolers' Behavior. *Children' s Environment Quarterly, 7(3)*, 32-36.

Fjortoft, I.(1990). Naturen som lekeplass. Rapport fra konferansen Forskning I Friluft. *Friluftslivets fellesorganisasjon*. FRIFO. Rapport nr. 1.

Fjortoft, I. (2001). The Natural Environment as a Playground for Children: The Impact of Outdoor Play Activities in Pre-Primary School Children. *Early Childhood Education Journal, 29(2)*, 111-117.

Francis, M. (1988). Negotiation between children and adult design values in open space projects. *Design Studies, 9(2)*, 67-75.

Gallas, K. (1994). *The Lanuages of learning* : How children talk, write, dance, draw and sing their understanding of the world. New York: Teachers College Press.

Galvin, E. (1994). The joy of seasons: With the children, discover the joys of nature. *Young Children, 49(4)*, 4-9.

Greenman, J. (1988). *Caring spaces, learning places*: Children' s environments that work. Redmond. WA: Exchange Press.

Hamilton, A. M. & John D. & & Klebanoff, W. L. & Sharp(1990). Bridging Early Childhood and Nature Education. Proceedings of the Roger Tory Peterson Institute of Natural History Forum.

Hansen-Mollerl. J & Taylor. G. (1991). Creative Nature Interpretation for Children. *Children' s Environment Quarterly, 8(2)*, 30-37.

Hart, R. S. (1979). *Children' s Experience of Place*. New York: Irvington.

Hart up. W. and Laursen, B. (1993). *Conflict and context in peer relations*. In C. Hart(Ed.), Children on playgrounds: Research perspectives and applications. Albany, NY: State University of New York Press.

Heffernan. M. (1994). The children' s garden project at River Farm. *Children' s Environments*. 11, 221-231.

Henniger, M. (1985). *Preschool children' s play begaviours in an indoor and outdoor environment*. In J. Frost and S. sunderlin (Eds.), When children play. Wheaton, MD: Association for Childhood Education International.

Henniger, M. (1993/94). Enriching the outdoor play experience. *Childhood*

Education. 70(2), 87-90.

Henniger, M. (1994) Planning for outdoor play. *Young Children*, 49(4), 10-15.

Henniger, M. (1985). *Preschool children' s play begaviours in an indoor and outdoor environment.* In J. Frost and S. sunderlin (Eds.), When children play (pp. 145-149). Wheaton, MD: Association for Childhood Education International.

Hendrick, J. (1990). *Total Learning*; Developmental curriculum for the young child. Columbus. Ohio; Charles E. Merrill.

Hendry et al (1995). Backpocket: Activities for Nature Study. Pathways: *The Ontario Journal of Outdoor Education, 7(6)*, 18-24.

Hodgkin, R. A. (1985). *Playing and Exploring.* New York: Methuen, 23-27.

Holt, B. G. (1989). *Science with young children*(rev.ed.). Washington, DC: National Association for the Education of Young Children.

Holt, B. G. (1993). *Science with young children.* Washington; NAEYC.

Horwood. B. (1993). Why Disturb the World Outside? Pathways: *The Ontario Journal of Outdoor Education; 6(1).* p5-7 Dec

Hug, J. W. (1998). *Learning and teaching for an ecological sense of place toward environmental/science education praxis.* Unpublished Doctoral Dissertation, The penn State University.

Humphryes, J. (2000). Exploring Nature with Children. *Young Children, 55(2)*, 16-20.

Hutt, S., Tyler, S. Hutt, C. and Christopherson, H. (1989). *Play, exploration and learning*: A natural history of the preschool. London: Poutledge.

Hyun, eunsook. (2001). Ecological Human Brain and Young Children' s "Naturalist Intelligence" from the Perspective of Developmentally and Culturally Appropriate Practice (DCAP).

Ingunn. F. (2001). The Natural Environment as a Playground for Children: The Impact of Outdoor Play Activities in Pre-Primary School Children. *Early Childhood Education Journal, 29(2).*

Jelly, S. (1985). *Helping children raise question and answering them.* In. W. Harlen ed. Primary Science: taking the plunge. NH: Heinmann.

Jones, E. (1989). *Inviting children into the fun: Providing enough activity choices outdoors.* Exchange, December.

Jurenka, N. A. & Blass, R. J. (1996). Cultivating a Child' s Imagination through Gardening.

Kennedy. D. (1991). The Young Child' s Experience of space and Child Care Center Design: A Practical Meditation. *Children' s Environment Quarterly*, 8(1), 37-48.

Kimonen, E. & Nevalainen, R. (1994). Action, Thinking, and Knowledge in the Learning Process of Outdoor Education. *Journal of Outdoor Education*; 27, 16-25.

Kirkby, M. (1989). "Nature as Refuge in Children' s Environments." *Children' s Environments Quarterly, 6(1)*, 7-12.

Koch, J. (2001). *Science stories*: Teacher and children as science learners. Boston, New York. Houhgton Mufflin Company.

Kostelnik, M. & Whiren, A. & Stein, L. (1986). Living with He-Man: Managing superhero fantasy play. *Young Children, 41(4)*, 3-9.

Lang. M. A & Deitz. S. (1990). Creating Environments That Facilitate Independence: The hidden Dependency Trap. *Children' s Environment Quarterly. 7(3)*, 2-6.

Larson. C. S. (1990). Physical Environment and Child Behavior in Vienna Kindergartens. *Children' s Environment Quarterly, 7(1)*, 37-43.

Lavanchy, Sylvia (1993). Environmental Education: How Should We Face It in Early Childhood Education? *International Journal of Early Childhood; 25(1)*, 37-41.

Lovell, P. & Harms, T. (1985). How can playgrounds be improved?. *Young Children, 40(3)*, 3-8.

Moller. E. & Taylor. W. (1991). Inspire Your Students. *Science Teacher, 58(8)*,

32-35.

Moore, Robin C. (1993). *Plants for Play*: A Plant Selection Guide for Children' s Outdoor Environments.

Moore, R. C.; Wong, H. H. (1997). *Natural Learning*: The Life of an Environmental Schoolyard. Creating Environments for Rediscovering Nature' s Way of Teaching.

Nabhan, G. P. and Trimble. S. (1994). *The Geography of Childhood*: Why Children Need Wild Places. Boston: Beacon Press.

Naylor, H. (1985). Outdoor play and play equipment. *Early Child Development and care, 19*, 109-130.

Nettleton, B. (1987). Parks for children: Some perspectives on design. *Landscape Australia, 3*, 244-248.

Olds, A. R. (1979). "*Designing Developmentally Optimal Classrooms for Children with Special Needs.*" In S. J. Meisels (Ed.), Special Education and Development: Perspectives on Young Children with Special Needs. Baltimore, MD: University Park Press.

Olwig. K. R (1991). Childhood, Artistic Creation, and the Educated Sense of Place. *Children' s Environment Quarterly. 8(2)*. p 4-17.

Palmer, J. (1995). How Research is Informing Practice in Environmental Education. *Environmental Education, 50*, 33-34.

Patton, M. Q. (1980). *Qualitative evaluation and research method.* Newbery Park, CA: Sage.

Pellegrini, A. (1987). Rough-and-tumble play: Developmental and educational significance. *Educational Psychologist, 22,* p 23-43.

Pellegrin. A. D. (1990). Elementary School Children' s Playground Behavior: Implication for Children' s Social-Cognitive Development. *Children' s Environment Quarterly, 7(2)*, 8-16.

Pinciotti. P & Weinstein. C. S. (1988). Environmental Experiences and Children' s Drawings. *Children' s Environment Quarterly, 9(3)*, 21-28.

Plotkin, R. & Sheridan, J. (1995). History and Personal Narratives in Outdoor Education. Pathways: *The Ontario Journal of Outdoor Education, 7(5)*, 10-13.

Pranis, E. & Hale, J. (1991). *GrowLab*. A Complete Guide to Gardening in the Classroom.

Raglon, R. (1993). "Reading the World: Overt and Covert Learning in Envrionmental Writing for Children." *Journal of Environmental Education, 24(4)*, 4-7.

Redleaf, R. (1996). *Open the Door, Let' s Explore More!* Field Trips of Discovery for Young Children.

Rivkin, M. S. (1998). "Happy Play in Grassy Places": The Importance of the Outdoor Environment in Dewey' s Edcuational Ideal. *Early Childhood Edcaution Journal, 25(3)*.

Rivkin, M., S. (2000). *The Great outdoors: Restoring children' s right to play outside*. Washington, DC: NAEYC.

Russell, H. (1986). Play and friendships in a multi-cultural playground. Melbourne: Australian Children' s Folklore Publications.

Schicker, L. (1988). Planning for Children and Wildlife Begins at Home." *Journal of Environmental Education, 19(4)*, 13-21.

Schnell, B., & Blau, J., H. & Hinrichs, J., J. (1997) *Growing Together with the Treetures*. Activity Guide. Series 1.

Sebba, R. (1991). The Landscapes of Childhood-The Reflection of Childhood' s Environment in Adult Memories and in Children' s Attitudes. *Environment and Behavior, 23(4)*, 395-422.

Snyder, S., L. & Hyers, Kim, & Stephens, K., & Hurwitz, S., & Kelly, A. (1999). Science, Using the Outdoors. Beginnings Workshop. *Child Care Information Exchange, 127*, 45-60.

Sobel, D. A. (1990). Place in the World: Adults' Memories of Childhood' s Special Places. *Children' s Environments Quarterly, 7(4)*, 5-12.

Spargo, P. E. & Enderstein, L. G. (1997). *What Questions Do They Ask?* Ausubel Rephrased. Science and Children.

Sunal, D. W. & Szymanski, S, C. (1990). Helping Young Children Appreciate Beauty in Natural Areas. *Day Care and Early Edcuation, 26-29.*

Talbot, J. & Frost, J. L. (1989). Magical Playscapes. *Childhood Education, 66(1),* 11-19.

Tanner, T. (1980). Significant Life Experiences: A New Research Area in Environmental Education. *Journal of Environmental Edcuation. 11(4),* 20-24.

Trostle, S. L. (1990). This Land Is Our Land. *Promoting Ecological Awareness in Young Children. Childhood Education, 66(5)* , 304-310.

Watson, A. (1995). The Light Which Experience Gives. Pathways: *The Ontario Journal of Outdoor Education, 7(6)*, 9-13.

Widler, Theresa (2001). Take the Classroom Outdoors. *Texas Child Care, 24(4),* 2-7.

Wilson, R. A. (1992). The importance of environmental education at the early childhood level. *International Journal of Environmental Education and information, 12(1)*, 15-24.

Wilson, R. A. (1993). The Importance of Environmental Education a at the Early Childhood Level. *International Journal of Environmental Education and Information, 12(1)*, 15-24.

Wilson, R. A. (1994). At the Early Childhood Level. Environmental Education. *Day Care & Early Education, 22(2)*, 23-25.

Wilson, R. A. (1995). Nature and Young Children: A Natural Connection. *Young Children, 50(6)*, 4-11.

Wilson, R. A. Kilmer, S. , & Knauerhase, V. (1996). Developing an environmental outdoor playspace. *Young Children, 51(6)*, 56-61.

부록

영유아를 위한 자연친화교육 활동계획안 (예시)

<table>
<tr><td>활동명</td><td colspan="2">나무 수수께끼</td><td>대상연령</td><td>만 3세</td></tr>
<tr><td rowspan="2">주제</td><td colspan="2" rowspan="2">나무</td><td>자연친화영역</td><td>자연과의 만남</td></tr>
<tr><td>창의 · 인성요소</td><td>민감성 · 협력</td></tr>
<tr><td>활동목표</td><td colspan="4">• 나무의 부분과 전체를 이해한다.
• 실제 나무와 사진을 비교하며 같은 점과 다른 점을 비교해 본다.</td></tr>
<tr><td rowspan="2">내 용
관련요소</td><td>유치원교육과정</td><td colspan="3">〈탐구생활〉–수학적 기초능력 기르기>자료 정리 및 결과 나타내기>한 가지 기준에 따라 자료를 분류하고 설명한다/여러가지 자료를 모으고 비교해본다</td></tr>
<tr><td>표준보육과정</td><td colspan="3">〈자연탐구〉–수학적 탐구>관계 있는 것끼리 짝을 짓는다
〈자연탐구〉–과학적 탐구>주변 동,식물의 기본특성에 관심을 가진다
〈자연탐구〉–과학적탐구>자연의 소중함을 알고 더불어 살려는 마음이 생긴다</td></tr>
<tr><td>활동자료</td><td colspan="4">유아들의 개인 나무 사진, 물조리개, 물</td></tr>
<tr><td>활동방법</td><td colspan="4">사전활동으로 유아들이 인근 공원에서 ‘내 나무’를 정하고 나무 돌보기 활동을 통해 자신의 나무의 특징에 대해 탐색하도록 배려한다.

1. 유아들이 미리 찍어 둔 나무 사진을 보여 주고 사진 속 나무에 대해 이야기 나눈다.
– 이 나무는 어떤 나무일까?
– 이 나무 사진은 나무의 어떤 부분을 찍은 것일까?
– 이 나무 껍질은 어떤 느낌일까?

2. 유아들에게 나무 사진을 나눠 주고 어떤 나무의 부분 사진인지 찾아 보도록 한다.
– 이 사진 속 나무는 어디에 있을까?
– 누구의 나무일까?
– 어떤 부분을 찍은 것 같니?

3. 나무사진과 같은 나무를 찾아 친구들에게 소개해 보도록 한다.
– OO는 이 나무가 왜 사진 속 나무랑 같다고 생각했니?</td></tr>
</table>

<table>
<tr><td>활동방법</td><td>4. 유아들이 나무 찾기를 마치면 자신의 나무에 물을 주며 인사해 보도록 한다.
– 나무에게 해 주고 싶은 말을 들려주렴.
– 나무가 마실 수 있는 시원한 물을 주자.
</td></tr>
<tr><td>유아의 반응</td><td>〈사진을 보며 〉
– ○○○ 나무 같아요.
– 이건 △△△ 나무예요.
– 내 나무 껍질은 거칠거칠해 보여요.

〈사진과 나무를 비교하며 〉
– 여기 내 나무랑 똑같아요.
– 내가 여기 사진 찍었었는데 똑같아요.

〈나무에 물을 주며〉
– 나무야. 시원하지?
– 나무야. 고마워. 좋은 공기 줘서.
– 나무야. 내일 또 놀러올게.</td></tr>
</table>

<table>
<tr><td>활동명</td><td>명화 속의 주인공 되어 보기</td><td>대상연령</td><td>만 3~5세</td></tr>
<tr><td rowspan="2">주제</td><td rowspan="2">나무</td><td>자연친화영역</td><td>자연의 감상</td></tr>
<tr><td>창의 · 인성요소</td><td>유창성 · 존중</td></tr>
<tr><td>활동목표</td><td colspan="3">• 명화 속의 나무의 모습을 감상한다.
• 나무를 표현한 작품을 감상하며 명화 속의 등장인물을 표현해 본다.</td></tr>
<tr><td rowspan="2">내 용
관련요소</td><td>유치원교육과정</td><td colspan="2">〈표현생활〉 – 감상하기 > 아름다운 느끼기 > 자연과 다양한 음악, 춤, 조형물, 극놀이 등을 듣거나 보고 즐긴다</td></tr>
<tr><td>표준보육과정</td><td colspan="2">〈자연탐구〉 – 과학적 탐구 > 주변 동식물의 기본특성에 관심을 가진다.
〈예술경험〉 – 미술작품감상하기 > 자연과 사물의 아름다움을 느낀다.</td></tr>
<tr><td>활동자료</td><td colspan="3">OHP, 〈나무와 두 여인〉 OHP출력물 2장(1장- 완성된 상태, 1장 - 두 여인 부분 삭제한 상태)</td></tr>
<tr><td>활동방법</td><td colspan="3">1. OHP기기를 소개하고 OHP화면을 통해 그림자를 만들어 보며 탐색한다.
– 그림자를 본 적이 있니?
– 언제 그림자를 보았니?
– 실내에서 그림자를 만들려면 무엇이 필요할까?
– 이 기계는 빛을 비춰 그림자를 보여주는 기계란다.
– 이 기계의 이름은 OHP라고 해.
– 그림자를 만들어 보자.
– OO는 어떤 그림자를 만들어 보겠니?
– OO의 그림자가 움직이네.

2. 사람 그림이 삭제되지 않은 명화를 OHP 기계에 올려 그림을 보여주고 두 그림의 같은 점과 다른 점에 대해 이야기 나눈다.
– 그림 속에 어떤 사람들과 사물이 있는지 살펴보렴.
– 이 작품의 제목은 무엇일까?
– 이 작품의 제목은 '나무와 두 여인' 이란다.
– 두 그림의 같은 점/ 다른 점은 무엇일까?

3. 사람 그림이 삭제된 명화를 보여주며 그림 속의 등장인물이 되어보자고 제안한다. 명화 속 등장인물의 자세뿐 아니라 유아들이 원하는 자세를 취해 보도록 격려한다.
– 이 그림에는 두 명의 사람들이 없구나.
– 오늘은 우리가 명화 속 주인공이 되어보자.</td></tr>
</table>

활동방법	– 명화 속 사람들의 모습을 따라 하려면 어떤 자세를 해야 할까? – 명화 속 사람들과 다른 재미있는 자세도 만들어 보자. 4. 명화를 감상한 느낌을 나눈다. – 명화를 보았을 때 어떤 느낌/생각이 들었니? – 명화 속 주인공이 되어 보니 어떤 기분이 들었니? – 명화를 감상하면서 가장 기억에 남는 건 무엇이니? * 확장 : 활동 후 명화를 라이트 테이블에 제시하고 유아들의 모습을 출력한 OHP 그림을 준비해 주어 명화 구성하기 활동을 해볼 수 있다.   
유아의 반응	〈명화를 감상하며〉 – 그림 속에 나무가 있어요. – 사람들이 두 명 있어요. – 사람이 움직이지 않아요. – 사람들은 작은데 나무가 정말 커요. 〈명화 속 주인공이 되어보면서〉 – 나는 새처럼 날아갈래요. – 토끼처럼 뛰어요. – '어흥' 호랑이가 될 거예요.

<table>
<tr><td>활동명</td><td colspan="2">초충도 만들기</td><td>대상연령</td><td>만 5세</td></tr>
<tr><td rowspan="2">주제</td><td colspan="2" rowspan="2">풀</td><td>자연친화영역</td><td>자연의 감상</td></tr>
<tr><td>창의 · 인성요소</td><td>독창성 · 배려</td></tr>
<tr><td>활동목표</td><td colspan="4">• 명화(초충도)를 감상하며 감상하는 태도를 익힌다.
• 자연물을 이용한 다양한 표현활동을 할 수 있다.</td></tr>
<tr><td rowspan="2">내 용
관련요소</td><td>유치원교육과정</td><td colspan="3">〈표현생활〉 – 감상하기 > 우리 전통 예술 감상하기 > 전통 예술을 즐긴다
〈탐구생활〉 – 과학적 기초능력 기르기 > 생명체와 자연환경 소중하게 여기기 > 관심 있는 동식물의 특성</td></tr>
<tr><td>표준보육과정</td><td colspan="3">〈자연탐구〉 – 과학적 탐구 > 관심있는 동물과 식물의 탄생, 성장, 죽음에 대하여 알아본다
〈예술경험〉 – 예술적 표현 > 미술활동 즐기기 > 미술을 통해 자신의 생각과 느낌을 독창적으로 표현한다
〈예술경험〉 – 예술감상 > 미술작품 감상하기 > 우리나라의 전통예술에 관심을 갖고 친숙해진다</td></tr>
<tr><td>활동자료</td><td colspan="4">화선지 족자, 먹물, 나뭇가지, 자연물(말린 나뭇잎, 강아지 풀, 꽃),오공본드, 붓

 </td></tr>
<tr><td>활동방법</td><td colspan="4">1. 신사임당의 초충도를 감상한다.
– 어떤 그림들이 있니?
– 그림 속에 무엇이 있니?
– 이 그림의 제목은 뭘까?
– 초충도의 뜻이 무엇일까?
– 정말 벌레와 풀, 꽃이 있는지 찾아볼까?
– 어떤 그림이 가장 마음에 드니?</td></tr>
</table>

활동방법	2. 재료를 탐색해 본다. – 우리도 초충도를 만들어 보자. – 어떤 재료들이 있는지 살펴볼까? – 이런 재료들로 어떻게 그릴 수 있을까? – 이 꽃의 이름은 무엇일까? – 풀의 이름은 무엇인 것 같니? – 먹물을 써 본 적 있니? – 어떤 약속이 필요할까? 3. 표현활동 하기 – 나뭇가지 붓으로 그림을 그려보자. – 우리가 쓰는 붓이 아니라 나뭇가지 붓으로 그려보니까 어떠니? – 먹물을 쓰는 느낌은 어떠니? – 그림을 다 그린 후 자연물 재료를 붙여볼까? – 곤충들은 어떻게 꾸며줄 수 있을까? – 풀을 이용해서 자연물을 붙여보자. 4. 작품 평가하기 – 새롭게 만든 초충도 그림을 보니까 어떠니? – 어떤 그림을 그려주었니? – 자연물과 먹물로 그림을 그려보니까 어떠니? – 나뭇가지 붓은 어떤 느낌이 들었니?
유아의 반응	

<table>
<tr><td>활동명</td><td colspan="2">향기나는 모빌</td><td>대상연령</td><td>만 3세</td></tr>
<tr><td rowspan="2">주제</td><td colspan="2" rowspan="2">과일 · 채소</td><td>자연친화영역</td><td>자연환경구성</td></tr>
<tr><td>창의 · 인성요소</td><td>독창성 · 존중</td></tr>
<tr><td>활동목표</td><td colspan="4">• 다양한 자연물을 감각적으로 탐색한다.
• 끈으로 끼우며 소근육 발달을 돕는다.</td></tr>
<tr><td rowspan="2">내 용
관련요소</td><td>유치원교육과정</td><td colspan="3">〈탐구생활〉 – 과학적 기초능력 기르기 > 물체와 물질에 대해 알아보기 > 친숙한 물체의 특성을 다양한 방법으로 탐색한다
〈건강생활〉 – 나의 몸 움직이기 > 나의 몸을 인식하고 움직인다 > 몸의 각 부분에 관심을 가지고 움직인다</td></tr>
<tr><td>표준보육과정</td><td colspan="3">〈자연탐구〉 – 과학적 탐구 > 주변의 사물 지각하기 > 보고 만지고 듣고 맛보는 등의 감각적 행위를 통하여 사물을 지각한다
〈신체운동〉 – 신체조절 및 기본운동 > 소근육 조절하기 > 양손으로 물체를 잡거나 놓는다/ 엄지와 검지로 물체를 잡는다</td></tr>
<tr><td>활동자료</td><td colspan="4">말린 연근, 말린 오렌지, 말린 나뭇가지, 말린 모과, 마사끈, 나뭇가지
 </td></tr>
<tr><td>활동방법</td><td colspan="4">1. 말리기 전 연근과 모과, 오렌지 등을 탐색한다.
– 어떤 모양으로 생겼니?
– 만져볼까?
– 냄새를 맡아보자. 무슨 냄새가 날까?
– 맛을 볼까?
– 구멍이 뚫려 있는 연근이구나.
– 햇빛에 말려보자. 어떻게 변할까?</td></tr>
</table>

활동방법	2. 말린 식물들을 탐색해보며 이야기 나눈다. – 말리니까 모양이 어떻게 변했니? – 쭈글 쭈글 변했네. – 냄새는 어떻게 변했니? – 오렌지에 있던 물이 어떻게 되었니? – 만져보자. 느낌이 어떻니? 딱딱해졌구나! 3. 마사 끈을 이용하여 구멍에 끼워 모빌 만들기를 한다. – 긴 끈에 말린 것을 끼워보자. – 무엇을 먼저 끼워볼까? – 쭈르륵 끝으로 내려갔네. – 또 어떤 것을 끼워볼까?
유아의 반응	〈말리기 전 식물들 탐색할 때〉 – 상큼한 냄새가 나요. – 오렌지는 시어요. – 연근은 몸이 튼튼해져요. 구멍이 많아요. – 달콤해요. 〈말린 식물을 탐색할 때〉 – 쭈글 쭈글 해요. – 맛이 없어 보여요. – 손에 만져도 안 묻어요. 검정색이 되었어요. – 딱딱해요. 〈끈에 끼울 때〉 – 조금 어려워요. – 노란색 오렌지만 끼울래요. – 동그란 모양만 끼워요. – 향기가 나요. 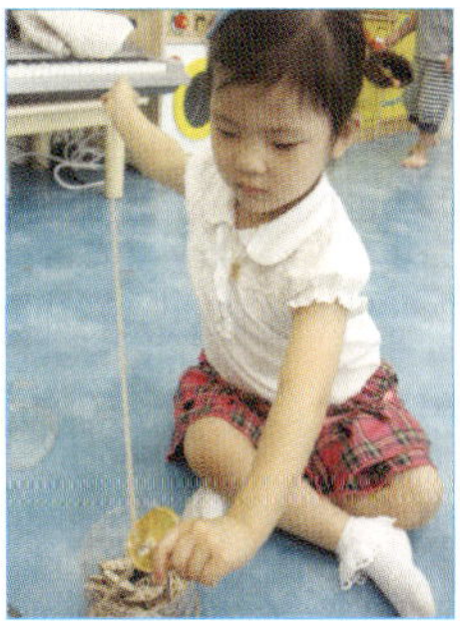  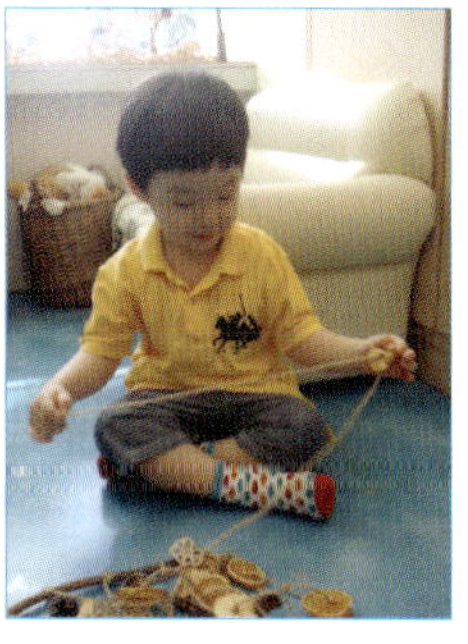

<table>
<tr><td>활동명</td><td colspan="2">꽃 한송이가 있었습니다</td><td>대상연령</td><td>만 3, 4, 5 세</td></tr>
<tr><td rowspan="2">주제</td><td colspan="2" rowspan="2">꽃</td><td>자연친화영역</td><td>자연의 이야기</td></tr>
<tr><td>창의 · 인성요소</td><td>민감성 · 존중</td></tr>
<tr><td>활동목표</td><td colspan="4">• 꽃을 빻아서 물을 들이고 꽃밭에 게시하여 감상한다.
• 꽃이 천에 물이 드는 과정을 경험하며 과학적 탐구력을 기른다.</td></tr>
<tr><td rowspan="2">내 용
관련요소</td><td>유치원교육과정</td><td colspan="3">〈표현생활〉 – 예술적 표현 즐기기 > 예술활동에 참여하여 표현과정을 즐긴다
〈표현생활〉 – 감상하기 > 예술적 표현 존중하기 > 나와 다른 사람의 예술 표현의 차이를 느낀다
〈탐구생활〉 – 과학적 기초능력 기르기 > 물체와 물질에 대해 알아보기 > 물체와 물질의 변화과정을 알아본다</td></tr>
<tr><td>표준보육과정</td><td colspan="3">〈자연탐구〉 – 과학적 탐구 > 물체와 물질의 기본 특성 알기 > 물체와 물질을 변화시킬 수 있는 다양한 방법을 탐색한다
〈예술경험〉 – 예술감상 > 미술작품 감상하기 > 다양한 자연, 사물, 미술작품을 접하고, 생각과 느낌을 서로 나눈다</td></tr>
<tr><td>활동자료</td><td colspan="4">동화 '꽃 한송이가 있었습니다' (사이드 지음 / 베틀북)
장미꽃잎, 돌, 나무판, 광목천, 스카치테이프, 바구니,
게시 정원 (나뭇가지, 우드락, 리본끈)</td></tr>
<tr><td>활동방법</td><td colspan="4"> 
1. 꽃의 색깔을 찾아 본다.
– 장미꽃잎은 무슨 색이니? 어떤 모양을 하고 있니?
– 꽃잎을 만져보니 느낌이 어떠니?</td></tr>
</table>

활동방법	2. 나무판 위에 꽃을 놓고 꽃모양 천을 올려놓는다. – (꽃잎모양으로 자른 천을 보여주며) 어떤 모양이니? – 그런데 이상한 꽃이다. 무엇이 이상하니? – 꽃모양 하얀 천이 색을 가질 수 있도록 하려면 어떻게 하면 좋을까? – 이 꽃잎들을 이용하여 어떻게 할 수 있을까? – 마음에 드는 색의 꽃잎을 골라볼 수 있겠니? – 어떤 색을 가진 꽃으로 만들고 싶니? 3. 돌멩이로 두드려 천 위에 꽃과 잎으로 물을 들인다. – 돌로 찧으니 어떤 소리가 나니? 느낌이 어떠니? – 천이 어떤 색으로 물이 들었니? – 장미 꽃잎은 어떻게 변했을까? – 장미 꽃물이 든 천을 보니 느낌이 어떠니? 4. 꽃물이 든 천으로 꽃밭을 꾸며본다. – 여기에 나뭇가지들만 있구나! 무엇이 더 있었으면 좋겠니? – 정원에 물들인 천을 여기에 장식해 볼까? – 어떤 방법으로 정원 가지에 붙일 수 있을까? – 꽃들이 핀 정원을 보니 어떤 느낌이 드니? – 가지만 있던 정원과 꽃들이 생긴 후의 모습이 어떻게 달라졌니?
유아의 반응	 〈물들인 천으로 만든 꽃밭〉

<table>
<tr><td>활동명</td><td colspan="2">달팽이 높이 붙이기</td><td>대상연령</td><td>만 3, 4, 5 세</td></tr>
<tr><td rowspan="2">주제</td><td colspan="2" rowspan="2">동물</td><td>자연친화영역</td><td>자연환경구성</td></tr>
<tr><td>창의 · 인성요소</td><td>융통성 · 배려</td></tr>
<tr><td>활동목표</td><td colspan="4">• 몸을 길게 늘여 보는 활동을 통해 신체 발달을 돕는다.
• 달팽이를 찾아보며 관찰력과 변별력을 기른다.
• 엄마, 아빠의 도움을 받아 높은 곳까지 손을 뻗어 달팽이를 붙여본다.</td></tr>
<tr><td rowspan="2">내 용
관련요소</td><td>유치원교육과정</td><td colspan="3">〈건강생활〉 – 나의 몸 움직이기 > 제자리에서 움직이기 > 제자리에서 제시된 조건에 따라 몸을 균형감있게 움직인다
〈탐구생활〉 – 과학적 기초능력 기르기 > 생명체와 자연환경 소중하게 여기기 > 관심있는 동식물의 특성을 알아본다</td></tr>
<tr><td>표준보육과정</td><td colspan="3">〈예술경험〉 – 예술감상 > 다양한 자연, 사물, 미술작품을 접하고, 생각과 느낌을 서로 나눈다
〈자연탐구〉 – 과학적 탐구 > 생명체와 환경과의 관계알기 > 주변 동,식물의 기본특성(소리,움직임,색깔,생김새 등)에 관심을 가진다</td></tr>
<tr><td>활동자료</td><td colspan="4">나무, 큰 달팽이(교사 사진), 작은 달팽이, 보슬이 까슬이, 발 모양</td></tr>
<tr><td>활동방법</td><td colspan="4">  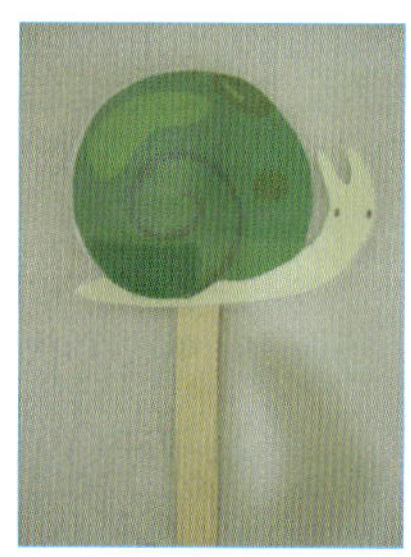
1. 어떤 놀이인지 탐색해본다.
– 커다란 나무에 무엇이 달려있네.
– 달팽이구나. 그런데 달팽이를 보니까 사진이 있구나.
– 누구의 얼굴이니?
– 냠냠선생님, 원장님, 달님반, 큰별님반, 별님반 선생님 얼굴이구나.
– 우리반 선생님은 어디에 있니?
– 원장선생님과 냠냠 선생님도 찾아볼까?</td></tr>
</table>

활동방법	2. 선생님 달팽이 위에 스트레칭 하여 아기 달팽이를 붙여본다. – 이 통 안에 보니 아기 달팽이들이 있구나. – 발 모양 위에 서서 아기 달팽이를 선생님 달팽이에 붙여보자. – 어~ 잘 닿지가 않네~ – 몸을 쭈욱 쭈욱 길게 늘여보자. – 까치발로 높이 높이 올려보자. 3. 닿지 않는 높은 곳까지 성인의 도움을 받아 달팽이를 높이 붙여본다. – 저 높은 곳에 냠냠선생님 달팽이에 붙여볼까? – 아무리 높게 뻗어도 닿지가 않네. 어떻게 하면 좋을까? – 엄마, 아빠께 도와달라고 해보자. – 우와~ 높이까지 달팽이를 붙였구나.
유아의 반응	

<table>
<tr><td>활동명</td><td colspan="2">거울 속 하늘과 만나요</td><td>대상연령</td><td>만 3 세</td></tr>
<tr><td rowspan="2">주제</td><td colspan="2" rowspan="2">하늘</td><td>자연친화영역</td><td>자연물 놀잇감</td></tr>
<tr><td>창의 · 인성요소</td><td>독창성 · 존중</td></tr>
<tr><td>활동목표</td><td colspan="4">• 거울에 비춰는 하늘의 모습을 감상하며 그 느낌을 표현해 본다.</td></tr>
<tr><td rowspan="2">내 용
관련요소</td><td>유치원교육과정</td><td colspan="3">〈표현생활〉 – 감상하기 > 아름다움 느끼기 > 자연과 다양한 음악, 춤, 조형물, 극놀이 등을 듣거나 보고 즐긴다</td></tr>
<tr><td>표준보육과정</td><td colspan="3">〈자연탐구〉 – 과학적탐구 > 계절의 변화에 관심을 갖는다.
〈예술경험〉 – 다양한 소재에 대해 음악, 움직임, 미술, 극놀이를 통합하여 표현한다.</td></tr>
<tr><td>활동자료</td><td colspan="4">거울, 아크릴 물감, 붓, 물, 휴지, 카메라, 돗자리</td></tr>
<tr><td>활동방법</td><td colspan="4">1. 유아들과 인근 공원으로 나가 하늘의 풍경을 감상한다.
– 오늘 날씨는 어떠니?
– 오늘은 하늘의 기분이 어떨까?
– 하늘 위에 무엇이 있니?

2. 유아들에게 거울을 제시하고 거울을 콧등에 대고 하늘을 올려다보도록 안내한다. 거울을 통해 본 하늘이 어떤 느낌인지 이야기 나눈다.
– 거울을 통해 하늘을 보자.
– 거울 속에 무엇이 보이니?
– 하늘을 보니까 느낌이 어떠니?

3. 자신이 느낀 하늘의 모습을 거울 위에 물감으로 마음껏 표현해 보도록 한다.
– 거울 위에 하늘의 모습을 그려 보자.
– ○○가 느낀 하늘의 모습을 어떤 색으로 칠해볼까?
– 하늘 색 뿐만 아니라 여러 가지 색을 사용해서 하늘의 표정을 그려보렴.</td></tr>
</table>

활동방법	4. 유아들과 작품 제목을 결정하고 제목과 함께 게시하고 감상한다. ◯◯가 그린 하늘 그림에 어떤 이름을 붙여줄까?   
유아의 반응	〈거울 속 하늘을 보며〉 – 하늘이 반짝 거려요. – 파란 색이에요. 구름도 있어요. 〈거울 위에 물감으로 그리며〉 – 내 하늘은 무지개 하늘 이에요. – 하늘은 큰데 햇님은 조그맣게 보여요. – 눈부셔서 하얀색으로 보여요.

<table>
<tr><td>활동명</td><td>내가 꾸민 명화</td><td>대상연령</td><td>만 3, 4, 5 세</td></tr>
<tr><td rowspan="2">주제</td><td rowspan="2">자연물</td><td>자연친화영역</td><td>자연의 감상</td></tr>
<tr><td>창의 · 인성요소</td><td>창의 · 인성요소</td></tr>
<tr><td>활동목표</td><td colspan="3">• 다양한 명화를 감상하며 감상하는 태도를 익힌다.
• 함께 꾸미는 명화를 통해 협동하는 태도를 기르고 협동하여 완성된 작품을 감상해본다.</td></tr>
<tr><td rowspan="2">내 용
관련요소</td><td>유치원교육과정</td><td colspan="2">〈표현생활〉－감상하기＞아름다움 느끼기＞자연과 다양한 음악, 춤, 조형물, 극놀이 등을 감상하고 생각과 느낌을 나눈다</td></tr>
<tr><td>표준보육과정</td><td colspan="2">〈예술경험〉－예술감상＞다양한 자연, 사물, 미술작품을 접하고, 생각과 느낌을 서로 나눈다</td></tr>
<tr><td>활동자료</td><td colspan="3">명화그림 모네－ 수련, 개양귀꽃, 지베르니 모네의 정원, 이젤, 자연물
오공본드, 붓</td></tr>
<tr><td>활동방법</td><td colspan="3">   
1. 모네의 풍경이 담긴 작품 '모네의 정원, 수련, 개양귀비꽃' 을 제시하고 이야기 나눈다.
－ 그림 속에 무엇이 있니?
－ 어떤 풍경이 담겨져 있을까?
－ 그림에 무엇이 이상하니?</td></tr>
</table>

활동방법	2. 재료를 탐색해 본다. – 비워있는 작품을 어떻게 채워줄 수 있을까? – 어떤 재료들이 있는지 살펴볼까? – 무엇을 붙여주고 싶니? 3. 꽃, 풀, 나뭇잎 등의 자연물을 사용하여 작품을 완성한다. – 붓과 본드는 어떻게 사용할까? – 붓으로 본드를 묻혀 그림에 발라보자. – 그리고 마음에 드는 꽃이나 풀, 나뭇잎을 붙여볼까? 4. 작품을 평가한다. – 다 함께 꾸며준 명화 그림이 어떠니? – 원래 작품과 비교해 보기 – 원래 작품과 비교해 봤을 때 어떠니? – 우리가 꾸민 작품은 어떠니?
유아의 반응	

저자소개

홍은경

현 HANDS 영유아지원센터 대표
중앙대학교 유아교육학과 석사
중앙대학교 유아교육학과 박사

전 중앙대학교, 총신대학교 유아교육학과 강사
전 안양대학교, 아주대학교, 서울신학대학교 겸임교수
전 개나리유치원 유치원 원장
전 중앙아동연구소 수석 연구원

저서

『유아교육과정』
『신문으로 놀자』
『180일간의 언어여행』 외 다수

홍은주

현 부천대학 유아교육과 교수(강의전담)
이화여자대학교 유아교육학과 석사
중앙대학교 유아교육학과 박사

전 송호대학 유아교육과 전임강사
전 숭실대학교, 중앙대학교 강사
전 동명유치원 교사

저서

『자연과 친해지고 교감하고 탐구하기』
『유아를 위한 자연친화교육』
『엄마 왜 그래요?』 외 다수

증보

영유아를 위한 자연친화교육의 이론과 실제

초판 1쇄 발행 2011년 5월 6일
초판 2쇄 발행 2014년 1월 27일
증보 1쇄 발행 2019년 3월 7일

지 은 이 | 홍은경 · 홍은주
펴 낸 이 | 김기섭
책임편집 | 최창숙 이윤미
펴 낸 곳 | 창지사 www.changjisa.com
08589 서울시 금천구 가산디지털 1로 83 파트너스타워 9층
전화 (02) 719-2211~3
팩스 (02) 701-9386
등 록 | 1977년 4월 28일 · 제1-421호

ISBN 978-89-426-1231-4 (93370)

값 19,000원